高等教育应用型本科人才培养法律专业系列教材

U0645435

法律职业道德

付 霞 刘 华 王 爽 主编

哈尔滨工程大学出版社
Harbin Engineering University Press

内 容 简 介

本书在编写过程中以实用性和指导性为原则,在强化基础知识、基础理论教育,突出职业能力和职业技能训练的前提下,重组课程结构,更新教学内容,突出了高等法律职业教育的办学特色,力求切实起到帮助学生灵活运用知识、提高完成本职工作能力的作用,力求使其成为造就面向法院、检察院、律师事务所等法律实践部门应用型法律人才的必备读物。

本书可供法律专业方向或者应用型本科及成人考试的学生使用。

图书在版编目(CIP)数据

法律职业道德 / 付霞,刘华,王爽主编. — 哈尔滨:
哈尔滨工程大学出版社,2021.8
ISBN 978-7-5661-3174-4

Ⅰ.①法… Ⅱ.①付… ②刘… ③王… Ⅲ.①法律工
作者-职业道德-中国-高等学校-教材 Ⅳ.
①D926.17

中国版本图书馆 CIP 数据核字(2021)第 142746 号

法律职业道德
FALÜ ZHIYE DAODE

选题策划 夏飞洋
责任编辑 夏飞洋
封面设计 李海波

出版发行 哈尔滨工程大学出版社
社　　址 哈尔滨市南岗区南通大街 145 号
邮政编码 150001
发行电话 0451-82519328
传　　真 0451-82519699
经　　销 新华书店
印　　刷 哈尔滨午阳印刷有限公司
开　　本 787 mm×960 mm 1/16
印　　张 16.75
字　　数 353 千字
版　　次 2021 年 8 月第 1 版
印　　次 2021 年 8 月第 1 次印刷
定　　价 58.00 元
http://www.hrbeupress.com
E-mail:heupress@hrbeu.edu.cn

前　　言

　　"法律职业道德"课程是顺应依法治国、司法改革、法律职业队伍建设深入发展的现实需要而设置的,是法律教育和教学中正在蓬勃发展的一门新课,无论是在研究内容还是在实用方面都方兴未艾,其所涉及的内容深受司法界和学术界的重视并广为社会公众所关注。"法律职业道德"是高等学校法学专业非常重要的一门课程,其重要性显而易见。

　　本书吸收了国内外关于法律职业道德以及法学教育的最新研究成果,对法律职业道德的基本理论进行了较为系统的阐述。同时,编者在书中对发展和完善我国法律职业道德及其道德建设提出了自己的见解。本书具有新颖的内容,具有一定的前瞻性。

　　本书具体分工如下:武昌首义学院的付霞编写了第一章至第四章,贵州新活力律师事务所刘华编写了第五章至第八章,哈尔滨理工大学副教授王爽编写了第九章至第十章。全书由付霞统稿并定稿。

　　鉴于编者水平所限,书中难免存在不妥和错误之处,敬请各位读者批评指正。

编　者

2021 年 6 月

目　　录

第一章　法律职业道德概述

法律职业道德是在过去司法职业道德的基础上发展起来的一门新学科。本章对法律职业道德学科的基本范畴问题加以概述，重点讲解法律职业道德的相关概念、渊源、基本原则、基本规则、学科体系、研究对象、任务、研究方法等基本问题。

第一节　法律职业道德的概念

关于法律职业道德，也有人称作法律职业伦理，这两个概念差别不是很大。本书考虑目前司法实践的习惯，采用法律职业道德的概念。了解法律职业道德，首先要了解三个概念：一是关于道德的概念，二是关于法律职业的概念，三是关于职业道德的概念。

一、关于道德

道德是人类社会评价个体行为的基本尺度，是调整人与人之间、人与社会之间关系的行为规范总和。道德具有多层次和动态的历史发展过程。不同的社会阶层、不同的社会经济条件、不同的社会文化背景、不同的历史阶段、不同的民族有着不同的道德观和道德标准。道德主要依靠社会舆论、传统习惯和内心信念来约束、规范人们的行为。在现实社会中，道德具有教育示范、调节规范和潜移默化地影响人的行为和意识的作用，良好的社会道德的养成对于促进人类个体文明的发展和社会进步具有十分重要的意义。

对道德的理解，我们不能不提到另外一个与道德相近的概念，那就是伦理。什么是伦理？简单地说，伦理就是人与人之间的关系。一般而言，伦理和道德并未做严格区分，只是伦理更多地倾向于主体、集体、团体、社会、客观等，而道德更多地与个体、个人、主观相联系。伦理学研究的就是道德问题。当表示规范、理论时，更多地使用伦理的概念，当对具体个体或者一类现象进行描述时则更多地使用道德这个概念。不过在大多数情况下，道德与伦理是被作为同义词来使用的，其差别只是形式和工具上的差别，就其本质内涵而言并无实质差别。因此，本书论述问题中涉及伦理和道德的概念在具体使用方面，并不做特别的区分。在论述法律职业道德学科基本理论时，则多使用伦理的概念，而具体到行业伦理方面，为了和司法实践保持一致，则更多地使用道德的概念。从某种意义上看，法律职业道德与法律职业伦理并没有本质区别，只是存在语境上的区别。

二、关于法律职业

法律职业是社会生活众多职业的一种，要了解法律职业的本质，首先需了解该职业的特点。法律职业的标志可以这样理解：这是一个有相当公共意义的工作岗位，从事这一工作要求有非常高的专业知识，这种知识只有通过正式教育才能获得。

近年来，法律学术界呼唤建设法律共同体，人们也开始关注法律职业的概念。对法律职业本身下一个描述性的概念也许并不困难，但对法律职业的内涵和外延加以令人信服的阐述则显得非常困难。

一般认为，职业法律家群体必须具备三个条件：①坚决维护人权和公民的合法权益，奉行为公众服务的宗旨，其活动有别于追逐私利的营业；②在深厚学识的基础上娴熟地掌握专业技术，以区别于普通工匠；③形成某种具有资格认定、纪律惩戒、身份保障等一整套规章制度的自治性团体。职业法律家的典型是律师、法官和检察官，然而其承担的职务范围十分广泛，包括企业和政府的顾问、法学者、政治家、行政官员以及公司经营家等。

法律职业是指专门从事法律适用、法律服务工作的特定职业。法律职业者是一群精通法律专门知识并实际操作和运用法律的人，包括法官、检察官、律师。法律职业者是一个拥有共同专业的法律知识结构、独特的法律思维方式，具有强烈的社会正义感和公正信仰的整体。在现代社会，他们不仅实际操作法律机器，保障社会机制的有效运作，而且被当作法律秩序和社会正义的守护神。

美国著名学者庞德认为，法律职业是指"一群人从事一种有学问修养的艺术，共同发挥为公众服务的精神，虽然附带地以它谋生，但仍不失其替公众服务的宗旨"。

德国人提起"法律职业"，首先想到的不是律师，而是那些两度通过国家级考试，成为所谓的"训练有素的法学家"。而后，这些人才有资格成为法官、检察官、公务员、公司雇员或辩护人。二百多年来，在法律职业中，法官和公务员始终占有多数，而辩护人则为少数。近年来，随着高等教育，特别是法律教育的发展，律师的人数在逐步增加。

法律职业包括法官、律师、检察官。但是在我国，除了上述三种职业外，与法律职业有着直接或间接关联的还包括法学家、公证员、政府和企业的专职法律顾问、警察、仲裁员、司法调解员、法律服务工作者，这些是否可以纳入法律职业的范畴，目前还存在较大分歧。

总之，法律职业是以操作法律事务并以实现法律价值作为共同终极目标的一

类人的活动所构成的职业。广义上的法律职业是指所有以操作、研究、实施法律为主要目的的职业，即一般意义上的法律工作者。狭义上的法律职业则主要是指法官、检察官和律师这种依托深厚法律知识背景而居于法律实施核心层且独立存在的职业。

法律职业的体现主要有以下几个特征：法律职业行为具有独立性和排他性；法律职业行为直接产生法律实施上的效果；法律职业道德具备一定层面上的贯通性；法律职业具备严格的资格准入制度和惩戒制度。按照以上几个特征，法律职业的范围就比较广泛。就学术层面而言，在大陆法系国家，法律职业主体的范围较广泛，包括法官、检察官、律师、法律顾问、法学学者。而在英美法系国家，在谈到法律职业时则更多是指律师、法官。

从研究的角度，并参照国际惯例，法律职业采取狭义的概念较为合适。但是从我国目前的司法实践的角度看，如果把法律职业仅仅限定在以法官、律师、检察官为中心较小的范围，将其他直接与狭义上的法律职业关联的行业、机关（包括一些政法机关）从法律职业中排斥出去，也难免有脱离实际、失之过狭之嫌。同时考虑到目前我国法学院的学生的职业选择较宽的现实，本书采用的是广义上的法律职业概念。

三、关于职业道德

恩格斯指出："实际上，每一个阶级，甚至每一个行业，都各有各的道德。"在《中国大百科全书·哲学》中，将职业道德定义为："在职业范围内形成的比较稳定的道德观念、行为规范和习俗的总和。它是调节职业集团内部人们之间关系以及职业集团与社会关系各方面的行为准则，是评价从业人员职业行为的善恶、荣辱的标准，对该行业的从业人员有特殊的约束力。"法国著名伦理学家爱弥尔·涂尔干对职业道德做过精辟的论述："职业道德的每个分支都是职业群体的产物，那么它们必然带有群体的性质。群体越紧密地凝聚在一起，个体之间的联系就越紧密、越频繁，这些联系越频繁、越亲密，观念和情感的交流就越多，舆论也越容易扩散并覆盖更多的事物。显然这就是大量事物都能各就其位的缘故……所以我们可以说，职业道德越发达，它们的作用越先进，职业群体自身的组织就越稳定、越合理。"职业道德是随着职业的出现而产生和逐步发展的，是社会道德在职业领域的具体体现。由于人类职业的多样性，人类职业道德也具有多样性的特征，不同的职业有着不同的职业道德要求。如医生有"医德"、艺人有"艺德"、教师有"师德"等。

职业道德一般包括职业道德意识、职业道德行为和职业道德规则三个层次。

（1）职业道德意识具有相对稳定的特征，它是指人们对于职业道德的基本要求的认识，包括职业道德心理和职业道德思想。

（2）职业道德行为是职业道德意识在职业个体行为的外在体现。从结果上看，它既可以是正面的道德行为，也可以是违反职业道德的行为。

（3）职业道德规则是约定俗成或通过一定的规范性形式所规定的职业的意识、行为的准则或标准。其一般由职业道德原则、职业道德规范和职业纪律组成。职业道德规则是在职业道德意识和职业道德行为的基础上产生和发展起来的，是职业道德的规范化形式。这是职业道德和普通的社会道德的一个重要区别。我们研究法律职业道德更多地侧重职业道德规则。

职业道德是社会一般道德或阶级道德在职业生活中的特殊要求，但它同时又带有具体职业或行业的特征，具体表现为：一是主体的特定性，职业道德仅适用于特定行业的职业人员；二是内容上的稳定性，由于社会生活中大多数职业的形成都要经历漫长的历史过程，由此形成了世代沿袭的职业传统、职业心理和职业习惯、职业规则，这些大多又体现在职业道德内容中，在具体实施的时间上相对连续、内容上具有一定的稳定性；三是职业道德总是与职业惩戒相辅相成。在特定的行业领域，违反职业道德往往会受到职业组织如行会的制裁，严重的甚至会被开除出本行业。

四、法律职业道德

法律职业道德是指法官、检察官、律师等法律职业人员在其职务活动与社会生活中所应遵循的行为规范的总和。法律职业道德是社会伦理体系的重要组成部分，是社会道德在法律职业领域中的具体体现和升华。伯尔曼在《法律与革命》中将法律职业道德的传承作为法律职业共同体的一个重要特征。民国时期孙晓楼先生在《法律教育》一书中认为，法律人应具有三种素质：一是法律道德，二是法律知识，三是社会常识。法律道德实际上就是法律职业的伦理道德。

法律职业道德与其他职业道德相比具有更强的象征意义和感召作用。因为法律在人们的心目中是正义和权利的体现，是规范社会、惩恶扬善的最后手段，也是最强有力的手段。而作为法律的具体实施者、执行者、裁判者的专业法律人员所应该具有的道德品行必然要高于其他职业的道德要求，这是由法律职业的特殊性所决定的。我国古代的先贤孔子就非常重视"为政以德"的道理，他说："政者，正也。子帅以正，孰敢不正？""其身正，不令而行；其身不正，虽令不从。"在实践中，有的法律职业人员抱怨自己所承担的社会义务过多、道德要求过高，就是没有清楚地认识到自己所从事的职业的特殊性，没有认识到自己所从事的法律职业在社会生活中的特殊地位和作用。法律职业道德建设在现实生活和司法实践中具有特殊的意义。

在任何一个国家，法律职业的组成都不是单一的，这是法律制度本身使然，因此完整意义上的具有统一的法律职业道德的法律职业实际上是不存在的。现实

中的法律职业是由分散的若干职业群组成的，具体可划分为法官职业、检察官职业、律师职业、公证员职业、警察职业，虽然这些职业都直接与操作法律有关，但是并不像医生职业这样可以清晰地统一为一体，具体表现在职业道德的要求也具有很大的差别，比如在与当事人关系方面，法官的职业道德要求法官保持中立，检察官的职业道德要求检察官平等对待职权指向的当事人，律师的职业道德要求律师对当事人保持诚信。由于法律制度本身对于不同的法律职业人员的要求和所承担的任务不同，因此设想建立整齐划一并可以统一实施的法律职业道德规范在现实中是不可能实现的。虽然如此，也并不妨碍法律职业这样一个意义共同体的存在，社会呼唤所有的以法律为职业的人员应该担负起建设法治国家的使命，并要求其具有很高的职业道德水平。

法律职业道德除了具备职业道德的一般特征外，还具有自身的一些特征，主要表现为以下几个方面。

1.主体的多样性与特定性的统一。主体的多样性是指为法律职业道德所规范(包括法官、检察官、律师等)的多种法律职业人员。而特定性是指这些职业人员都是仅限于专职从事法律工作的人员。

2.内容的普遍性与特殊性的统一。法律职业道德内容上的普遍性是指上述这些主体由于所从事的工作是直接关系国家的法律制度的实施和保障，对于这些职业的道德规范就应该体现法律职业的特点，也就是无一例外地要求法律职业人员要维护国家法律的尊严、维护当事人的合法权益。这一点在法律职业道德上是具有普遍性的。但是由于法律职业主体的多样性，又决定了不同的法律职业的伦理具有特殊性，例如法官追求司法的公正、律师追求当事人利益的最大化、检察官追求最大限度地保障和实现国家与公众利益。这些又体现了法律职业道德具有特殊性的一面。

3.形式的规范性与非规范性的统一。法律职业道德在具体的表现形式方面，一方面是大量的伦理规范，如法律中有关职业道德的规范，比如诉讼法、法官法、检察官法、律师法中也有大量的法律职业道德规范。另一方面是行业规范，如法官职业道德基本准则、检察官职业道德规范、律师职业道德和执业纪律规范等。除了这些以规范性的文件反映出来的职业道德规范外，还存在大量的非规范性的法律职业道德，比如法律职业道德习惯、意识等。可以说，从形式上看，法律职业道德具体体现为法律职业道德规范性与非规范性的统一。

4.实施的他律性与自律性的统一。法律职业道德的价值在于在司法实践中能够有效地实施。在实施方面与一般社会道德相比，法律职业道德具有更强的他律性或约束性。违反职业道德的法律从业人员要承担纪律责任，严重的还要承担刑事责任。法律职业道德总是与法律职业责任密切联系在一起的，这就体现了鲜明的他律性特征。实践中，法律职业道德中的很多内容都以纪律规范形式体现出

来，如2003年6月最高人民法院发布的《关于严格执行<中华人民共和国法官法>有关惩戒制度的若干规定》、司法部发布的《律师违法行为处罚办法》、中华全国律师协会发布的《律师职业道德和执业纪律规范》等，这些纪律规范对于违反相应的职业道德规范规定了具体的处罚办法，这对于法律职业人员遵循职业道德具有十分重要的约束作用。但是，我们也要看到，法律职业道德也具有自律性的一面，很多法律职业道德规范要求法律职业人员做到自我监督、自我约束。现行的许多法律职业道德规范并没有与法律职业责任一一对应，没有对应的部分就是完全依靠法律职业人员的自律要求，比如律师职业中存在的广泛的利益冲突问题，有的规范体现在职业道德中，而有的就没有具体的规范要求，律师在执业中遇到这种情况的时候，就要根据职业的使命要求来处理相关的事务，而不至于出现损害当事人利益的情况，这就完全靠自律。法官、检察官、公证人职业规范中也大量地存在自律性规范的问题。因此，法律职业道德体现了自律性与他律性的有机统一。

第二节　法律职业道德的形成

由于道德的内部结构非常复杂，包括行为、意识、规则等，因此道德的表现形式也非常繁杂。从规范形式看，法律职业道德的渊源主要表现为以下几个方面。

1.法律。法律规范必然要吸收伦理道德规范，这是法律与道德的天然关系的结果。伦理道德规范中的核心内容或最高层次的内容往往被法律吸收，上升至法律规范层面。法官在司法实践中应当遵守的一些伦理规范被纳入法官的法律义务规范，比如在《中华人民共和国法官法》(以下简称《法官法》)"权利义务"一章中就规定法官应当"清正廉明，忠于职守，遵守纪律，恪守职业道德"。《中华人民共和国检察官法》(以下简称《检察官法》)中也有类似的规定。《中华人民共和国律师法》(以下简称《律师法》)在总则部分规定："律师执业必须遵守宪法和法律，恪守律师职业道德和执业纪律"，在第四章"执业律师的业务和权利、义务"中规定了许多律师义务规范，比如与司法人员关系规范、与当事人关系规范都是律师职业道德规范的重要内容。除了上述涉及法律职业主体法律之外，在《中华人民共和国刑事诉讼法》(以下简称《刑事诉讼法》)、《中华人民共和国民事诉讼法》(以下简称《民事诉讼法》)、《中华人民共和国行政诉讼法》(以下简称《行政诉讼法》)三大诉讼法中，对于法官、检察官、律师等法律职业人员的职业道德规范也有体现，比如，我国三大诉讼法关于法律职业人员在执业过程中回避、保密等法律规定，就是法律职业道德重要内容在法律中的具体体现。

2.司法解释。这方面主要涉及法官、检察官的职业道德，当然很多内容也包

括律师、警察等其他法律职业人员的职业道德。比如最高人民法院、最高人民检察院都有关于适用《刑事诉讼法》的司法解释，其中的许多内容也涉及法官、检察官、律师的职业道德问题。如回避问题、辩护问题、审判中立等问题中就包含大量的法律职业道德的内容。这些内容把基本法律中规定的抽象的、原则的和操作性不强的法律职业道德规范加以具体化，变得可操作，这样也就促进了法律职业道德规范在司法实践中的实施。

3. 行政法规。这一类规范主要集中在行政管理部门。比如国务院的《中华人民共和国公证暂行条例》（以下简称《公证暂行条例》）、《法律援助条例》中有关公证员、律师的法律职业道德规范。

4. 部门规章。比如中华人民共和国司法部、中华人民共和国公安部等部门发布的有关法律职业道德规章的内容。如中华人民共和国司法部制定的关于《律师和律师事务所违法行为处罚办法》等。

5. 行业规范。目前主要的法律职业大都有自己的行业道德规范，如最高人民法院发布的《中华人民共和国法官职业道德基本准则》（以下简称《法官职业道德基本准则》）、最高人民检察院发布的《检察官职业道德规范》、中华全国律师协会发布的《律师职业道德和执业纪律规范》、中国公证员协会发布的《公证员职业道德基本准则》。这些行业规范集中反映了法律职业的伦理规范。学习和研究法律职业道德主要依据的就是这些行业规范。

6. 国际公约。这方面主要集中在联合国国际人权公约，特别是有关刑事司法方面的法律文件中，比如《执法人员行为守则》《关于司法机关独立的基本原则》《关于检察官作用的基本准则》《关于律师作用的基本原则》等。这些文件中就有大量的涉及法律职业（包括法官、检察官、律师、警察等法律职业）人员的伦理要求和规范。

7. 道德规范。法律职业道德规范的渊源除了法律和有关法律职业的伦理规范外，还包括一般的社会伦理道德规范。法律职业道德规范是社会伦理规范的升华。在这方面的规范包括国家制定的有关职业道德规范的内容，例如，中国共产党第十四届六中全会通过的《中共中央关于加强社会主义精神文明建设若干重要问题的决议》（以下简称《决议》）以及中共中央发布的《公民道德建设实施纲要》，这些文件涉及了职业道德的内容和要求，对于研究和制定法律职业道德规范也具有直接的指导作用。

第三节　法律职业道德遵循的基本原则

法律职业道德的基本原则是指法律职业道德的基本理论、基本纲领和基本准则。明确法律职业道德的基本原则对于确定法律职业道德的基本内容，规范法律职业人员的行为标准，形成法律职业共同体所共同遵循的职业使命要求具有十分重要的作用。

法律职业道德原则的基本内容构成了法律职业人员共同遵循的基本准则。不同的社会制度，法律职业道德的原则要求具有不同的内容。我国是社会主义国家，我国法律职业道德的原则必然要体现社会主义国家的性质。当然其在体现国家性质的同时，也要体现法律职业道德的共同遵循的规律。我国的法律职业道德原则的要求主要包括以下几个方面。

一、忠实宪法和法律，维护法律的尊严

我国是社会主义国家，社会主义法制是社会主义国家政治体系的重要内容。社会主义法制体现了人民民主的意志和要求，反映了大多数人的意愿。我国宪法和法律规定国家的一切权力属于人民。中国共产党第十四届六中全会通过的《决议》指出："社会主义道德建设要以为人民服务为核心，以集体主义为原则，以爱祖国、爱人民、爱劳动、爱科学、爱社会主义为基本要求，开展社会公德、职业道德、家庭美德教育，在全社会形成团结互助、平等友爱、共同前进的人际关系"。这是我国现阶段社会主义道德建设的纲领和根本指针。法律职业道德也必然要反映这一根本要求。无论从法律的规定还是现实的实践要求看，法律职业人员都必须把忠实执行宪法和法律、维护法律的尊严这一原则作为职业的首要原则。法律工作是国家各项工作中的一项重要内容，法律职业不可能游离于《中华人民共和国宪法》(以下简称《宪法》)所确定的发展的根本任务和发展方向之外。社会主义国家的根本任务就是发展生产力，不断提高人民的物质和文化生活水平。法律职业人员所从事的法律工作必然要服从国家这一根本的任务，法律职业道德也必然要反映这一根本任务。坚持这一原则，要求法律职业人员必须明确自己所担负的职业使命。法律职业人员要不断通过自己的职业活动服务于国家的改革开放和社会主义经济建设，服务于国家人民民主专政制度，运用法律手段保障国家的政治、经济、文化等各项建设的顺利进行。

二、以事实为根据，以法律为准绳

我国三大诉讼法(《刑事诉讼法》《民事诉讼法》《行政诉讼法》)中都规定了"以事实为根据，以法律为准绳"这一原则。以事实为根据，就是法律工作要做到一切从案件相关的客观事实出发，以查证属实的证据和凭借这些证据认定的案件事实为基础，而不能以主观想象、推测和查无实据的主观臆想、空口无凭的议论作为根据，必须认真查清事实真相，在充分掌握客观事实的基础上做出判断、决定、行动。以法律为准绳，就是要严格依法办事，作为法律职业人员遵守法律、依法执业是最基本的道德要求。在我国，五个"坚持"是社会主义法治的基

本原则，即坚持中国共产党领导、坚持人民主体地位、坚持法律面前人人平等、坚持依法治国和以德治国相结合、坚持从中国实际出发。

对于法律职业人员的职业活动而言，以事实为根据，以法律为准绳，如鸟之两翼，缺一不可。如果不以事实为根据，就根本不可能正确适用法律，更谈不上以法律为准绳。如果不以法律为准绳，就无法按照法律规定去认识案件事实。即便认清了案件事实，也不能正确处理案件，完成法律职业任务。正确认识案件事实真相和正确适用法律是法律职业人员从事法律职业的两大基本任务，同时也是对法律职业人员职业活动的基本要求。它贯穿法律职业人员职业活动的全过程，是检查和评判法律职业人员职业活动水平高低的标准。因此，坚持以事实为根据，以法律为准绳，就等于抓住了法律职业活动的关键问题，从而为实现法律职业活动的任务创造了最根本的条件。

三、严守纪律，保守秘密

严守纪律是法律职业人员依法履行职责的基本要求。作为法律职业人员必须遵守的行为规范，法律职业纪律是维持法律职业活动的正常秩序、保证法律职业责任得以实现的重要措施。没有纪律保障，法律职业人员的职业活动就会失范，这既影响法律人员职业活动的有效性，也会给法律职业人员的形象带来很大的负面影响。严守纪律，保守秘密的意义相当重要。这一法律职业道德规范原则具体体现在法律行业的许多具体的纪律性规范性文件中：如最高人民法院的《人民法院审判纪律处分办法（试行）》《关于审判人员严格执行回避制度的若干规定》，最高人民检察院的《最高人民检查院关于完善人民检察院侦查工作内部制约机制的若干规定》，司法部的《律师违法行为处罚办法》等。对于这些法律职业道德规范的具体内容所规定的具体要求的认真遵守，是法律职业人员完成如审判、侦查、法律监督、起诉、代理、公证等职业任务的基本保障。不严格遵守法律职业纪律，便没有合理公正的法律行为，更不会有正确的行为结果。

保守秘密是严守执业纪律的重要内容。由于法律职业的特点，使得法律职业人员在日常的工作中直接接触各种秘密，包括国家秘密、侦查秘密、审判秘密、商业秘密、个人隐私等秘密事项，因此保守秘密成为对法律职业人员从事职业活动的必然要求，我国多项法律制度也都对这一内容做出了明确规定。比如《法官法》第三十条规定，法官不得泄露国家秘密或审判秘密；《检察官法》第八条规定，检察官应当保守国家秘密和检察工作秘密；《律师法》第三十三条规定，律师应当保守在执业活动中知悉的国家秘密和当事人的商业秘密，不得泄露当事人的隐私；等等。法律职业人员泄露职业活动中属于秘密的事项的内容不仅会给国家和人民以及当事人的利益造成不同程度的损害，同时也会严重损害法律职业的严肃公正的形象。因此，保守职业秘密是法律职业人员职业道德中的一项十分重

要的内容。

四、互相尊重，相互配合

法律职业人员只有发挥相互协作、相互配合的精神，才能顺利完成职业的任务。在刑事诉讼领域，法官、检察官、律师各自担负着不同的职责，但是目的是一致的，就是要达到依法惩罚犯罪的目的。法律职业人员之间的相互配合表现在两个方面：一是法律职业中的同一行业之间的法律职业人员之间的相互配合，如法官之间、检察官之间、律师之间的内部的相互协作、相互配合；二是法律职业内部不同行业的相互配合，法官、检察官和律师之间的相互配合。《律师法》第九条规定，律师应当尊重同行，同业互助，公平竞争，共同提高执业水平。

法律职业是享有崇高地位和声望的职业，法官、检察官、律师虽然各司其职，互相区别，互相监督，但是又互相配合、相辅相成，虽然担负的职责各自不同，但是目的相同，那就是维护司法公正，维护国家和人民的利益。因此，法律职业人员在人格和依法履行职责的地位方面是平等的。如果法官、检察官、律师在履行职责的过程中不能互相尊重，而是互相贬低、互相拆台，就会严重损害法律职业在人们心目中的崇高形象。

互相尊重，相互配合，要求法律职业人员在履行法律职责的过程中做到严守职业纪律，依法执业，不超越职权擅自干预和妨碍其他法律职业人员的正常办案。如法官之间不能随便过问其他法官正在办理的案件。法官、律师、检察官在办理案件的过程中，要防止固执己见、刚愎自用的心理，认真听取不同的法律职业人员的意见。有的法官、检察官在审理案件之前就已经对案件有了自己的看法，于是在案件审理的过程中对于律师提出的代理意见、辩护意见采取不耐烦的态度，或打断，或制止，甚至呵斥；有的法官、检察官在法庭上盛气凌人、颐指气使；有的律师在法庭上目中无人，无理取闹，这些现象都是法律职业人员的正常履行职责中的大忌。

互相尊重，相互配合，要求法律职业人员谦恭有礼，遵守有关司法礼仪。如最高人民法院的《法官职业道德基本准则》第三十二条规定，法官应当尊重当事人和其他诉讼参与人的人格尊严，并做到：认真、耐心地听取当事人和其他诉讼参与人发表意见；除非因维护法庭秩序和庭审的需要，开庭时不得随意打断或者制止当事人和其他诉讼参与人的发言；使用规范、准确、文明的语言，不得对当事人或其他诉讼参与人有任何不公的训诫和不恰当的言辞。《律师职业道德和执业纪律规范》第十八条规定，律师应当尊守法庭和仲裁庭纪律，尊重法官、仲裁员，按时提交法律文件、按时出庭。

五、恪尽职守，勤勉尽责

恪尽职守，勤勉尽责就是要求法律职业人员严格遵守基本规则。恪尽职守，

勤勉尽责对于法律职业人员而言就是在自身职业活动中表现出来的严格履行自己职责，对工作积极、认真负责的一贯的态度和行为。工作积极，认真负责是恪尽职守，勤勉尽责的基本要求。工作积极就是要求法律职业人员勇挑重担，埋头苦干，兢兢业业，一丝不苟，为国家的法律事业多做贡献，为做好法律工作肯花时间，能够吃苦耐劳，必要时牺牲个人利益把工作做好。认真负责最根本的一条就是恪守职责。为此，法律职业人员不仅要认清自己的职责，还要在履行职责的过程中以积极的态度想方设法按照职责要求做好每一项工作。恪尽职守，勤勉尽责是对法律职业人员业务素质的基本要求。它是一种精神力量。能够恪尽职守，勤勉尽责的法律职业人员会以负责的态度、积极的行为在实际工作中认真完成自己的工作任务。相反，如果法律职业人员对待工作的态度是消极的、行为是散漫的，那么其分内的工作任务就不可能圆满完成。在司法实践中，人民群众对法律职业人员的工作存有很多不满，这些不满不仅来自司法腐败方面的问题，还来自法律职业人员在法律行业具体工作方面表现出来的一些不尽如人意的问题，比如办案拖拉、办事松散、态度生硬冷漠等。这些行为都是法律职业人员不恪尽职守、勤勉尽责的表现，其负面影响是明显的。

《律师法》和《律师职业道德和执业纪律规范》都规定律师在提供法律服务的过程中，应该尽职尽责向当事人提供法律服务。《律师职业道德和执业纪律规范》第五条规定："律师应当诚实守信，勤勉尽责，尽职尽责地维护委托人的合法利益"。这些规定一方面以法律的形式确立了对法律职业人员在职业活动中恪尽职守，勤勉尽责的宏观要求；另一方面也明确了这一原则性规定的一些具体要求，这既可增强法律职业人员遵守这一原则的意识，又可增强他们遵守这一原则的能力。

六、清正廉洁，遵纪守法

自古至今，对法律职业的清廉要求是概莫能外。清正廉洁，遵纪守法的原则，就是要求法律职业人员在法律职业活动中不利用自己职务上的便利为自己谋取非法利益，不在从事自己的职业活动过程中做出违反法律以及行业规章规定的行为，保持一身正气、清正廉洁的优良作风。坚持这一原则，要求法律职业人员具有清正廉洁、遵纪守法、无私奉献、敬业献身的精神。这就要求法律职业人员要不辞劳苦、辛勤工作，时时刻刻把工作放在第一位。要识大体，顾大局，不畏权势，不因权力、地位、名誉、金钱和其他物质利益所动摇，"俯首甘为孺子牛"，真正做到一心为公，强化作为法律职业者的服务意识。也就是说，法律职业人员要时时刻刻想到自己是一名法律职业者，自己的一言一行都要表现出良好的职业形象，每当自己出现某种想法或要采取某种行动时，都要考虑是否符合自己的身份，是否符合法律、法规的要求，是否会给社会带来消极影响等。为民施

法是每一个法律职业人员必须具备的内在基本要求。由于法律和权力、权利和利益紧密联系在一起，因此一个法官、检察官和律师如果缺乏无私奉献、敬业献身的精神必然会造成对法律的滥用，甚至利用法律为自己谋取非法利益，贪赃枉法，必然造成徇一己之私，损害他人和国家利益的后果。法律职业人员在执法和提供法律服务的过程中要始终把国家和人民的利益放在首位，保持清正廉洁才能秉公执法，取信于民，维护法律职业人员的崇高的职业形象。

这一法律职业道德规范原则具体体现在法律行业的许多具体的规范性文件中：《法官法》《检察官法》和《律师法》都有关于"清正廉洁"的规定。《法官职业道德基本准则》专章对"清正廉洁"做了具体规定，其中明确规定："法官在履行职责时，不得直接或间接地利用职务和地位谋取任何不当利益。"

第四节　法律职业道德的社会功能

由于道德渗透在社会生活的方方面面，它具有能动的社会作用，对社会生活的规范和发展产生巨大的、积极的促进作用。法律职业道德作为职业道德的一种，也必然具有一定的社会功能，只不过这些功能通过法律职业的职业行为和生活表现出来。法律职业伦理的社会功能包括示范功能、调节功能、提升功能、辐射功能。

一、示范功能

规范意义上的法律职业伦理是对法律职业者个人和法律职业环境的具体道德上的描述。一个法官、一个律师、一个检察官的职业道德面貌如何，主要是通过其职业行为体现出来的，而对于其职业行为本身是否合乎法律职业伦理的基本内在要求，又是通过对法律职业者的行为本身与法律职业伦理规范对照而反映出来的。我国目前的法律职业大多有自己成文的职业道德规范，这些规范本身就具有示范性特征。加强法律职业道德建设就是要弘扬这些优秀的法律职业道德，在法律职业人员中树立先进的法律职业道德意识，培养自觉遵守职业道德规范的良好习惯。法律职业伦理所具有的示范功能可以为法律职业者的职业行为和个人行为做出分类。法律职业者首先是社会中一个活生生的具体的个人，由于其承担的是法律工作，这种工作的性质就要求他们具有比一般社会公众更高的道德水平和道德素养，这在法律职业伦理规范中就涉及法律职业主体的业外活动规范。这些规范对法律职业者的行为必然具有引导和示范作用。也就是说，法律职业者的道德行为是通过规范来反映的，虽然这种规范并不一定要反映为成文规范。其次，法律职业伦理最本质的内容是通过法律职业主体的执业行为体现出来的，其中反映出来的职业伦理规范由于为整个执业群体所认可，比如维护司法公正是法官最重

要的职业伦理规范，这种规范对于法官的执业必然具有强大的示范和影响。法律职业伦理的示范作用不仅在于唤起和影响每一个法律职业者良好的道德品质的形成，更主要的是在法律职业中建立与贯彻一定的法律职业道德原则和基本规范，这必然对于建立起为社会所充分认可的法律职业群体具有十分重要的作用。

二、调节功能

法律职业道德作为一种道德范畴，是整个社会调节系统中的一部分。因此，调节功能是法律职业道德最主要的功能之一。法律职业道德的调节功能是指道德具有通过评价等方式来指导与纠正法律职业人员的行为和实际活动，以协调法律职业人员之间、法律职业人员与法律职业对象之间关系的能力。法律职业道德调节以使法律职业人员的行为实现从现有到应有的转化为目标。法律职业道德具有一定的强制性。但它表现为内心的命令、舆论的压力和传统习俗的束缚，因此具有内在性的特点，即它是以法律职业人员在长期的法律职业实践中所形成的法律职业道德观念、道德感情、道德信念为基础的。法律职业道德首先依靠社会舆论和良心的力量起作用。法律职业道德情感调节法律职业活动的方式是灵活多样的，不仅表现为舆论、良心强制的形式，而且也表现为通过社会舆论说服、赞同的形式，表现为自我评价的形式——问心无愧或者受到良心的谴责。总之，法律职业道德进行调节的特点在于，通过社会舆论、良心、风俗的习惯、榜样感化和思想教育等手段，使法律职业人员形成内心的善恶观念和情感、信念，自觉地尽到对他人和社会应尽的责任和义务，以达到协调各种相关的社会关系。可以说，法律职业道德评价是法律职业道德调节的主要形式。社会舆论、传统习惯和内心信念是法律职业道德所赖以发挥作用的力量。调节的尺度是"应当怎样"，而不是"是怎样"。法律职业道德是以"应该不应该"来调节法律职业人员的行为，由此使它表现出规劝和引导的特点。法律职业道德调节正是以上述特征而广泛深入法律职业人员生活的各个角落，触及其他调节手段所触及不到的地方，以此补充其他社会调节手段。当然，法律职业道德的调节并不是孤立地进行的，它和其他的社会调节处于紧密相连的相互影响之中。

三、提升功能

我国法律职业人员来源较为复杂，法律职业道德水准差异较大，总体水平不尽如人意。加强法律职业道德建设对于提升整个法律职业队伍的职业道德水平无疑具有十分重要的作用。法律职业道德对于法律职业人员的提升功能是通过法律职业道德教育来实现的。

所谓法律职业道德教育是指法律职业道德能够通过评价、激励等方式，造成社会舆论，形成社会风尚，树立道德榜样，塑造理想人格，从而培养法律职业者

的职业道德观念、职业道德境界和职业道德行为。法律职业道德教育的特殊任务是把某种价值体系、行动与观念准则灌输到法律职业人员意识中，使其形成相应的法律职业道德信念和道德品质，从而在法律职业人员身上展开法律职业道德作用的内部机制，使法律职业人员不仅能在职业道德上自我调节和监督，而且能够参与职业道德的调节过程。可见，对于法律职业人员的职业道德提升来说，道德教育起着非常重要的作用，规定着其职业道德的发展方向和自身的精神面貌。

在法律职业道德教育过程中，每个法律职业人员都既是受教育者，也是教育者。教育者本身也需要受教育，受教育者自己同时也是教育过程的积极参与者。法律职业道德教育是面向整个法律职业、面向一切法律职业人员的。法律职业人员需要经常受教育，需要由外界不断灌输法律职业道德知识和职业道德要求。在这个教育过程中，外界灌输的道德知识和道德要求需要个人积极性、主动性地去分析、理解，并在理解的基础上把外在的知识变为内在的情感和观念，把社会的要求变成自己的需求。因此，法律职业道德教育强调把对人的严格要求和对人的个性、愿望的尊重相结合，强调调动个人作为职业道德教育过程参与者的积极性，激发人改变和完善自己、改变和完善社会的热情，以唤起法律职业者自我教育的欲望，激励法律职业人员在职业道德生活中不仅做先进的职业道德思想的理解者、接收者，而且做先进职业道德思想的探索者、传播者。法律职业人员正是在这样的道德教育过程中逐步提升自己的法律职业道德品质的。

四、辐射功能

法律职业人员的执业活动涉及社会生活的方方面面。法律职业人员的道德意识、道德行为对整个社会也会产生影响。加强法律职业道德建设不仅在于树立良好法律职业队伍的形象，同时对整个社会的道德建设也具有辐射作用，从而带动整个社会的道德文明、精神文明的进步。这种作用的发挥主要是通过法律职业道德的激励来实现的。

由社会掌握运用，作用于非法律职业人员，这是法律职业道德辐射作用的一种方式。它通过一定的社会机制体现出来，这种社会机制包含道德理想、道德榜样和道德批评三个构成因素。道德理想体现一定的社会道德规范体系的要求，激励人们向往、追求并力图实现完美人格的高尚品德，它为人们的行为提供所应追求的价值目标，向人们展示完美的道德人格应该表现出怎样的精神面貌。道德榜样是道德理想的具体化，他们相对集中地体现了理想人格的至善品德。大众批评运用于大众传播工具等各种形式揭露、谴责社会道德生活中的恶行，以克服道德生活发展中的困难和阻碍，只要方法正当，批评就既可能达到抑制恶行的目的，也可能达到激发善行的目的。因此，可以说，道德批评是保持社会体制的生机和活力的重要因素。法律职业道德正是通过影响非法律职业人员的道德理想确立、

为非法律职业人员塑造道德榜样和引导社会的道德批评方向，来实现其对社会以及非法律职业人员的辐射作用的。这种辐射作用不同于被激励对象的自我激励，它是法律职业道德外向作用的方式。

本章思考题

1. 简述法律职业道德的概念。

2. 法律职业道德有哪些特点？

3. 简述法律职业道德的形成过程。

4. 法律职业道德应遵循的基本原则有哪些？

第二章　法律职业道德的内化和养成

法律职业道德对法律职业、社会有序发展的重要意义有很多论述，重要的是如何完善一个人的品质，如何使法律职业道德的要求成为法律职业者的品格甚至性格的一部分，如何使法律职业的大多数成员能够自觉遵守法律职业道德规范，时时处处以维护法律职业形象为己任，这就是法律职业道德内化和养成要解决的问题。

第一节　法律职业道德内化概述

法律职业是一个需要高度自律的职业，而这种自律主要是一种道德意义上的自我管制，只有将法律职业道德内化为法律职业者的品德，内化为法律职业者的自觉意识，才会有稳定的行为，也就是说，只有将法律职业道德内化以后，才可以做到观念与行为的有机统一，才不会出现道德领域经常发生的"说一套，做一套"的言行不一或心口不一的情况。

一、法律职业道德内化的概念

(一) 内化的含义

"内化"是一个心理学界广泛应用的概念。它最初是由法国社会学家杜克海姆(E. Dukheim，1858—1917)等提出的，指社会意识向个体意识转化，亦即意识形态的诸要素移置于个体意识之内。这一思想后来为许多心理学家所采用并拓宽。美国心理学家英格利希(H. English et al. Engling，1985)将内化理解为把某些东西结合进心理或身体中去，采纳别人或社会的观念、做法、标准或价值观作为自己的东西，他指出，社会规范的内化，即从社会或一个参照组接受行为的标准或准则。

简而言之，内化是一个过程，是一个将某种社会准则逐渐变成个体价值一部分的过程，表现为主体与主体外在的规范或准则的要求相互作用的过程，是通过主体的能动反映——认知、体验与认同，通过主体内在的心理变化而实现的。这个过程，也可以叫作构建品德心理结构。

（二）法律职业道德内化的含义

法律职业道德内化，是指法律职业道德对法律职业者的约束由他律向自律转化，使法律职业道德成为法律职业者意识组成部分的过程。这一过程受法律职业者自身内外各种因素的影响。正因为如此，不同法律职业者因其自身内外因素的不同，在法律职业道德内化过程中常常表现出不同的状态，这也使得法律职业道德内化问题成为一个看似简单，而一旦追问起来却难以回答的极为复杂的问题。

法律职业道德内化的过程表现为，法律职业者对于法律职业道德的认识，逐渐由表层认知达到深层价值观念的转化，由强迫性遵守的消极情感到自觉遵守的积极情感，由他律到自律。而一旦内化，法律职业者对于法律职业道德的遵守，就成为思想和行为完全一致的状态。

二、法律职业道德内化要素

由于法律职业道德内化受法律职业者自身内外多种因素的影响，因此我们需要对这些影响因素进行理性总结，以便于法律职业者有效地进行法律职业道德的内化。所以，我们提出法律职业道德内化要素这一理论。

（一）法律职业道德内化要素的概念和特征

法律职业道德内化要素是指内化法律职业道德过程中必不可少的因素。它是一个与法律职业道德内化概念密切联系又有区别的概念。其联系在于，法律职业道德内化概念是界定法律职业道德内化要素的基础，法律职业道德内化要素是法律职业道德内化概念的具体化。它们的区别在于，法律职业道德内化概念是从内化过程的性质来描述这一过程，而法律职业道德内化要素则是从与内化有关的因素出发来看待内化的过程，它进一步回答：内化的过程是怎样的？内化过程受哪些因素影响？科学有效的内化途径是怎样的？

法律职业道德内化要素具有以下特征。

1.法律职业道德内化要素是一个包括主观和客观方面各因素的总和。法律职业道德内化，就是研究如何将法律职业的道德要求变成法律职业者的个人品格，因此，它必然涉及法律职业者自身以及法律职业者群体内部和外部环境等各方面的因素。

2.法律职业道德内化要素只是从宏观方面对影响法律职业者内化法律职业道德的因素进行了归纳。社会生活中的任何一个人、任何一件事都可能会对某个具体的法律职业者的职业道德内化产生影响，但是，作为法律职业道德要素只是对影响法律职业者道德内化的共同因素进行了总结。

3.法律职业道德内化要素中影响法律职业道德内化的各个因素对于不同的人

的影响是不同的。法律职业者在内化法律职业道德的过程中，会受各种因素的影响，不同的人和事对不同的人的影响是不同的。

(二)法律职业道德内化要素的构成

法律职业道德内化要素包括四个方面，即法律职业道德内化的主体、法律职业道德内化的内容、影响法律职业道德内化的因素和法律职业道德内化的途径。

1.法律职业者是法律职业道德内化的主体。法律职业者作为法律职业道德内化的主体，在法律职业道德内化过程中起着十分重要的作用。所有影响法律职业道德内化的外部因素都要通过法律职业者这一主体起作用——积极的作用，或者是消极的作用，起什么样的作用和起多大作用，法律职业者自身的因素起着关键性的有时甚至是决定性的作用。

2.法律职业道德内化的内容，是指内化哪些知识和意识，能够有助于法律职业者把法律职业的道德要求变成自身品格的一部分。法律职业内化的内容，应该从两个层面来看待，一个层面是从社会需要来考虑法律职业道德内化的内容，另一个层面是从法律职业自身的需要来考虑法律职业道德内化的内容。显然，仅仅将法律职业道德的具体要求灌输给法律职业者，是不能解决法律职业道德内化问题的。也就是说，在进行法律职业道德内化的过程中，仅仅内化法律职业规范的内容是不够的。法律职业者必须认识到法律职业存在的社会价值，熟练掌握法律知识和技能，深刻理解法律职业的特殊要求和所具有的特殊地位，同时，在法律和社会赋予法律职业特殊保障的环境下，在法律职业荣誉的引导下，在法律职业惩戒措施的约束下，即在上述诸多因素以及这些诸多因素形成的氛围共同作用下，将法律职业道德要求与法律职业相关的一切内容融合在一起，共同融进法律职业者的意识中，才能够产生法律职业道德内化的效果。

3.影响法律职业道德内化的因素，是指在法律职业道德内化过程中的各种环境因素、制度因素以及各种环境和制度运行的综合情况，还包括法律职业者自身价值观、人生观、性格、认知等因素。

4.法律职业道德内化的途径，是指通过什么样的手段和方式，才能够把法律职业的道德要求变成法律职业者的自觉意识。这一点是很重要的。如果没有科学的、有效的途径进行法律职业道德内化，那么，法律职业道德就只能停留在口头上，而不能融化于内心，也难以化成自觉的行动。

(三)研究法律职业道德内化要素的意义

研究法律职业道德内化要素，对于学习法律职业道德、进行法律职业道德教育，以及选择法律职业道德内化途径和科学的教育方法等都有重要意义。

1.对法律职业道德内化要素的认识，有助于认识到法律职业道德内化的复杂

性和艰巨性。要素中影响法律职业道德内化的各个因素在影响法律职业道德内化的过程中，不是孤立地发生作用，而是各要素本身相互影响，交织在一起，共同作用于法律职业者。法律职业道德内化是各个因素相互作用的综合过程，由此可见，法律职业道德内化是一个长期的复杂过程，受多种因素影响。

2. 对法律职业道德内化要素的认识，有助于在法律职业道德教育的过程中，考虑各种因素的影响，选择多种方法和途径，尤其是要选择适合道德教育的方法和途径。

3. 对于法律职业道德内化要素的认识，有助于完善与法律职业道德密切相关的制度和环境。在影响法律职业道德的诸多因素中，有很多因素只能依赖社会的总体进步，但是，有些因素是可以通过法律职业者自身的努力或者法律职业共同体内的力量进行某些改观或者完善，把那些起着消极作用的因素改变成内化法律职业道德的积极因素，如提高法律职业者的自身素质、拓宽监督渠道等。

总之，对于影响法律职业道德内化因素的研究是复杂的，法律职业道德内化途径和方法的选择也是复杂多样的，由此，法律职业道德的建设工作是复杂的、长期的系统工程，不可能一蹴而就，要从宏观到微观的各个层面上做艰苦细致的工作。

三、法律职业道德内化阶段

法律职业道德内化的过程是十分复杂的，要经过了解和认知法律职业—感受法律职业的地位和价值—反复体验和感悟法律职业道德对于法律职业的意义等一系列过程，才能够把法律职业的道德要求融化为法律职业者个人意识和品格的一部分。而这种内化过程是发生在法律职业者这一内化主体的肌体里的，不能从外部直接观察到，是否内化以及内化的程度如何，只能从主体的行为进行推断。一般来说，行为的稳定性与内化的程度是一致的，内化程度越深，接受越好，行为越稳定。因此，尽管不能够直接观察到个体内化的程度，但是，我们仍然可以根据个体的行为反映，将内化过程划分为认知、体验、认同和遵守四个阶段。

（一）内化的四个阶段

为了对法律职业道德的内化过程有一个客观的认识，也为了能够更有效的选择法律职业道德内化的途径，我们依据个体的行为反映，将内化过程划分为以下四个阶段。

1. 法律职业道德内化的第一个阶段，是对法律职业包括法律职业道德的认知阶段。这个阶段，是法律职业者或者准法律职业者对法律职业由不了解到了解的过程，或者是由普通人的神秘感知过程到理性认知的过程。普通人能够直接接触法律职业的机会并不多，他们往往是通过日常生活中的电影、电视或者小说等文

艺形式来感知法律职业，这样形成的认识是零碎的、模糊的，有时甚至是不确切、不正确的。普通人一提到法律职业，会有很多丰富的联想，诸如威严、公正、敏锐甚至傲慢、武断等，但是，作为准法律职业者的学生经过对法理学和法律职业道德等课程的系统学习后，即经过了理性认知以后，知道了法律职业者的权力仅仅是社会秩序良性运转的组成部分，而不仅仅是个人生存或谋求财富的工具；知道了社会对于法律职业的尊重是源于对法律的尊崇，只有维护法律的尊严，才有法律职业者的尊严；知道了法律职业者是依赖智慧和人格生存，而不仅仅是依赖权力生存，他们是非常理性的；知道了法律职业者是靠正义使人们信服，而不是靠权力的威力使人们服从，因此，他们的外在形象也可以是非常谦和的。这个认知过程一般是通过学校教育和对法律知识、技能以及法律职业道德的初步学习而完成的。

2. 法律职业道德内化的第二个阶段，是对法律职业和法律职业道德的体验过程。在这个过程中，法律职业者或者准法律职业者对法律职业有了初步的接触，如法律院系学生的诊所式教育经历、假期实习或者初步入法律职业的法律职业者有了少量的执业体会。在这个阶段，他们对法律职业往往有一种热情的向往，以为法律职业是一个崇高的、神圣的、万人仰慕的职业，但是，这种热情往往会遇到现实冷酷的打击。而他们这时还没有形成法律职业应有的成熟的全面、客观看待问题的思维方式，往往容易凭借个别人或者个别事来评判法律职业。比如，他们可能根据其实习时跟随的"老师"品行的好坏来判断整个法律职业的状况，如果遇到的实习指导"老师"品行不好，就可能因此会产生内心冲突，对学校时期学习的法律职业的价值和法律职业道德的内容产生怀疑。

这个阶段是法律职业道德内化过程中一个比较重要的阶段，对于能否继续完成内化过程具有很重要的作用。曾经有一些法律院系的学生在实习时遇到了水平比较低的法官就做出否定整个法律职业的判断、选择放弃从事法律职业愿望的例子。当然，更多的人是通过这个过程，进一步体验到法律职业对于社会不可或缺的价值，体验到法律职业在维护社会正义、维护社会秩序方面无可替代的作用，更加坚定了从事法律职业的信心，也更加自觉地进行法律职业道德内化。

3. 法律职业道德内化的第三个阶段，是对法律职业和法律职业道德的逐步认同过程。在这个过程中，法律职业者通过长期从事法律职业对法律职业形成感性和理性认识，如通过对法律职业规范的遵守或者违反，体验遵守法律职业道德获得法律职业共同体内部和外部尊重的快感或者被法律职业惩戒机构惩戒的痛苦，或者对法律职业做出肯定性评价，或者做出否定性评价，或者先肯定后又否定，或者先否定后又肯定。这是一个反反复复的过程，而在经历了这样一个过程之后，一旦做出肯定性评价，就是对法律职业包括法律职业道德由认知达到了认同，这是一个阶段性的跳跃。达到认同以后，遵守法律职业道德的要求，就会有

一种满足感，感到遵守法律职业道德要求是一件快乐的事情。

4.法律职业道德内化的第四个阶段，就是遵守法律职业道德，这是指法律职业的道德要求已经变成法律职业者的内在品格，即稳定的品行和性格的组成部分。这是法律职业道德内化的最高阶段。一旦达到这个阶段，法律职业道德的规范要求，对于法律职业者来，已经不再是一种约束，法律职业者已经不需要依赖职业惩戒的威力来约束自己的行为，遵守职业道德规范或者准则已经成为个人的习惯，是一种自觉行为。

这个阶段，也可以说是法律职业道德内化的目标。尽管不一定所有人都能够达到这个目标，但是，我们所做的一切努力，都是向这个目标迈进。也就是在这个意义上，我们才将内化界定为一个过程而非一种行为。这个过程，对于法律职业者来讲，也许是一个终身的过程。

（二）内化阶段的特点

法律职业道德内化的阶段性使得内化阶段呈现出如下特点。

1.在法律职业道德内化的不同阶段，法律职业内化主体会有不同的表现，但是，无论在什么阶段，个体之间永远存在着内化速度和内化程度的差别，而且，即使不同的法律职业者处于相同的环境，其法律职业道德内化的速度和程度也会有差别，这是由法律职业者不同的价值观、不同的认知能力和不同的心理感受决定的。

2.法律职业道德内化的阶段有先后的顺序，但是，每个阶段并不是截然分开的，也不是一次完成的。在每个阶段进行的过程中，常常会有反复，即在内化的过程中，会不断受到各种情感冲突的影响。最普遍和最典型的冲突有两种：一是作为普通人和作为法律职业人的情感冲突；二是个人情感中的善恶冲突以及个人利益和职业利益的冲突。面对每一次冲突，法律职业者都要经历一次内心折磨，每一次以法律职业人的情感战胜普通人的情感，以舍弃个人利益的善战胜背弃职业利益的恶的举动，都是在法律职业道德内化的进程中向前迈进了一步，即接近更高的阶段。

3.法律职业道德内化达到最高阶段之后，法律职业道德规范或准则的要求，就不再是主体之外的行为要求了，而成为主体自身的行为选择标准。

划分法律职业道德内化阶段的意义在于为选择内化途径和方法提供理论支撑，尤其是为法学基础教育阶段（学历教育）采取适当的教育方法进行法律职业道德教学提供理论帮助，使学生完成对法律职业道德内化内容的基本认知。同时，也使法律职业者及其教育机关和执业机构认识到法律职业道德内化的艰巨性，从而在内化途径选择方面进行长期和系统的多方面安排。

四、法律职业道德内化意义

(一)法律职业道德内化是法律职业化发展的必要条件

法律职业的职业化是法治社会的基本特征，是社会文明发展的重要标志和必然结果，这已经成为所有法律人的共识和一致期盼，但是，从社会发展的历史进程看，法律职业的职业化不是一开始就存在的现象。按照法社会学的观点来分析，"司法活动的专门化是一个历史的演进过程，是与社会分工的增加、社会生活复杂化的趋势相联系的。"

法律职业的职业化需要具备诸多条件，如以司法独立为核心的保障法律职业独立性的制度体系、法律职业阶层的培养体制和法律职业自律机制等，其中，法律职业道德的内化是法律职业的职业化必不可少的条件之一。从法律职业的形成来看，没有法律职业道德的支撑，就不会有现代法律职业，法律职业道德是法律职业的一个基本构成因素。法律职业道德是法律知识和技能的基本组成部分，是为社会服务的职业精神的具体体现，是法律职业实现自我管理的一个基本途径，是法律职业享有良好社会地位的有效保证。法律职业道德内化的程度，直接影响着法律职业的社会威望，影响着相关法律制度的建立，尤其是关于法律职业的职业化制度的建设。法律职业内部是否存在共同的法律职业道德是法律职业共同体是否形成的标志之一。

自从《法官法》《检察官法》《律师法》公布以后，法律职业的职业化建设被提到议事日程，尤其是近几年，我国比较重视法律职业的职业化建设，最高人民法院、最高人民检察院、司法部出台了一系列关于职业建设的文件。如2002年最高法院发布的《关于加强法官队伍职业化建设的若干意见》，对建设一支职业化的法官队伍做出了全面部署。可以说，我国的法律职业和法律职业共同体正在形成中，但是，还远未形成，进行法律职业道德内化的系统研究，并在此基础上进行法律职业教育，使法律职业主要后备力量和法律职业者共同接受法律职业的职业教育，共同体会法律职业的神圣使命，这无疑有助于在法律职业内部形成法律职业一致认可的法律职业道德，有助于法律职业制度的建立。

(二)法律职业道德内化是法律职业获得社会认可和尊重的前提

法律职业者是法律及其法律制度的载体，法律的统治，一定意义上说，就是法律职业者的统治。法律职业队伍的整体，被公认为是法律适用和法制运行质量的决定因素。任何一个社会，对于法治状况的评价，往往是通过对法律职业者的行为及其权威的评价反映出来的。

法律职业者要具备很多高深的素质。法律职业者的素质由三个层次构成：第

一层次是"德"，即必须具有崇尚正义与法治、忠实于法律之职业品德与敬业精神。这是对每一位法律职业者的根本要求，做不到这一点，任何人都不可能担当起维护正义之职责与使命；第二层次是"师"，即具有深厚的法学素养以及人文知识功底，并且有丰富的社会阅历和对社会生活的深刻洞察力；第三层次是"匠"，即要具备工匠式的"术业有专攻"的精神和运用法律的匠技能力。在这三个层次中，"德"应该是第一位的。"德"所提倡的崇尚正义与法治的精神和忠实于法律的敬业精神是法律职业精神的核心，也是社会对法律职业的最基本期待和获得社会公众对法律信任的根本。

在社会公众看来，法律职业共同体应该是一个高尚的群体，只有法律职业者中的大多数对法律职业道德内化有足够的认识，并且自觉接受法律职业道德教育，自觉进行法律职业道德学习，使法律职业队伍中的大多数人处于法律职业道德内化的较高阶段，才可能出现法律职业者中的大多数自觉遵守法律职业道德规范要求的局面。只有法律职业的大多数人能够自觉维护法律职业的荣誉和形象，能够向社会传达法律职业对于维护法律至上、对于维护社会秩序、实现社会正义方面不可替代的重要作用，才可能获得社会公众的普遍认可和尊重。而这种认可和尊重，是实现法治的基础。没有社会公众的对法律职业的认可和推崇，就根本谈不上法律职业的地位和权威。

(三)法律职业道德内化是形成推崇法律至上文化的基础

法律职业对于社会的贡献，不仅仅是法律职业者所掌握的知识和技能解决了一些社会纠纷，更重要的是通过他们的职业活动带给社会的理念和精神。这种理念和精神，就是关于法治的理念和法律至上的行为价值趋向以及严格遵守法律的矢志不渝的精神。

法律职业阶层的法律意识、行为模式无疑对社会公众的法律意识和行为有直接影响。法律职业者的职业道德内化水平对于其在具体执业活动中能否实现法的价值和社会正义关系重大。民众对法律的信心是实现法治的社会基础，法律职业者在执业过程中表现出来的知识、涵养和人格永远是召唤民众法律信心的力量，法律职业者的完美人格、公正理念和超然境界，将赋予法律正义和社会秩序以生命。所以，法律职业阶层的活动直接体现着法律的权威性和法律的价值趋向。只有法律职业者自己对法律充满无比的信仰和遵从，法律职业者才可能在执业活动中向社会传达法律的价值理念，才可能通过执法活动，使社会公众感受到法律的神圣和威严。因此说，法律职业道德的内化，是形成法律至上文化的基础。

第二节　法律职业道德内化的内容

之所以要讨论法律职业道德内化的内容，是因为道德教育与其他知识和技能的教育有着很大的区别，法律职业道德也不例外。知识的教育和学习，是解决"知与不知、懂与不懂"的问题，技能的教育和学习，是解决"会与不会、熟与不熟"的问题，而道德教育是解决"信与不信，愿与不愿"的问题。信与不信，不只取决于知与不知，不只取决于对与错，还必须有"信"的动力来源，这就是信念。一个人对于职业的信念，是多种因素长期作用的结果。就法律职业来讲，法律职业者的职业信念是融合在法律职业的地位、特性、知识、技能、保障、荣誉和约束之中的。只有深刻理解法律职业的地位和职业性质、谨记职业任务、掌握职业知识和技能、坚定职业理想、树立职业形象，才可能按照法律职业道德的要求行事。因此，法律职业道德内化的内容绝不限于法律职业规范内容本身。

一、法律职业的性质和地位

众所周知，道德是一种关于是非、善恶的判断，是一种诉诸于人的良知和内心确信才能真正发挥作用的东西，只有通过教育和学习，使主体对规范取得内心认同后才能表现为外在的道德行为活动。法律职业的实践活动也是同样道理，所以，必须使法律职业者认识到法律职业性质、地位与法律职业道德之间的内在关系，使从业者发自内心地感受到职业本身的价值对于其执业的重要性，这样才有助于形成内在的确信，才能够基于对职业的认同，在实践中表现出对规范的自觉遵守。

法律职业的性质是在与其他职业的比较中显现出来的，它具有独立性、同质性、垄断性等特点；同时，与其他同样需要专业知识和技能的职业相比，法律职业是一个在规则中生存的职业。由于法律职业本身的特性，使得从事法律职业的人经常处于纷争当中，会经常面对复杂甚至艰险的局面，经常会遇到不易判断、不好处理的问题，稍有不慎，就可能损害职业形象，甚至葬送自己的职业前途，而严格遵守法律职业不仅具有对于社会和职业本身的价值，而且是从业者避免职业风险、进行自我保护的最好社会和职业手段。

法律职业道德是法律职业的一个基本构成因素。法律职业道德内容反映着法律职业的本质特征和特有的客观规律以及社会对法律职业的最基本要求。

法律职业的地位是指法律职业在社会存在的价值和作用。这是给法律职业这一社会角色定位的基本因素，也是构建法律职业准则或规范内容的出发点。法律职业者对自己所从事的法律职业的价值，即社会意义的深刻和准确的理解，是其职业意识的基础和灵魂。

　　法律职业在社会生活中的地位和作用，与一国的法律制度、法律文化有着密切的关系。不同的法律制度和法律文化之下，法律职业的地位和作用也不同，但是，各国的法律职业都必须承担实现正义、维护社会秩序、服务公众等社会功能。因为法律职业的价值来源于法的价值。法具有正义、平等、自由、秩序、安全等诸多价值。基于此，法律职业者不仅承担着法律工作，而且对社会公众、对国家秩序也承担着义务，正是因为法律职业如此重要，社会才会对法律职业提出特别严格的远远高于其他职业的道德要求。

二、法律职业知识和技能

　　法律职业知识和技能与法律职业道德的关系主要表现在三个方面：一是两者密切关联，既没有脱离执业活动而单独存在的职业道德，也没有完全脱离职业道德的法律知识和技能，或者说，法律的知识和技能之所以能够发挥服务于社会的功能，还在于法律知识和技能中蕴含着职业道德的成分。因此，可以说，法律职业是法律知识和技能的重要组成部分。二是法律职业者所具有的法律知识和技能，如果没有法律职业道德的约束，也会成为损害社会的工具。在这方面，我国著名法学家史尚宽先生有一段非常深刻的论述，他说："虽有完美的保障审判独立之制度，有彻底的法学之研究，然若受外界之引诱，物欲之蒙蔽，舞文弄墨，徇私枉法，则反而以其法学知识为作奸犯科之工具，有如虎附翼，助纣为虐，是以法学修养虽为要，而品格修养尤其为重要。"三是法律知识和技能与思维水平成正比，道德认识水平与思维水平成正比，思维水平越高，道德判断力也越高，道德判断水平的高低对行为的选择有重要制约作用。因此，我们必须注意到，遵守法律职业的专业行为准则是建立自己法律专业判断力的必备条件。我们常说的专业态度和敬业精神，有很大的成分就是指职业道德。

　　法律职业知识和技能是法律职业者生存的基础，是其生存的力量源泉，是法律职业独立性和崇高社会地位的保障，但是，这种生存的能量要想转化为现实的生存来源，就必须取得社会的认可和信任，只有谨守职业道德的职业者才能够在职业中生存和发展，法律职业更是如此。

三、法律职业道德规范

　　作为法律职业道德内化的内容，法律职业道德规范本身无疑是主要的内化内容，这是无须多言的。但是，内化法律职业道德规范并不是仅仅指记住法律职业道德规范的条文内容，而是必须深刻理解和领会条文所蕴含的法律职业的精神和理念。

四、法律职业保障

　　法律职业道德是法律职业享有较高社会地位的有效保证，法律职业保障是法

律职业道德内化的物质基础。法律职业者的自我约束以及绝大多数的法律职业者遵守法律职业的专业行为准则，也是法律职业享有法律保障某些职业特权的先决条件。

对法律职业的保障，不仅包括经济保障、人身保障、职权保障等，还包括赋予一些职业的特权等。任何一个职业存在的意义，对于职业人来讲，首先是保障生存，即为职业人提供了一种生存方式；其次才是它对于社会的价值和作用。基于这一点，必须把解决职业保障问题作为职业存在和发展的基础。对于法律职业的经济保障，世界各国都非常重视，认为它是法律职业者认真履行职责的基础。许多国家都为法律职业提供了丰厚的、多方面的经济保障，一般包括高薪制度，工资收入不减少制度，假期、住房和医疗以及家属照顾、优厚的退休金制度等。如在英国，总检察长的收入仅次于首相，比部长的收入高出许多。高薪不仅可以使法律职业者免除生活上的后顾之忧，不至于因为贪图小利而滥用职权，而且，可以过很体面的生活，从而有助于减少腐败。当然，对于法律职业，社会对它有更高的期待，制度给它设定了更高的门槛，与此相适应，就应该赋予其更高的保障。这种保障包括精神和物质两个方面。建立和完善法律职业的保障机制，有利于形成法律职业者的独立品格，对于其忠实地履行职责具有重要意义，如保证公正履行职责、树立司法权威，还可以增强法律职业者的职业荣誉感、培养敬业精神、珍惜自己的执业机会等。

因为本书体例所限，我们不去研究法律职业保障机制在经济保障、人身保障、执业特权等各方面保障的具体内容，仅举几例以说明法律职业保障在法律职业道德内化过程中的作用。以法律职业中的法官为例，法官任职保障制度对于其依法独立行使职权有着极其重要的作用，如一些法官因仗法执言、秉公执法而遭到打击报复，以至于被革职罢官的现象时有发生。这种情况对法律职业者的职业道德内化是有很大影响的。再如，法官享有较高的物质待遇，不仅与法官的职业阶层和其付出的复杂劳动相对应，而且，更为重要的是，可以使法官在面对物质诱惑时，能够保持超然的态度。

实行经济保障要具备多方面的条件，除了国家财政能力外，还有法律职业的整体素质和水平，法律职业者的整体素质和水平必须能够达到使社会公众心服口服地接受其获得较高经济保障的程度。我国之所以没有对法律职业实行特殊的经济保障，除国家财力的原因外，在很大程度上是法律职业自身的原因。我国法律职业大众化的状况和法律职业者并不令人满意的道德状况都是目前法律职业不能获得特殊保障的原因。

另外，可以将职业荣誉看作职业保障的一部分。职业荣誉是职业内外对于该职业及其职业人的认可，是一种肯定性的、褒奖性的社会评价。它是职业人谨守职业规范的动力来源之一，它从积极的方面激励法律职业者正确履行职责。因

此，各国都有关于法律职业奖励措施的规定。如对于法官和检察官的奖励有立功、物质奖励、职务晋升、颁发荣誉勋章或者荣誉证书等。我国对于法官和检察官，在法官法和检察官法中专门有一章关于奖励的规定。这对于弘扬正气无疑起到了积极作用。但是，我国关于法官、检察官的奖励规定也存在一些问题，如没有体现法官、检察官职业的特殊性，缺乏物质奖励措施，一些奖励条件缺乏可操作性等。

遵守职业道德是获得职业荣誉的基本要求，职业荣誉是遵守职业道德规范的内驱力。在法律职业共同体内，形成争取和维护职业荣誉、仿效职业典范的氛围有助于法律职业道德的内化，因此要强化法律职业者的职业荣誉感。如在英美法等国家，成为法官是很多律师的终身追求，这样就会引导律师在执业中自觉地遵守律师的职业规范。

总之，在法律职业道德内化的过程中，要充分注意职业保障的作用，一方面强化职业保障机制的建设；另一方面，在法律职业道德教育中使从业者了解法律职业保障的制度内容，并在工作实践中尽力解决法律从业者的后顾之忧。

五、法律职业责任

在任何国家，哪怕是法治化程度再高的国家，也无法避免法律职业者违反职业道德甚至违法犯罪的情况发生，因此，必须建立法律职业责任机制，形成对法律职业者的行为控制。

法律职业惩戒制度是法律职业责任的主要内容，但不是全部内容。由于历史和文化传统等方面的原因，各国关于法律职业惩戒方面的规定也不尽相同。但是，它们对法律职业的执业活动的约束却是共同的。在进行法律职业道德教育时，将法律职业惩戒的内容传达给准法律职业者或者法律职业者，使他们在进入法律职业之前，或者在进行法律职业的工作中，脑子里始终有一根弦，知道自己行为的性质和行为的后果，这无疑有助于其职业道德的内化。

我国《法官法》《检察官法》《律师法》都有惩戒的规定。但是，我国关于法律职业的惩戒规定还有很多不完善之处，如关于惩戒的条件和程序，进行惩戒的机构，进行惩戒调查中对于职业者的权利保障等都有待做出详尽的规定。

综上所述，法律职业地位是法律职业意识的基础，法律职业道德反映着法律职业的特性，法律职业道德融合着法律职业知识和技能，法律职业保障是法律职业道德准则得以运行的物质基础，法律职业荣誉是引导法律职业者遵守法律职业道德的动力之一，法律职业责任机制是使法律职业道德得到遵守的重要保证。它们都在法律职业道德内化的过程中发挥着各自的作用，共同构成法律职业道德内化的内容。

第三节 法律职业道德内化的影响因素

人的观念、信念受不同文化背景、不同制度和不同教育的影响，同样，法律职业者也是在一个具体的社会环境中执业的，其道德状况及其内化过程和内化程度必然受社会各种因素的影响，同时，在不同背景和环境影响下成长起来的不同个体自身因素也有差别，这些都对法律职业道德内化的过程和内化结果产生不同的影响。这些影响可能是有益的也可能是不良的。应该指出的是，各种因素的影响并不是独立发生的，而是交织在一起，相互影响、共同作用于法律职业道德的内化过程。

一、社会环境的影响

任何社会都是由经济环境、政治环境、文化环境构成的整体，三者之间既相互独立，又相互渗透、相互依赖。经济环境是全部社会环境的基础，它的性质和发展直接决定着其他社会环境的性质和发展。经济环境、政治环境、文化环境的变化最终也会带来人们素质的变化。这种影响是长期的，无论正面或者负面的影响，都是个人或者组织甚至某种制度难以改变的。

(一) 经济环境的影响

经济环境对人的思想素质起着决定作用，具体表现在三个方面：一是经济关系、经济制度是人的思想素质形成和发展的基础，人的素质归根结底是其当时的社会经济状况的产物。二是对物质利益的追求是人的思想素质发展的内在动力。利益对推动主体实现社会理想有着巨大的动力。对此，列宁曾说："如果你不善于把理想与经济斗争参加者的利益密切结合起来，与该阶级的'公平的劳动报酬'这类'狭隘'琐碎的生活问题……结合起来，那么，最崇高的理想也是一文不值的。"三是物质生产和科技进步是人的思想素质形成和发展不可或缺的物质条件。经济环境对于法律职业道德的形成和内化的影响，也同样表现在这三个方面。

在现代社会，法治已经成为社会文明的重要标志，同时，法治又是现代社会的"奢侈品"，也就是说，实现依法治国，必须要有一定的经济基础，实现司法公正，就必须付出一定的代价。一般来说，"经济投入成本越高，司法的公正效果越好，所获得的经济或非经济效益越高，反之亦然。"

我国经济发展水平制约了对法官、检察官、警察等法律职业的物质保障，使得法律职业的物质保障只能维持在比较低的水平。尤其是法官、检察官，就目前的住房制度来讲，必须与普通居民混住在社区中，这就使得法官、检察官业外活

动很难约束，他们自身很难达到职业道德的要求，相关组织也很难监管。例如，随着市场机制的作用，律师的使命感被逐步削弱，执业中表现出追求经济成功的倾向，有的律师甚至已经变成了单纯追求经济利益的商人。再如，目前司法机关的总体经费不足，并且由地方财政供给，这些经济环境因素都势必影响司法人员的公正。

(二)政治环境的影响

政治环境是指对人的思想素质产生影响的社会政治活动、政治制度、政治设施等一切外部因素的总和。它是社会环境的重要组成部分，由经济环境所决定，并为经济环境服务；它决定文化环境，文化环境又反作用于它。政治环境直接对人的思想素质产生影响，对人的思想素质起着导向作用，具体表现在三个方面：一是国家因其权力对人的思想素质的形成和发展具有支配作用；二是政治环境中的政治活动、政治制度、政治设施等对人的思想素质的形成和发展直接产生教育作用；三是保证着思想素质的形成和发展方向。法律和政治的关系，从来都是密不可分的，政治环境对于法律职业道德的内化影响也是非常深刻的。

我国目前存在的法院体制行政化的问题，实际上是政治领域内的法律工具理论在司法体制上的表现。法院体制的行政化问题与没有避亲和避籍的干部任用制度，使得法律职业者难以与社会公众，甚至难以与执业对象保持适当的距离。这些政治环境的因素已经在实际运行中影响法官的公正执法。对此，当事人既可以在法官的办公室进进出出，又可以夜访法官于其家中；既可以与法官随意交接，又可以"潜入后院"，打通家属们的关节，如此种种，再自律严格的法官，在一次一次的诱惑面前，能够永远立于不败之地吗？由这段论述可见，政治环境的影响也是与经济文化环境交互发生作用的，任何一种因素都不是孤立地发生作用的。

总之，在法律职业是政治工具的政治环境下，法律职业人就很难持有独立的品格，而我国依法治国、发展民主的政治体制改革趋向必将有助于树立正确的法治观念，有助于法律职业者的职业道德内化。

(三)文化环境的影响

文化环境在社会环境中处于从属地位，但是，它具有相对独立性，由经济环境和政治环境决定，为经济环境服务，并反作用于政治环境。文化环境是社会经济和政治的产物，社会意识形态构成文化环境的主体内容。文化环境的核心是社会占主体地位的世界观、人生观和价值观。文化环境对人的思想素质起着塑造作用。文化环境的根本指向就是为了塑造人的思想素质，提高人的科学文化水平，为经济发展和社会进步提供精神动力与智力支持。文化环境的这种塑造作用主要

表现在三个方面：第一，文化环境中处于核心地位的价值观念、思想信仰以及与此相一致的各种行为规范对社会成员思想的教化和规范作用；第二，文化环境具有增强社会成员凝聚力、对社会成员的各种观念起到整合和统一的作用；第三，文化环境指导着社会成员思想素质的发展方向，并通过对人们的认知和思维方式的制约，在一定程度上制约着社会的发展方向。

在讨论文化环境对法律职业者道德内化的影响时，除了上述三个方面的对法律职业者的普遍影响外，更应该重视法律文化与法律职业者道德内化的密切关系。广义的法律文化，泛指人类在漫长的文明进程中，从事法律活动所创造的智慧结晶和精神财富，既包括法律意识、法律思想，也包括法律规范、法律制度、法律实践和法律设施，是法的制定、法的实施、法学教育和研究等活动所积累起来的经验、智慧和知识的总和，是人们从事各种法律活动的行为模式、传统和习惯；狭义的法律文化，则仅指法律意识，仅限于一个国家或民族的人们受历史条件的制约，所形成的对法的性质、法在社会生活中的地位和作用以及其他法律现象的看法与评价，这种意识是渗透到法律生活当中的思想传统和思维模式。本书是在狭义的概念上探讨法律文化对于法律职业道德观念的形成及其内化的关系，下面略做分析。

在法律产生之初，刑罚被广泛地认为具有报复的性质，具有惩罚侵害者、安抚受害者，并以此满足受害方和社会公众复仇的正义感的功能。"以眼还眼，以牙还牙""以其人之道还治其人之身""杀人偿命"等，几乎成为一种普遍的信仰，在这样的文化背景下，裁判者只有对杀人的人做出偿命的裁判才会被认为是公正的。如果裁判者对杀人者不判死刑就会被认为是不公正。这种文化背景对今日中国的司法审判仍然有一定的影响。

我国传统的法律文化信奉实事求是而非无罪推定。实事求是一种理想境界，从哲学的角度讲也是成立的，但是，不是每个案件都能够做到这一点。如果不彻底确立无罪推定原则，那么受刑事追究者获得律师帮助的权利就不可能充分实现，而且，尤其重要的是，这也影响着人们对法官、检察官、律师等相关法律职业者的行为是否公正的评价。

（四）网络环境的影响

网络环境的影响本应归入文化环境中论述，因为随着互联网的大规模普及，网络文化已经作为一种新的文化现象被加以研究，但是，由于互联网环境下生成的文化环境具有不同于传统文化环境下更强的自主性、开放性和多元性等特点，所以，本书单独提出来，以期引起教育者和受教育者的重视。

网络文化作为一种人与人之间直接互动的产物，在信息传播上具有不可控性。它改变了过去信息必须通过传媒把关过滤的惯例，在相当程度上突破了任何

个人或政府对信息的控制。互联网的这种开放性，使其信息庞杂、良莠兼具，既有大量进步的、健康的、有益的信息，也有不少劣质的、低级的的东西。法律职业者作为一个社会人，也不可避免地要受到网络文化的影响或者影响着网络文化的发展。无论是教育者、法律职业者还是准法律职业者自身，都应该注意到网络文化的特点，加强自身修养，主动接受网络文化带给人们的种种便利，自觉抵制网络文化中的不良诱惑。

二、相关法律制度及其运行状况的影响

法律职业者是法律以及法律制度的载体，因此，法律制度本身是否完备、是否优良对于作为其载体的法律职业者的品格形成是有直接影响的。我们认为，相关法律制度及其运行情况与法律职业者法律职业道德内化的速度和程度有着直接关系。任何一项法律制度及其运行都可能影响到法律职业道德的内化。

我们常说的法律制度是否完善包含两个层次，首先是完整，其次是正当，而我国的法律制度环境在这两个层面都存在欠缺，各个层面的问题都会对法律职业道德的内化产生影响，但是，作为法律职业道德教材，本书不便具体分析和评价现行法律制度的完整程度和正当状况，仅从其对法律职业道德内化的影响方面举例说明。

（一）诉讼领域相关制度以及运行情况的影响

尽管我们是在法律职业的广义含义上谈论法律职业道德，但是，不可否认，法律职业道德的主要内容和法律职业的职业精神主要体现在诉讼领域与诉讼活动中，因此诉讼领域的相关制度对于法律职业者的影响是最直接的。也许以律师在诉讼中的地位和作用为例是最能说明问题的了。

在所有的法律职业中，律师对于司法制度公正与否的依赖程度最深、最强，对于诉讼领域的相关制度是否完备也感受最深刻。律师在诉讼活动中的职业道德也是律师职业道德的主要内容，没有完善的、充分尊重律师权利的诉讼制度环境，律师的作用便不可能充分发挥，律师的职业道德也就无从谈起。我们知道，律师维护人权、维护正义的使命是通过对裁判施加影响实现的。在一个律师维护当事人合法权益但还不能够很好地维护自身权益的法律制度环境中，在一个律师的意见可以被武断拒绝采纳的法律制度环境中，很多律师在执业中表现出趋利性，的确不是或者不全是律师自身水平的问题。尽管这可能是律师发展过程中出现的短暂的比较悲哀的事情，但是，它却很好地说明了法律制度环境对法律职业者职业道德的影响。

再如，我国《法官职业基本准则》要求"法官在审判活动中，应当独立思考、自主判断，敢于坚持正确意见"，但是，对于法律关系并不复杂而人际关系复杂

的案件，法官为了消除或者减轻个人所遭受的压力，就不愿意独立思考、自主判断，因为审判委员会制度的存在和现行运行状况，很多情况下法官会把矛盾上交，而审判委员会的组织负责就可能成为没有具体的人对判决结果负责。可见，现行审判委员会制度存在的正当性和程序运行的合理性，对法官的职业道德还是有影响的。

(二)法律职业保障制度及其实施情况的影响

关于法律职业保障，除了在上一节中谈到的内容外，还有一个重要方面就是职业权利保障，如对法官、检察官的职业独立保障。这方面我国的规定很少，其中一个主要原因，不能不说与法律职业还没有形成自律机制有关。法律职业者的道德状况制约着这方面立法的进步，但是，反过来，立法的缺损又损害着法律职业者对于职业的信心，这是一种恶性循环。如我国的法官法、检察官法只规定了法官和检察官的一项特殊权利，即"非因法定事由、非经法定程序，不被免职、降职或者处分"。我国的律师法对律师的保护也是有限的。这种立法状况极大地降低了法律职业者遵守职业规范的自信心。因此，我国应该同时推动立法保障和职业道德约束两方面的工作，不能有所偏废。

(三)裁判文书规范的影响

裁判文书的结构和风格问题对法律职业的道德形成以及内化也有一定的影响。原最高人民法院院长肖扬在1998年曾指出："现在的裁判文书千案一面，缺乏认证推理，看不出判决结果的形成过程，缺乏说服力，严重影响了公正司法的形象。"我国目前的状况是：一方面，因为法官的整体专业能力对于准确理解法律、对于解释法律与运用法律的水平和技术还不能够保证多数法官制作出说理性强的裁判文书；另一方面，缺乏说理性的、武断的裁判文书又对法律职业者，尤其是对法官的职业道德有着负面的影响。尽管判决的结构和风格受不同文化、制度和法律职业状况等因素的影响，普通法国家和大陆法国家的做法也存在差异，但是，不同结构和风格的裁判文书，法官在其中所负的责任是不同的，对接触到裁判文书的其他法律职业者的影响也是不同的。这一点是显而易见的。为了有一个感性的认识，这里摘录一份英国的判决书。

【案情】

威尔士学生对威尔士语是非常热爱的，他们对于向威尔士广播的节目用英语而不用威尔士语非常不满，于是进行游行抗议。他们来到伦敦，闯入了法庭……

下面是判决书的部分摘录：

上星期三，正是一周以前，高等法院的一名法官劳顿也在这个地方审理了一起案件，那是发生在一名海军军官和一些出版商之间的诽谤案，陪审团参加了审理。无疑这是一个重要的案件，但是与今天的目的相比较，它也许是最不重要的。这不碍事，因为那个事件本身确实是严重的。现在这个案件是一群青年学生，有男的，也有女的，闯入了法庭。这显然是事先安排好的。他们从阿伯利斯瓦斯大学远道而来，跨进审判庭律师席，拥入公共走廊，高呼口号，散发小册子，而且还唱歌，破坏了审讯。法官不得不休庭，直到把学生驱逐出去才恢复了秩序。

当法官返回法庭的时候，3个学生被带到法庭受审。法官以蔑视法庭罪判处每人3个月监禁，其他人在法庭再次开庭以前继续拘留。其后又有19个学生被带到法庭。法官挨个问他们是否准备认错。其中8人同意认错。法官判处每人50镑罚金，并要他们具结保证守法。另外11人不肯认错。他们说，他们认不认错是个原则问题，所以不能随便答应。法官便以蔑视法庭罪判处每人3个月监禁。

在用这种办法对这些年轻人做出判决时，法官行使了一种延续了几个世纪的审判权。早在二百年以前，威尔莫特法官在一篇起草好了的但从未发表过的意见书中就对这种权力做了很好的说明。他说："判处当面蔑视法庭的人以罚金和监禁，对每一个法院来说都是必要的。"这是在《王国政府诉阿尔蒙案》中说的。当面蔑视法庭，这个术语听起来有些古怪老气，但它的重要意义在于强调：在所有必须维护法律和秩序的地方，法院是最需要法律和秩序的。司法过程必须不受干扰或干涉。冲击司法正常进行就是冲击我们社会的基础。为了维持法律和秩序，法官有权并且必须有权立即处置那些破坏司法正常进行的人。这是一个很大的权力，一个不经审判当即监禁某人的权力，然而它是必需的。的确，甚至直到最近为止，对法官行使这种权力都是不允许上诉的。以往没有防止法官错误地或不明智地行使这种审判权的保障办法，到1960年这种情况得到了纠正。现在可以到上诉法院进行上诉了，在适当场合还可以从本院上诉到上议院。因为有了这些保障办法，这种审判权才得以保留并应该保留下来。

11名年轻人行使了这种上诉的权利。我们把其他所有案件放到一边，先来受理此案。这是因为我们关心他们的自由权利。我们的法律把公民的自由权利看得比什么都重要。

所以我要赞扬这种做法，正是据此，沃特金·鲍威尔先生为学生们提出了上诉。他们做的和我们以前所听到的任何辩护一样。我们也得到检察总长的很多帮助，他不是作为公诉人，而是作为法庭之友来到这儿的。他提出了一切有关的注意事项，对我们很有裨益……

因此，我认为，高等法院的一名法官根据普通法仍然享有对蔑视法庭的刑事罪犯即刻判处监禁的权力。这种权力至少不受1967年法令各条款的影响。普通

法上的这些权力原封不动。这些权力是：判以罚款和监禁；做出即刻判决或延缓执行；在做出判决以前将某人先行监禁；勒令某人规规矩矩、遵守法律；勒令某人一经传讯即须到庭受审。这些权力使法官事实上可以采取延缓执行的做法。在这方面的现代制定法通过以前，我经常听到一些法官在审理一般犯罪时按照普通法说："勒令你一经传讯立即到庭受审。你听着，假如你再找麻烦，那么你就要为这次犯罪而被判刑。我提醒你，你要坐6个月的牢。如果你错过这次机会，就要受到这样的惩罚。"这就是普通法的缓刑办法，它也可以用于蔑视法庭罪。

现在我来谈谈沃特金·鲍威尔先生所说的第三点。他说对学生的判决过分了。而我认为，不论从发布判决的时候，还是从以后发生的情况来看都不算过分，这是对审理某一与学生毫无关系的案件的司法过程的蓄意干涉，法官必须表明(向每一个地方的所有学生表明)这种事情是不可宽恕的。如果学生愿意，可以让他们为自己所信奉的事业举行示威，只要他们喜欢，也可以让他们提出抗议，但必须依照合法方式进行，而不能非法进行。他们冲击了这块土地上(指英格兰，也指威尔士)的司法过程，就是冲击了社会本身的根基，就是破坏了保护他们的根本。仅仅由于维护了法律和秩序，他们才有幸成为学生，能在平静的环境中学习和生活。所以要让他们维护法律，而不是贬低它。

但是现在应怎样做呢？由于法官在上星期三做出了判决，法律才得到了维护。他已表明法律和秩序必须受到维护，而且也将受到维护。然而就本上诉案来说，情况发生了变化。那些学生不再公然在这里反抗法律了。他们向本院提出上诉就是尊重法律的表现。他们已经服刑一周。我认为继续把他们关在里面没什么必要了。这些年轻人不是普通刑事罪犯。他们没有使用暴力、没有进行侮辱或采取不当的行为，相反，有许多做法还是值得我们赞赏的。学生们想要尽力维护威尔士语言，他们有理由为它骄傲。它是诗一般的语言，是诗人和歌手的语言，听起来远比英格兰语悦耳。就其权威性来说，在威尔士它和英格兰语言应当具有同等的地位。学生们的错误——而且是一种严重的错误——在于他们走向了极端。但是，正如已经做的那样，我想我们能够而且应当宽恕他们，我们应当允许他们回到学堂，回到父母身边，继续完成被他们的错误中断了的美好的学业。

他们还必须保证今后擅于检点、遵纪守法。最后我还得再说一点，如有需要，本院有权传讯他们。只要有必要，法院将毫不犹豫地召回他们，把他们送进监狱，执行劳顿法官对他们判处的刑罚的保留部分。

以我的同事即将发表的意见为条件，我愿提议今天就释放他们，但他们一定要规规矩矩、遵纪守法；今后12个月以内一有传讯，必须立即到庭受审。

这份判决书很好地说明了维护法律和秩序的重要性，重要到至高无上的境地。这样一种情感体验，尤其是判决书感人至深的论述，比千百次地重复"法律

的使命或者法律职业的使命是维护法律和秩序"这样的抽象教化，作用不知要强烈多少倍。我们认为，这样的一份判决书，不仅可以使被判决的人心服口服地认识到自己行为的性质和行为的后果，受到一次法律至上文化的深刻教育；同时，或者更为重要的是，对于法官自己，他必须具备法律至上的信念才可能写出如此有说服力的判决书，而且，通过这样的反复论述的过程，他自己也会更加坚定地维护法律秩序的信念。对于其他法律职业者如律师或者对于准法律职业者来讲，这份判决书无疑是一份非常好的培养法律信仰的教育事例。阅读这样的判决书可以深刻地感知法律、秩序对于一个国家、一个民族甚至对于个人的重要性，可以深刻地感知法律职业维护法律秩序的使命以及如何行使这个使命。

其实，这样的一份判决书本身已经可以说明很多问题了，似乎任何评价都是多余的。可以想见的是，形成这样的判决书和阅读这样的判决书，对法律职业者的职业道德一定是有影响的。

总之，法律制度对于法律职业者职业道德内化的影响是多方面的，如制度为法律职业在社会政治结构中提供的地位、诉讼审判方式为法律职业作用发挥提供的空间、法律职业准入制度造就的法律职业队伍状况以及制度为法律职业提供多少保障等，都影响着法律职业者对于法律职业的态度，进而影响着法律职业道德内化的程度和速度。

三、法律职业道德规范及其运行机制的影响

法律职业规范是否成为一个完整的体系，其运行机制是否完善都会对法律职业道德的内化产生不同程度的影响。

在法律职业的建立和维持方面，最困难的问题不在于制定一系列的法律职业道德规范，而在于如何使这些规范得到切实的遵守。即不能使法律职业道德规范仅仅停留在观念或者沦为空洞的口号，必须使这些规范能够切实地运行。全国法院系统职业道德建设的典型——山东省东营市中级人民法院就提出"制度写在墙上，却不在墙上，而是在心上"。可见，仅仅有职业道德规范是不够的，只有使规范的内容写在心上，才能够使规范有效运行。这既涉及法律职业道德规范本身的科学性问题，也涉及规范运行制度的合理性问题。例如，在制定法律职业道德规范时，既要考虑到法律职业高于普通人的特殊要求，又要认识到法律职业者也是人，而非神，既需要进行法律职业地位、职责的教化，也需要为他们提供相应的物质保障和给予相应的职业荣誉以及对违反者进行严厉的制裁，还要建立法律职业的自治组织，要有畅通的接受社会监督的渠道，等等。

如我国检察官的职业规范就比较零散，2002 年最高检察院颁布的《检察官职业道德准则》仅有百余字，非常概括和抽象。相比之下，我国《法官职业道德基本准则》比较完整，但是，其中一些表述脱离实际，很难被落实，还有一些规定

存在技术性问题，如关于约束业外活动，《法官职业道德基本准则》规定"法官必须杜绝与公共利益、公共秩序、社会公德和良好习惯相违背的，可能影响法官形象和公正履行职责的不良嗜好和行为。"比如钓鱼、美容、旅游肯定不是不良嗜好，但是，如果法官把自己的嗜好透露给了律师或者当事人，当事人就会投其所好，所以，社会上流传着"不怕你铁板一块，就怕你没有爱好"，所以，不是有没有爱好的问题，而是不应该披露自己爱好的问题。法律职业道德规范本身的规定不科学，使法律职业行为缺乏统一的示范标准，显然不利于法律职业道德内化。

所以，建立内容科学完整的法律职业道德规范和相应的职业道德运行机构，以及完善的运行机制都对法律职业道德内化有着积极的影响。如果职业道德规范的内容脱离实际，法律职业者进行职业道德内化时就会产生抵触情绪；如果机构和运行机制不完善，就缺乏有效的监督，也会使一些职业道德规范落空。

四、法律职业整体的职业群体意识状况的影响

法律职业整体状况如教育背景、人员来源、专业能力、经济状况、职业道德意识、内部等级情况等各种因素都会对法律职业道德的形成和内化产生影响。法律职业的整体状况在很大程度上决定着法律职业内部的传统和精神，而这些传统和精神对于塑造法律职业道德有着巨大的、强烈的影响。另外，从组织行为学的角度看，组织以及组织中的群体必然对组织中的个体行为产生影响，因此，在法律职业者之间，法律职业的群体意识必然对法律职业内化产生影响。

从宏观层面看，一方面各个国家的法律职业精神和传统往往有很大区别，因为这种精神和传统与这个国家的法律职业团体的形成以及团体的特殊经历有着密切的关系，例如同样是在欧洲，北欧、拉丁区欧洲、英语区欧洲和东欧，对于法官的职业要求就彼此不同；另一方面，法律职业的精神和传统也有某些相同之处，即它的反抗行政权威的特点。这在英国和日本的法律职业团体形成过程中看得非常清楚。在许多国家，法律职业的精神和传统是团结法律职业人士的纽带，是法律职业内部衡量个人成就的重要标准，是法律职业具有某种对抗外界压力的力量源泉。

从微观层面看，法律职业的整体状况对法律职业共同体内具体成员的职业道德内化有着直接的影响。从心理学的角度讲，个体与群体之间是相互依存的，群体对个体的思想和行为可以起到积极或者消极的作用；反过来，个体的特征和状态也会直接影响群体的状况与特点。我们在探讨影响法律职业道德内化因素时，主要考察群体对个人的影响。群体会使个体产生从众、模仿、被感染以及群体思维等思想和行为。从众是指人们在群体的影响和压力下，放弃自己的意见而采取与大多数人一致行为的心理状态。从众对于个人适应社会具有积极的意义，但

是，从众心理会助长不良传统的巩固和歪风邪气的蔓延。近年媒体报道的一些集体腐败现象就和这种心理以及群体的状况有关。模仿是指个体在没有外界控制的条件下，受到他人行为的刺激影响，而引起一种与他人行为类似的行为。如律私自接受委托的问题，尽管私自接受委托违反律师职业规范，但是，只要委托人没有意见，这种行为又很难被发现，同样数额的一笔委托费用，是交到律师执业机构，还是自己留下来，在个人收入上会有很大差别，如果在律师群体中这样做的人多了，其他的人甚至包括刚加入的新人就会模仿。感染是一种情绪的传递过程，它通过言语、表情、动作以及其他各种各样的方式引起他人相同的情绪和行为。感染在背景相似的人之间是很容易发生的。比如在集体活动中，每个人的行为都会对其他人的思想或者行为产生影响。

五、教育状况的影响

教育，尤其是德育教育是环境影响人的中介因素，如果没有教育这个环节，环境对人的影响就成为一个非常难以把握的因素，而教育可以把环境对人的影响引向正确的方向。但是，我们又必须认识到，教育只是法律职业内化过程中的一个因素，它只能促进法律职业者对法律职业的认知，为解决冲突提供经验和可供选择的方案，而不能完全解决法律职业内化的所有问题。如果不清楚地认识到这一点，就很容易把教育蜕变成说教或者强制。

从教育对法律职业道德内化的影响来看，以中国教育的状况为例，应该从以下几个方面来考察：一是整体教育环境状况；二是法学教育状况；三是法律职业教育状况。就整体教育环境状况看，依然存在只重视知识和技能的教育而忽视思想品德教育，或者说，思想品德教育忽视研究、发掘适合教育规律的教育方法，往往只是采取说教方式，因此，收效甚微。就法学教育状况看，法学教育的确出现了前所未有的繁荣，但是，在法学教育中缺少职业内涵，以往基本没有职业道德教育。教育部高等教育司编写的《普通高等学校本科专业目录》中的法学教育目标和培养要求中都没有关于法律职业道德的培养目标和具体培养要求，这就使得全国各法学院系很少有开设法律职业道德课程的，即便开设，课时也非常少，而且，师资也没有进行严格筛选。相应地，法学院系毕业的学生，对于法律职业的属性和要求缺乏基本的认识。而法律职业教育状况，多年以来一直处于补课状态，即一直在着力解决法律职业队伍最基础的学历教育问题，基本没有进行职业道德教育。这一系列状况，使得法律职业者几乎没有机会对法律职业道德进行系统学习，目前从事法律职业的多数从业者对于法律职业道德的了解知之甚少，如今这种状况无疑极大地影响着法律职业道德的内化。可喜的是，这种情况已经引起了教育部门和法律职业机构的重视，正在逐步改变。

六、自身因素的影响

法律职业道德内化程度高低、进程快慢，除上述因素外，还与法律职业者个人的人生价值观、认知和认同程度、自控力、需求满足的程度以及性格甚至家庭成长环境等因素有关。

我们知道，面对一种情形，人们做出判断和行为选择时，并不完全取决于理性分析和逻辑推理的力量，还受信念、态度、愿望、兴趣、目的、性格和偏好等多种因素的影响，而且，这些情感因素所起的作用往往远远超过理性和逻辑的力量。而这些因素同样影响着法律职业道德的内化。

(一)人生价值观的影响

人生价值观是指人们对人生活动所具有的价值属性进行认识、评价时所持有的根本观点和看法。它是人们判断事物价值的原则或标准，不同的价值观必然产生不同的价值判断。从个体发展的角度看，人的价值观是伴随着人的社会化过程形成的，也是人们在按照一定的价值判断去开展人生实践活动的过程中获得的。从社会意识的角度看，人生价值观是一定物质生活条件和社会关系的反映，带有强烈的时代性和现实性。一个人对于人生价值的态度，取决于其人生价值目标和人生价值趋向。价值目标是人生目的、人生理想知识在人生价值观念中的体现，人生价值目标因人的不同需求也表现出不同的层次。人生价值观不同，将表现出不同的价值趋向。法律职业者的不同价值目标和不同价值趋向，在法律职业道德内化过程中，也会有不同的反映。如一个把个人财富的多少作为人生价值目标的人，在面对各种物质和精神诱惑时，就会把手中的权力当作换取金钱的工具；一个把吃喝玩乐作为人生价值趋向的人，就会很容易放弃原则甚至拿原则做交易。相反，一个把个人进取目标与社会集体发展目标联系在一起的人，一个把为人民服务作为人生价值趋向的人，就会视职业整体的利益高于个人利益，就会把为公众服务放在首位。可见，价值目标和价值趋向层次越高，法律职业道德内化程度就越高，内化的速度也越快。所谓"富贵不能淫，贫贱不能移，威武不能屈"的境界是需要信念支撑的。

(二)认知和认同程度的影响

法律职业者对法律职业、对法律职业群体、对法律职业道德规范的认知和认同程度，直接影响其法律职业道德内化的水平，它是法律职业者自觉进行法律职业道德内化的基础。

一个人只有认同自己所从事的职业，才会珍惜执业机会，才可能时刻按照职业的标准要求约束自己的言行。虽然法律职业有比较高的社会地位和比较好的物

质待遇，但是也有很多约束，甚至存在很多执业风险。法律职业者只有认识到法律职业是一项极其神圣、崇高的职业，并且为自己的职业而感到骄傲和自豪，才会促使其做出维护职业荣誉的行为。如果只是因为手中的权力而得意，对于法律职业的社会价值存在错误认识，那么他就可能用手中的权力作为换取利益的工具。目前，在中国一些人想从事法律职业的动机并不是看到它的崇高，而是羡慕它的权力，这种人一旦得到这种权力，很难不用它为自己谋私利。所以，对于法律职业的认同，是法律职业者自觉进行法律职业道德内化的基础。

法律职业者对法律职业群体的认识和评价，对其将法律职业内化到何种水平有关键性的影响。个体和所在群体之间的相互认知和认同的状况，对个体状况是有影响的。前面提到过个体与群体之间相互依存的关系，侧重群体对个体的影响，而这里侧重从个体对群体态度的角度考察对个体自身道德内化的影响。如果个体对群体的评价是肯定性的，就会珍惜职业声誉，维护职业利益；如果这种评价是否定性的，他就不会珍惜职业的声誉，就可能做出有损职业整体利益的行为。

对于法律职业道德规范的认知和认同，就是不仅知道按照法律职业道德规范的要求行事是正确的，还要相信有必要根据规范或准则行事，而且，这些规范是法律职业内部所有人都必须做到的。对法律职业道德的认知，是从事法律职业所必需的，它属于法律职业者必须具备的最低限度的能力要求。但是，在法律职业道德内化的过程中，仅仅认知法律职业道德的规范要求是不够的，如果他们中的多数人感到约束他们的规范或者准则实际上是他们很难做到的，那么，这种准则就失去了实际意义，所以，对法律职业道德规范的认同，对于法律职业道德的内化更为重要。使法律职业道德得到多数法律职业者认同的方法，就是使法律职业道德真正成为自律规范而不是或者不只是法律机构的外在要求，这其实就是法律职业道德的内化途径或者方法。

作为法律职业者应该认识到的是，法律职业道德规范不可能满足每一个职业者的内心需求，只能按照职业中多数人的意愿形成统一规范，因为多数人的意愿就代表着职业的整体利益，个体必须服从职业的整体利益，才可能使职业生存或者才可能使职业得到社会的认可和尊重。如律师职业规范中禁止律师私自接受委托的规定，因为私自接受委托对于个体的经济利益是显而易见的，每一个律师个体在面对这种情况时，内心都会有一种或强或弱的冲突，但是，每一个理性的律师又都能够认识到这种行为对于律师职业整体的危害，都能够认识到对职业整体利益的破坏其实就是在损害职业个体的利益，所以，遏制这种行为，只能依赖个体对职业整体利益的认同，来遵守职业道德规范。职业道德规范产生于法律职业多数人的意愿，这涉及法律职业道德规范的产生程序和运行机制等问题，本章节不在此展开论述。

认同具有自觉性和主动性，而且，一旦对法律职业、对法律职业群体、对法律职业道德规范达到认同的程度，这种认识就具有一定的稳定性，可以有效地指导法律实践，使法律职业道德内化达到比较高的阶段。法律职业者只有对法律职业、对法律职业群体、对法律职业道德规范认同，才可能信奉法律职业道德规范的内容，也才能自觉遵守。

(三) 自控力的影响

一般来说，人格是由三方面因素塑造而成的，即智力因素、道德因素、意志因素。自控力是属于意志因素的范畴。人格高尚的人并非完美无缺的人，只是有比较强的自制力，能够意识到人性的缺陷，能够主动用规范来约束自己的思想和行为，遇到冲突的情形时，能够依靠意志力用正义战胜邪恶，用光明战胜黑暗，为了职业利益而舍个人利益。由此可见，自制力对于法律职业道德的内化还是有影响的。

(四) 需求满足的程度的影响

尽管我国古代就有"养心莫善于寡欲"的说法，认为只有不受外来物欲所引诱，才能保持和发挥自己的善心，但是，不可否认，任何人从事某种职业，都有一种内心期待，期望满足自己的一些愿望，而且，从心理学的角度讲，正如马斯洛的需求五层次理论认为，人的需要分为生理需求、安全需求、社会需要、尊重需求、自我实现需求。人的本能就是在每实现一个层级需求的同时就会产生满足更高层级需求的欲望。因此，这些需求以及需求满足后欲望的不断升级，对于从事法律职业的人来讲都是现实的无法克服的心理状态。

我们应该客观地承认，多数进入法律职业队伍的人还是期望获得高收入、高地位和较多的社会尊重，尤其是希望这种获得能够与取得从事法律职业机会的付出相匹配。最起码，他们在最初进入法律职业队伍时是怀有这样的动机的。如果不客观地承认这一点，那么，我们制定的制度和规范就是不符合人性和事物发展规律的，也势必是行不通的。当然，在现实社会中，的确存在公而忘私、大公无私的人，但是，作为制度设计和规范的制定以及从宏观上考虑法律职业道德内化问题，却不能够幻想一个人会永远地无私奉献。因此，法律职业制度能够在多大程度上满足多数法律职业者的内心期待，对法律职业道德的内化是有影响的。当然，对于具有不同价值观和对法律职业认知、认同程度不同的人，影响的程度也是不同的，但是，应该承认影响是客观存在的。应该注意的现象是，如果一个人，一个被职业崇高形象吸引到法律职业队伍中的人，不能够从其谋生的职业获得需求的满足，尤其是这样一个被社会认为政治地位较高的法律职业，即如果法律职业本身不能实际地满足上述需求的话，就会有人在法律职业以外，通过其他

渠道去谋求这种满足，而这些渠道往往是违反法律职业道德的。

(五)性格的影响

性格是指一个人在对现实的稳定态度和习惯化了的行为方式中所表现出来的个性心理特征，如诚实与虚伪、勇敢与怯懦、果断与优柔寡断等。不同性格的人面对同样的事件，可能会做出不同的行为选择，如对于金钱行贿，一个胆小的人不敢收，而一个胆大妄为的人可能就收下了。但是，也可能不同性格的人会做出相同的行为选择，这种情况下，其内心的心理过程仍然可能是不同的。如同样是对于金钱行贿，两个人都没有收，一个人是出于胆怯，害怕事情败露被追究，另一个人是因为真正认识到这样做的危害性，不应该收而没有收。这种类似的例子还可以列举很多。可见，法律职业道德之于不同性格的人，其发生作用的机理并不完全相同，也就是说，在法律职业道德内化的过程中，法律职业道德内化的程度，还受法律职业主体自身性格的影响。

(六)家庭的影响

家庭在人的道德形成和发展中所具有的影响作用是显而易见的，这方面的论述很多，故不赘述。尽管法律职业者在开始从业时，已经形成了比较稳定的人格，但是，其儿童和青年时期的家庭环境对法律职业者仍然会产生较大影响，而且，法律职业者自己组成家庭以后，其配偶的执业状况和思想道德水平对于法律职业者也是有影响的。

综上所述，影响法律职业道德内化的因素是多样的、复杂的，其发生作用的机理也是多变的、不确定的。这一切使得法律职业道德内化过程变得更加复杂和难以控制，但是，对于这些影响因素进行研究又是必要的，它有助于在法律职业道德内化过程中选择科学的途径和正确的方法，有助于法律职业道德建设按照客观规律进行，从而加速法律职业道德内化进程。

第四节　法律职业道德内化和养成的途径

如何使法律职业者成为有道德的人，是一个非常复杂的社会过程，不是单纯的教育所能够完成的，也不是通过单一的学习就可以实现的。只有选择科学的内化途径和适当的内化方法，才能够使法律职业者将法律职业道德规范融入法律职业者的精神中，成为法律职业者自觉的行动指南。

美国心理学家雷斯特(J. Rest)详细研究了特定行为的产生过程，并把这一过程概括为解释情境、做出判断、进行抉择和履行行为计划四种。他认为，个体的行为是一种自觉的行为，尽管它受一个人的认识和情感所支配，但主要是由个体的意向和动机所决定的。忽视了个体的意向和动机，就不可能真正理解个体的行为。因此，法律职业道德内化的过程，需要注重采用和挖掘各种有助于形成符合法律职业道德要求的意向与动机的途径和方法。不同的途径和方法，影响着内化的速度和内化的水平。

一、加强自我修养

自我修养主要是指个人在意识和行为方面，自觉按照一定社会或一定阶级的要求所进行的自我净化、自我完善、自我革新和自我提高等行为活动，以及经过这种努力所形成的相应的情操和达到的境界。自我修养是一种自尊自律的基本方法。法律职业者在道德内化的过程中，应该更加自觉地加强自我修养。

(一)主动学习

对道德的学习就是对道德规范的接受过程。这个接受过程，就是把主体之外的要求转化为主体的内在行为需要的过程。前面已经论述过，道德学习，在根本上不同于知识的学习和技能的学习。知识的学习，主要是解决"懂与不懂"的问题，强调接受与理解；技能的学习是解决"会与不会"的问题，强调熟练操作；道德学习是解决"信与不信"的问题，强调潜移默化、个体觉悟和行为实践。道德学习，不是简单的道德知识的学习，而是要把道德知识内化为做人的信念。道德学习，把外在的行为规范、道德价值体系不断内化，上升为道德信念。道德学习的过程，是将外在的行为要求转化为内在的行为需要，不是直接的传授式学习，单靠听课不能完成道德学习的全部任务。道德学习与智育学习过程比较，具有"非直接传递性"和"不可控性"，学习的结果具有"不确定性"。长期以来，我们把德育宏观上的价值传递性与具体方式上的非直接传授性混为一谈，导致教育过程的简单化和直接灌输模式，致使内化效率低下。道德学习具有个别性，重在触动个体的内心世界，它往往是悄然无声的，是一种潜移默化的、耳濡目染的陶冶方式。

在明确了学习的特点之后，法律职业者作为法律职业内化的主体，就应该有意识地将被动学习与主动学习结合起来。其不仅需要通过学校等教育培训机构学习法律职业道德的基本知识，还应该主动通过在执业过程中对典范的观察，去学习和感悟法律职业道德对于法律职业的价值。

(二)勇于实践

再好的道德思想，如果不能付诸实践，都是一句空话。对于法律职业道德的学习，也必须与法律实践结合起来。因为人对于职业价值和职业规范必要性的评价是与个体自身积累的社会经验密切相关的。也就是说，各种因素对于主体的作

用，是通过实践活动这个过程发生的。如果一个人不投入到社会中，如果法律职业者不进行法律执业活动，他就根本无法真正体会法律职业道德对于自身的约束意义和对于社会的积极影响。法律职业者必须在实际的执业活动中，用整个身心去感悟法律职业的价值和法律职业道德的价值，即在特定的情境中去经历法律职业道德的力量，去体验这种约束带来的内心冲突以及战胜冲突后的内心满足。这种特定的体验是法律职业道德内化过程必不可少的。在法律实践活动过程中，法律职业者不仅要经受这种心理过程，还要接受来自群体的积极或者消极评价，这都会对法律职业道德内化主体的身心体验产生影响。

(三) 经常自省

道德的学习和提高常常是一个自我教育、自我监控、自我超越的过程。我国古代的"吾日三省吾身"讲的就是要严格要求自己，经常反省自己的思想和行为是否符合道德要求。自省就是强调修养上的自律精神。因为法律职业道德远远高于一般社会道德要求，所以，更应强调自省在职业道德内化中的作用。孟子云："知不足，然后能自反也。"在内化的过程中，最重要的是自己认识到不足，所以，应该经常地进行自我反省、自我监督，并且及时地进行自我纠正。

(四) 做到慎独

"慎独"是中国道德思想史上一个古老的、特有的修养方法。《礼记·中庸》中记载："君子戒慎乎其所不睹，恐惧乎其所不闻，莫见乎隐，莫显乎隐，故君子慎其独也。"就是说，"君子"在别人看不见的时候，总是非常谨慎的，在别人听不见的时候总是十分警惕的，从最隐蔽处最能够看出一个人的品质，从最微小处最能显示出一个人的灵魂，所以，"君子"越是独自一人，没有监督时，越要小心谨慎，不做违反道德的事。"慎独"强调了信念的作用，体现了严格要求自己的自律精神。当一个人独处时，他做了好事、坏事都没有人知道，行为的善恶和行为的选择，全凭良心评判和个人意志。这是对人的道德水平的真正考验，但是，经历这种考验，对于提高人的自律精神是大有益处的。"慎独"不仅是一种道德修养的方法，也是一种更高的道德境界。

法律职业的特性决定了法律职业者的很多执业活动是在个体独处时完成的，这就对法律职业者提出了挑战。无论是执业活动内外，都能够在自己独处时做出与有人在场监督一样的选择，这是法律职业道德修养、内化达到一定程度才能有的境界。一个法律职业者能不能经常地接受这种考验并战胜内心冲突，是衡量其法律职业道德内化程度的一个标尺。对于法律职业者来讲，慎独，就是要做到个人独处时，在没有社会和他人监督的情况下，仍然能够坚守自己的信念，严格按照法律职业道德规范办事，自觉抵制各种诱惑，"莫以善小而不为，莫以恶小而为之"，时时处处防微杜渐，自觉地培养自我管理、自我约束的能力和习惯。

二、加强法律职业道德教育

法律职业道德教育就是要培养和提高法律职业道德水平。法律职业道德教育应该成为法律职业教育的灵魂。法律职业道德教育的最终目的不在于使学生记住法律职业道德规范的条文，而是通过法律职业道德教育，使之深刻理解法律职业的精神和理念，能够以良好的职业道德修养对实践中出现的各种情况予以善意的理解、准确的判断和理性的处理，能够时刻维护法律职业的形象和荣誉。必须注意一种错误倾向，以为单纯的提高学历可以代替法律职业道德教育。实践证明，如果不加强法律职业道德教育，高学历的法律职业者可能具有更高水平的不公正的司法操作能力。

1.法律院系的法律道德教育应该起到塑造法律职业精神的作用。

2.法律职业培训机构的岗前教育和继续教育应把法律职业道德教育作为重要内容。

正因为法律职业道德教育对于法律职业道德内化具有如此重要的作用，所以，设专章论述，在此不再赘述。

三、促进法律职业内环境的建设

法律职业的整体状况以及与法律职业相关的制度运行状况构成了法律职业形成和发展的内环境，法律职业的相关机构有责任促进法律职业内环境的建设，使每一个法律职业者在法律职业共同体内部能够受到良好风气的熏陶，这将极大地促进法律职业者的道德内化。

1.改善法律职业队伍状况，加快法律职业的职业化建设。这就是说，在提高法律职业者法律知识和技能水平的同时，一定要把好道德关。比如，对于参加司法考试的人员要进行道德评价，对于已经进入法律职业的人也要进行经常性的、制度性的道德评价。目前，我们在制度层面，道德评价的标准还有待提高，在执行中还存在走过场的情况。

2.建立和完善法律职业制度体系，尤其是要建立对法律职业者的行为进行评价、监督和奖惩的制度体系。我们对于监督和奖惩的作用重视得比较多，但是，评价环节对于法律职业道德内化的作用还应引起法律职业相关机构的足够重视。

评价既是个体自我发展的需要，也是社会整体发展的需要，对于法律职业共同体内部形成良好的氛围是至关重要的。从一般意义上将，评价具有四个方面的功能：一是引导功能，通过评价，人们尤其是职业内部的人们对符合法律职业规范要求的行为进行肯定或者对于不符合法律职业规范要求的行为予以否定。这一评价过程加强了个体对于自身行为的认识，指导自身行为向着符合道德规范要求

的方向发展。二是诊断功能，通过道德评价，发现法律职业者自身和法律职业队伍的道德状况，并及时分析产生问题的原因，从而有针对性地采取措施，不要等到问题严重时才发现。三是强化功能，通过评价，使本来随意发生的行为在职业者内部一定范围的人群内产生了一定的情绪体验——肯定性评价可以激发群体的积极情绪和情感，而否定性评价所产生的消极情绪，会降低不良行为再次发生的概率。四是调节功能，评价作为职业内部的一种信息，在传递的过程中会对职业内部相关机构起到目标调整、方法改进的作用。

我们现在的情况不能说对法律职业队伍的道德状况没有评价，但是，是职业内外自发的评价，而没有建立相应的道德评价机制，所以，也没有产生十分有效的道德评价效果。应该着力从伦理学、心理学、教育学、管理学的角度，注重激励性，完善评价标准和评价程序等。

3.有意识地举办一些与业务活动相结合的集体活动，激发法律职业者对于法律职业的集体荣誉感。从心理学的角度讲，人在集体活动中，比较容易激发出利他的道德情操。所有的道德规范，说到底都是一种利他规范，而且人在集体活动中容易变得高尚起来，而这种在集体活动中的高尚行为和由此得到的高尚评价又强化了个体的道德意识。所以，法律职业的相关机构如果能够有意识地从法律职业道德内化需要出发，举办一些有益的活动，在活动中激发法律职业者的职业荣誉感，要比纯粹的说教效果好得多。但是，需要注意的是，如果外在强化教育的痕迹太明显就可能适得其反。因此，在举办这些活动时，要注意做到"教育无痕"，才能达到"润物细无声"的效果。如中华律师协会2001年举办的全国律师论辩大赛，在大赛从组织策划到组织选拔到半决赛、决赛长达半年的时间里，全国各地涌现出了很多无私奉献的先进人物，荧屏内外都展示了当代律师的精神风貌，与平日里很多人眼中"律师只知道挣钱"的说法形成很大反差。如果活动的举办者能够把这种活动作为律师职业道德的教育活动，有意识地再做一些指导宣传，其影响范围可能会更广泛、更持久。

4.树立职业典范，激发内化法律职业道德的自觉性。我们常说，榜样的力量是无穷的，这是任何一个普通人都明白的道理。同样，在法律职业队伍中，也有自觉遵守法律职业规范的典型人物，一方面，法律职业者自身要积极向他们学习，另一方面，法律职业机构也要善于发现这样的人物。法律职业机构在树立典型时，要注意树立和普通法律职业者比较接近的人物，即典型的行为是其他普通法律职业者能够做到的行为，而不是高不可攀的。这样，典型人物才有号召力和影响力。

5.有效利用惩戒的威慑力量。对少数违反法律职业道德的人，要坚决予以惩处，绝不能包庇护短。同时，还要不断拓展社会监督渠道，如主动接受舆论监督等多种形式的社会监督等。

四、发现和利用外环境中的积极因素

各行各业都有许多品德高尚的人，虽然职业不同，但是，在敬业精神、在职业责任感方面是相通的，如 2003 年中国抗击非典中的白衣战士，他们的无私无畏与战士的冲锋陷阵精神一样值得我们尊敬。在他们心中，职业利益、职业形象高于个人利益。这些鲜活的事例完全可以作为法律职业道德教育的生动事例，来进行职业责任的教育。法律职业者之所以要接受严格的道德约束，就在于法律职业承载着社会公正、秩序、廉洁、平等等众多人类最基本、最美好的价值期待，法律职业者有义务承担这种责任，维护法律职业的形象。

通过前面的论述，我们已经知道，法律职业道德内化受多种因素的影响，除法律职业者自身因素、法律职业内环境因素外，还有许多因素实际上是法律职业者无能为力的。但是，对于这个问题，我们应该用辩证的眼光去看待它。而且制度、机构和个人改变这些因素需要一个过程，但是，生活中毕竟有许多真、善、美的人和事，同样的环境，用不同的价值观去看待它就会产生不同的效果，所以，法律职业者和法律职业机构，应该有意识地发现和利用外环境中的有利因素，主动地进行道德提升。

法官与律师都是国家司法制度的重要组成部分，是现代法治社会中捍卫法律公正、维护社会正义的法律职业者群体，在他们之间理应建立起一种彼此尊重、平等合作、相对独立、互相监督的良性互动关系。

本章思考题

1. 法律职业道德内化分为哪几个阶段，这种阶段性有什么特点？

2. 法律职业道德内化的意义是什么？

3. 法律职业道德内化的内容有哪些？

4. 法律职业道德内化会受到哪些因素的影响？

5. 结合法律职业道德的内化途径，谈谈我们应该怎样自觉地进行法律职业道德内化？

第三章　法律职业道德教育

　　作为法律职业道德内化途径之一的教育，尤其是大学阶段的法律职业道德教育，在法律职业者内化法律职业道德的过程中，占有十分重要的位置。法律院系的学生通过大学阶段对法律职业道德的系统学习，达到对法律职业精神、法律职业道德规范的认知目的，这是对法律职业道德通过法律职业实践达到认同和自觉遵守的前提，也是法律职业道德内化的必要阶段。而对于法律职业道德教育的特点、规律和教学方法、教学效果评价等一系列问题，尚缺乏专门的和系统的研究，本书在此设专章论述，旨在使教师和学生共同探讨与体会法律职业道德教育的规律和方法；同时，在法律职业道德教育资源和经验不足的情况下，也许可以为法律职业道德教学活动提供一种可供参考的思路。

　　道德教育与知识、技能教育有很大不同，道德知识对人们行为的支配作用不同于其他学科领域的知识就在于，人们常常明知故犯，同样，道德学习和知识、技能的学习也有很大不同。在道德学习和教育的过程中，个体的身心体验是至关重要的，不仅要解决认知问题，还要解决认同问题，强调潜移默化、个体觉悟和行为实践，尤其要以身心体验的方式去感受、理解和感悟，只有将道德知识上升为信念才能够发挥作用。

第一节　法律职业道德教育概述

一、我国法律职业道德教育发展历史

　　中国古代法学教育、律学教育起步较晚。近代法学教育虽然曾经一时非常兴盛，但是，现代意义上的法治观念仍未在近代中国建立起来，法律的统治工具理论一直未被"法乃善与正义之科学"的观念所取代。中华人民共和国成立后，高等法学教育的发展极为坎坷曲折，而且，新中国的法学教育几乎一直是在有意识地批判民国法学教育中发展起来的，民国时期存在的一些问题和弊端仍然存在于现代中国。如法律职业道德教育一直没有得到应有的重视，甚至没有一席之地，与法学知识性教育的成效相比形成极大反差。时至今日，法律职业道德教育仍然是法学教育中的薄弱环节。很多人学习法律的动机就是进入仕途，掌握权力，而没有确立平等、自由、正义的观念；同时，在法学教育中，没有从法律职业以外

的其他教育中吸取经验以及缺乏法律职业化的文化背景，使现在的法律职业者对多元的社会冲突感到力不从心，甚至在这种社会冲突中被腐蚀。

教育部高等教育司编写的《普通高等学校本科专业目录》中明确规定，法学专业的培养目标是"培养系统掌握法学知识，熟悉我国法律和党的相关政策，能在国家机关、企事业单位和社会团体，特别是能在立法机关、行政机关、检察机关、审判机关、仲裁机构和法律服务机构从事法律专业工作的高级专门人才"，培养要求是"本专业学生主要学习法学的基本理论和基本知识，受到法学思维和法律实务的基本训练，具有运用法学理论和方法分析问题和运用法律管理事务与解决问题的基本能力。毕业生应获得以下几个方面的知识和能力：①掌握法学各学科的基本理论与基本知识；②掌握法学的基本分析方法和技术；③了解法学的理论前沿和法治建设的趋势；④熟悉我国法律和党的相关政策；⑤具有运用法学知识和处理问题的能力；⑥掌握文件检索、资料查询的基本方法，具有一定的科学研究和实际工作的能力。"在培养目标中，我们发现知识标准和能力标准没有涵盖法律职业的全部技能，如在培养要求中都没有提到对于从事法律职业必须具备的写作能力、表达能力，以及法律工作的安排组织能力等。在培养目标中，没有法律职业者应具备的职业道德标准，在培养要求中也没有职业道德意识和职业道德素养的培养要求。因此导致的情况是，对于法学专业学生的道德和职业道德教育，在口头上强调其重要性的同时，多数法律院系却没有开设法律职业道德课程。截至目前，全国350多所法律院（校）系仅有很少的法律院校（系）开设了法律职业道德方面的课程，在少数开设法律职业道德方面课程的院校，做法也不一样，有的开设的是司法道德（或者称为司法伦理）课程，有的将律师职业道德课程单独作为一门课，没有开设法律职业道德课程，而且开设的课时也较少，一般只是在高年级的考查课。法学院的学生以及法律职业者的职业意识、职业道德水平总体上是不容乐观的，法律工具主义、职业享乐主义等在法律职业队伍中有一定的市场。我们的法律教育过多专注了法律知识的灌输，而对于道德的训诫存在不足，忽视了法律职业精神的培养。

我们在课程设置和讲授方面，比较普遍的倾向是将传授法律知识与培养学生的职业道德能力分割开来，以为思想道德修养课程就可以解决学生的道德修养问题，忽略了法律职业的特殊性和法律职业道德的特殊要求。显然，现行的教育模式在培养学生的职业技巧和职业责任方面存在着一定的不足，对教育课程和教育方法都提出了更加多元的要求。近年来，法学教育改革对法学教育目标、课程设置、教学方法、评价体系等诸多问题进行了反思和认真的讨论。从教育管理部门到教师和学生，越来越多的人开始关注法律教育与其他教育的区别，关注法律教育对于社会的价值。在课程设置方面，有人提出政治学、经济学、社会学、经济思想史、政治思想史以及伦理、心理、逻辑、哲学等科目，应该与法律课程并

重。在这种背景下，法律伦理学的教育和研究被急迫地提上法律教育的日程。一致的认识是，法律职业道德教育对于法律学生是非常必要的。对于法律学生，如果不能在教育上提升他们的修养，则对国家的发展将会不利。因为一个人的人格或道德若是不好，那么他的学问或技术愈高，愈会损害社会。学法律的人若是没有高尚的人格或道德，那么他的法学愈精，愈会玩弄法律，作奸犯科。在这方面，美国的法律发展史已经提供了教训，我们应该有所借鉴，不能重复他人的错误。

可喜的是，近年来，社会公众和专业人士对法律职业者的道德品行越来越关注，法律职业部门纷纷制定自己职业的道德规范，国家司法考试也将法律职业道德考试作为必考内容，而且，考试内容已经不限于职业道德规范条文本身的内容，还要求考生具备一定的职业意识。这些举措无疑都促进和影响着法学教育改革，教育部、司法部也非常重视加强法律职业道德教育，重新组织编写法律职业道德的教材，越来越多的法律院校都已开设了法律道德课程。随着法律职业道德教学工作的开展和研究的深入，以及法律实践部门的职业道德建设的日益完善，相信法律职业道德教育一定会成为法学教育的重要组成部分。

二、法律职业道德教育的目标

(一)法律教育的目标

教育目的是把受教育者培养成为一定社会需要的人的总要求，这是一切教育的出发点和归宿。《中华人民共和国教育法》规定我国的教育方针是"教育必须为社会主义现代化建设服务、人民服务，必须与生产劳动和社会实践相结合，培养德智体美劳全面发展的社会主义建设者和接班人"。这是我国社会主义初级阶段各类教育都必须贯彻执行的教育方针。1998 年 8 月 29 日第九届全国人民代表大会常务委员会第四次会议通过的《中华人民共和国高等教育法》第一章第四条重申高等教育必须贯彻国家的教育方针。高等法律教育也同样要贯彻这一方针，要把法律院校的学生培养成社会所需要的合格的法律人才。同时，我们要认识到，教育目的受到社会发展的制约，不同国家、不同时代的教育目的都会受到当时的社会政治、经济、文化和科技等因素的影响，集中反映社会的需求。教育目的一经确定，对教育计划、教育内容以及教育手段、方法和技术都具有导向作用和调控作用，法律教育也是同样道理。

为什么要进行法律教育？法律教育应该造就什么样的人才？中国学界对这个问题的回答甚为不一。我国目前的状况是，我们并不缺乏执行法律的人，我们缺乏的是有法律智慧与正义良知的训练有素的法律职业者。必须注意一种错误倾向，以为单纯的提高学历可以代替法律职业道德教育。早在 20 世纪 30 年代，我

国的法律教育家孙晓楼先生在总结法律教育的得失时，就曾经指出："高尚的道德是法律人才的一个要件；有了法律学问，而没有法律道德，那是不合乎法律的本质上的意义的，也不合乎法律教育的目的。""法律教育的目的，是培养为社会服务、为国家谋利益的法律人才，这种人才，一定要有法律学问，才可以认识并且改善法律；一定要有社会常识，才可以合于时宜地运用法律；一定要有法律的道德，才可以有资格来执行法律。"法律教育家应当从这三方面着眼，来陶冶法律学生，那么这种法律学校的学生，将来毕业后，才能为国家、为社会做更大的贡献。而且培养理论分析和政策评价能力只是法律教育的目的之一，作为法律院系的学生不但要具有专业知识、专业技巧和技能，还必须拥有共同的价值观并承担应有的责任。法律教育应该具有更加宽泛的目标，法律职业教育属于职业化教育，作为职业教育一部分的法律教育的目标就是把学生培养成能够扮演社会对法律职业的期望的各种角色，他们应该是人道的、能够以人为本和兼顾公共利益的职业形象。通过学习法律，在内心形成一种秩序的观念，认识到法律职业的最终价值就在于对社会秩序的贡献。作为法律职业者，有了高尚的道德，有了精通的法律知识，有了一定的社会知识，辅之以相当的社会经验，则无论是成为律师、法官，还是从事其他法律工作，都可以造福国家。因此，法律教育应该在宣传法治精神，营造尊重法律、崇尚公平正义的社会氛围方面做出自己的贡献，所以，法律院校必须承担加强法律职业道德水平的责任，而开设法律职业教育课程是承担这种责任的一个很好的方式。从法律院校毕业的学生，不应该是专政的工具，也不应该仅仅是运用法律的技师，应调整现行法学教育目标，将法学教育的目标设定在培养适应社会主义市场经济需要、对法律在一个社会中的功能与价值具有批评性的认识能力、具有追求社会正义和为社会法制完善做贡献的司法理念、能够促进社会长远进步的人才。

(二)法律职业道德教育的地位和意义

法律职业道德教育就是要培养和提高法律职业者或者准法律职业者或者法律职业后备力量的法律职业道德水平。法律职业的多样化和法学教育的国际化，使中外法学界形成了一种共识，即法律职业必须成为一种受高尚道德约束的职业，应该在一种更加宏大的教育观念和职业观念下进行法律教育，法学教师应该通过教学活动率先展示法律职业的高尚特性，而法律职业道德教育无疑应该成为完成此目标的重要手段或者重要教学内容。法律职业伦理教育应该成为法律职业教育的灵魂。通过法律职业道德教育，使之深刻理解法律职业的精神和理念，能够以良好的职业道德修养对实践中出现的各种情况予以善意的理解、准确的判断和理性的处理，能够时刻维护法律职业的形象和荣誉。在基础教育阶段，法律院校的法律职业道德教育应该起到塑造法律职业者职业精神的作用。

　　法律职业培训机构的岗前教育和继续教育也应该把法律职业伦理教育作为重要内容。实践证明，如果不加强法律职业伦理教育，高学历的法律职业者可能具有更高水平的不公正的司法操作能力。其意义与基础教育阶段的法律职业道德教育是相同的。

　　法律职业道德教育的意义，可以从社会整体道德建设与法律职业主体和法律职业的特性两个角度予以把握。

　　1. 从社会整体道德建设的视角而言，法律职业道德教育具有以下意义。

　　(1)法律职业道德教育有助于贯彻依法治国之基本方略。德制于内心，法规于外在，法律与道德均是约束人们的行为规范。许多法律都与职业道德特别是法律职业道德有着内在的联系。

　　(2)法律职业道德教育有利于促进司法公正。公正是司法的永恒主题，是司法的最高境界。影响司法公正的因素，除了外部环境外，法律职业者的素质是关键。司法实践中，人们往往只关注法律职业者的业务素质，而忽视其法律职业道德。根除司法腐败，要从法律职业者的法律职业道德建设抓起。

　　(3)法律职业道德教育是以德治国方略的重要体现，有利于加强社会主义精神文明建设。

　　(4)法律职业道德教育有利于保障社会主义市场经济的顺利进行。经济越发展，对法律、对执法、对司法的要求就越高。法律职业者只有具备崇高的法律职业道德，才能使法律职业符合社会主义市场经济建设的需要。

　　(5)法律职业道德教育有助于维护社会秩序，促进社会稳定。强化法律职业道德教育是营造和谐、健康、有序的法律秩序乃至社会秩序的重要举措，它对于治理司法腐败、维护社会秩序和社会稳定，都是不可或缺的。

　　2. 从法律职业主体的需要和法律职业的特性角度说，法律职业道德教育也具有非常重要的意义。

　　(1)法律职业道德教育对于从事法律职业不可或缺。因为法律职业道德已经成为法律职业的基本构成因素，成为法律知识和技能的基本组成部分。没有法律职业道德的支撑，就不会有现代法律职业。不进行法律职业道德教育，法律职业也将难以为继。

　　(2)法律职业道德教育是法律职业实现自我管理的一个基本途径。法律职业是一个自主自律的职业群体，它通过各种途径或手段实现自我管理，其中最主要的就是制定和实施法律职业准则，并进行法律职业道德教育。

　　(3)法律职业道德教育是法律职业享有良好社会地位的有效保证。法治社会中的法律职业是一个享有很高社会地位的社会精英团体，而法律职业道德教育则是维持这种地位的重要保证。法律职业道德教育使法律职业者具备了足够的职业道德内涵，并在服务于社会的过程中获得了社会的公信和尊重，从而有力地支撑

和巩固了法律职业的社会地位。

(4)法律职业道德教育是促进法律职业兴旺发达的需要。法律职业道德状况，将直接影响法律职业的社会信誉和经济效益，关系到事业的兴衰成败。而法律职业道德状况，往往通过法律职业者的法律职业道德修养程度表现出来。从这个意义上说，每个法律职业者都是法律职业的代表，因此，加强对每个法律职业者的法律职业道德教育，是形成法律职业群体完美的职业形象的基本要求，是维护法律职业在社会中的道德信誉，促进法律职业兴旺发达的必不可少的重要前提。

(三)法律职业道德教育的教学目标

道德教育是复杂的，在所有的课程中都会或多或少地涉及职业道德的内容，职业道德教育不应是一门课程的单独任务，而应成为许多单独开设的课程甚至许多不相干课程的老师共同的任务，因此，应该把法律职业道德教育看成一个领域的教学，而不是一门课程的教学，不能只教授已经制定的规则和有关案例，法学院应该为学生提供广泛的伦理和职业道德的训练。法律职业道德教育是各门课程的共同任务，因为法学理论所讲授的原则中蕴含着某种价值，而这些价值是需要法律职业者用良好的职业精神去体现的。当然，在所有课程中，法律职业道德课程是独立设置的在一个学期内完成的就学生的职业道德教育负有主导作用的课程。就一门课程来讲，它所能够完成的教学目标是有限的，又是多样的。如让学生意识到职业道德问题的存在，学会分析的技巧，提高判断力，影响学生的职业态度和行为等，但是，并不是说学习了法律职业道德就一定可以成为一个有道德的法律职业者。尽管如此，法律职业道德课程仍然承担着法律职业道德教育的基本任务，通过法律职业道德课程的讲授，使学生了解法律职业的历史发展和社会责任，了解法律职业的地位和作用，了解法律职业道德规范的要求及原理，了解法律职业承担的责任和义务，促进职业责任的培养。在课堂上和诊所实践中对学生的职业道德教育是有限的，关键是通过法律职业道德这门课程的学习，树立一种职业的信念和理想，学会运用价值选择的方法解决实践问题尤其是解决道德困境。对此，我国著名法学教育家孙晓楼先生曾说："法律伦理学一课，是教我们于研究法律之外，注意到运用法律时在社会上所应有的态度。"至少可以知道一个法律职业者对社会所负的责任，不至于盲人瞎马地害人害己。

总之，法律职业道德作为一门课程，其教学目标是使学生对法律职业的特性和法律职业道德的基本内容有一个基本了解，对法律职业和法律职业道德有一个初步的体验和认同。

三、法律职业道德教育的教学内容

法律职业道德的课程教学与实体法和程序法的教学有很大不同。法律职业道

德的教学不能只教授法律职业道德规则和有关的案例。道德领域的很多内容是人与人之间的关系和利益，以律师职业道德为例，律师之间的关系、律师与客户之间的关系、律师与法庭之间的关系、律师与社会公众的关系等，而如何处理好这些关系，却不是道德内容本身能够解决的，必然要运用实体法、程序法甚至其他学科的知识，包括执业的技巧，以及对职业特性的深刻理解等。因此，法律职业道德课程的教育内容是十分广泛的，为方便教学，本书总结为法律职业的性质和执业技能、法律职业道德准则、法律实践的道德难题及其解决、法律职业的责任、人生观和价值观、责任意识等。

（一）法律职业的性质和执业技能

法律职业是一个对于社会秩序有特殊价值的公共职业。要遵守法律职业的道德规范，就必须对法律职业的性质有深刻的理解，包括法律职业的历史、法律职业的工作目标、法律职业的结构、法律职业的责任及社会价值等。法律职业是一种负有不可逃避社会责任的公共职业。法律职业道德教育的意义就在于反复地灌输这样的价值观，使法律职业者形成对法律职业的深刻理解。如律师职业具有社会性、专业性、独立性、自治或自律性、经营性等属性，这些属性都可以在律师职业道德规范准则中得到体现。律师职业最根本的价值在于，律师可以为社会存在的基本秩序提供一种主动的、积极的保护，使处于这种秩序中的主体对自己的权利与行为有一种安全感和预见性，从而使社会有序运行。而法律职业的各种技能不可能与法律职业的道德或者价值分隔开来，它们之间存在着内在的关联。或者说对于技能的要求是尽到责任、达到称职目标的途径。如何达到这种认识，仅仅学习法律知识是不够的，还要学习和体会运行法律知识与技能所必须的法律职业行为规范，即法律职业道德，才能够体会到法律职业的性质。

（二）法律职业道德准则

法律职业道德准则本身的内容当然是法律职业道德课程的重要内容，规则的力量可以使不道德行为减少，相应地，符合道德规范的行为就会增加。但是，我们应该意识到无论多么完善的准则都不可能穷尽实践中的所有情形，因此，学习准则的规定，不只是为了了解准则内容本身；法律职业道德教育的最终目的不在于使学生记住职业道德规范的条文，而是要通过准则使其体会到职业的责任和义务，体会到职业的精神。

（三）法律实践的道德难题及其解决

因为法律执业活动的复杂性，法律职业道德规则永远不可能穷尽执业中的所有情形，总是会遇到职业准则没有规定的情形，这种情形被称为道德难题。尽管

解决道德难题的知识和能力不完全是靠教育获得的，但是，仍然可以通过教育教授给学生一些解决道德难题的基本知识和思路。如美国律师协会将解决道德难题作为律师必须具备的技能之一。美国律师协会规定，为了以恰当的标准为当事人进行持续的代理，一个律师应熟悉道德标准的性质和来源、道德标准贯彻的方式、确认并解决道德困境的步骤。法律职业道德课程，不能只讲道德规则的要求，还要讲清楚为什么这样要求，以及遇到具体情形应该怎样做。例如，律师为什么要拒绝当事人的不当请求以及如何拒绝当事人的不当请求；法官为什么要谨慎交友以及如何谨慎交友。如果学生明白了其中的道理，掌握了一定的技巧，即使遇到在学校没有学习到的情况，也能够根据法律职业的职业精神进行谨慎地选择和判断。

(四)法律职业的责任

责任和义务是任何一个职业的精髓，法律职业亦然。法律职业的责任和义务是法律职业社会价值的集中体现。这里所说的法律职业的责任，不只限于法律责任，而是一个更广泛意义的概念，包括对当事人(对客户)的权利和义务、对社会的进步、对法律的发展以及改革的责任。必须让学生意识到，称职的工作、促进法律职业的发展和努力完善法律职业这些理念的基本价值。应该教导学生树立这样的抱负，并在今后的职业生涯中尽力实现这些追求。应该教导学生认识到，法律职业的成就并不单以经济回报来衡量，还包括一名职业者在职业和其他行为中承担起对社会的正义、公平和道德的责任。

(五)人生观和价值观

一个人的人生观和价值观是通过长期的学习和生活实践形成的，大学教育只是其中的一个阶段。尽管法律职业是专业化和对社会有着极大影响的职业，但是大学阶段的法律知识和法律职业道德教育仍然对法律职业者的人生观和价值观的形成起到至关重要的作用。法律中所蕴含的公平、正义、秩序、平等、民主等价值是由法律职业者体现的。有学者认为，"法律就是法律工作者本身。而法律和法律工作者又是由法学院生产出来的"。所以，在法律职业道德课程的教学中，要有意识地对学生进行人生观和价值观的教育，让学生体会到法律职业者的人生价值就在于通过法律职业者的恪尽职守的工作来促进社会的文明和进步，达成社会的理性发展和有序运行。

(六)责任意识

这里的责任不是我们通常说的法律责任的责任，当然，包括法律责任，但是，绝不限于法律责任。这里所说的责任，是指一个法律职业者对于社会应尽的

责任，是我们在褒扬一个人时所说的责任心。责任心是任何一个行业或者职业推崇的道德品质。任何道德规范都靠人的自觉才能够得以遵守，法律职业道德也同样。只有对自己的职业有强烈的责任心，方能够发自内心地去维护职业的利益。法律职业的责任意识，就是将维护法律的尊严、促进社会整体的进步，内化成为发自内心的认识，即出于对法律的信仰自觉地遵守法律；出于对职业的尊崇，自觉地履行职业的法定义务和道德义务，因此，在法律职业道德的教学中，要有意识地强化责任意识，建立职业者的内心确信，应该自觉地履行职业道德，自觉地维护法律职业的形象和利益。

四、法律职业道德教育的特点

法律职业道德教育作为法律教育的一部分，具有与其他法律领域课程教育的共同特点，同时，法律职业道德教育的特有目标决定了法律职业道德领域又具有一些特有的教育特点。法律职业道德教育与法学其他课程教育的主要区别在于，法律职业道德不是以传授知识为主的，对学生的智力因素要求不高。我们在上一章已经论述过，知识的教育和学习是解决"知与不知，懂与不懂"的问题，技能的教育和学习是解决"会与不会，熟与不熟"的问题，而道德教育是解决"信与不信，愿与不愿"的问题。因此，法律职业道德教育主要不在于学生是否理解老师所讲授的内容，而是学生是否相信教师所讲的内容，是否愿意将法律职业道德的伦理要求变成自己未来法律实践中身体力行的行为。这是法律职业道德教育与法学其他学科教育最根本的区别，由此又导致以下方面的不同。

(一) 教育目标的分散性和间接性

通俗地讲，道德教育的目的是塑造人格、培养品行，与实体法和程序法教学完成具体的课时与教学计划不同，法律职业道德教育有一个更高的、更难实现的目标，就是传授正直的品质、美德和民主、秩序的价值观。而这样的目标，严格来讲不是仅仅依靠法律职业道德的课程教育就可以完成的。直接的教学目标和最终的教育目标之间总是有距离的，但是，在法律职业道德的教学过程中，必须时刻考虑到法律职业道德教育的终极目标，才能够在教学中将法律职业道德的要求一点一滴地融进教学的过程中。这点点滴滴也包括教师自己一言一行的言传身教。比如，教师强调律师对当事人的责任，学生就会很自然地观察老师是否对教学负责、是否对学生负责、是否对律师业务负责，而学生观察的结论可能直接影响学生学习法律职业道德的效果。这一点在第二章内化影响因素部分已经论述过。

(二) 教育内容的广泛性和课时的有限性

法律职业道德的教育不可能脱离法律职业的特性和法律职业的执业活动，也

不可能脱离法律职业所赖以存在的社会环境，更不可能脱离法律知识和技能进行空洞的讲述，所以，在上述教学内容中的论述已经反映出了法律职业道德教育内容上的广泛性，但是，学制的要求和法律学科本身内容的广泛性导致法律职业道德课程很难获得与民法学、刑法学、诉讼法学课程那样的课时待遇，课程相对于教学内容是有限的，而内容相对于课时则是广泛的。

(三) 教材的指引性和局限性

法律职业道德教育目标的间接性和教育内容的广泛性以及课时的局限性，决定了法律职业道德的教材仅仅是进行法律职业道德课程教学的一个指引，任课教师还必须根据学校所处环境、学生的具体情况以及教师自身的情况等结合教学过程中的社会事件和人物情况等，安排教学的具体内容，如对于律师专业的学生就应该将律师职业道德一章作为重点，仅仅按照教材内容讲述是不够的，这样的教育特点决定了法律职业道德的教材总是存在局限性的，这种局限需要通过教师的积极性和学生的主动性去弥补。教师只有积极地、热情地、负责任地通过收集教学资料来不断调整教学方法，学生只有用自律的态度和能动的学习方法来学习并积极实践，才能够对法律职业在社会中的角色意义和职业道德要求有全面和正确的理解。

(四) 对教学方法和教师素质要求苛刻

在法律职业道德教育的过程中，学生不仅是教育的客体，也是教育的主体。职业道德规范中隐含的是人与人之间的关系和利益，以律师职业为例，律师的职业道德规范其实是调节律师之间、律师与当事人之间、律师与法官之间、律师与社会公众之间的关系，或者说律师与多元主体之间的责任，而这些内容不是课堂教学能够完成的，但学校的教育在法律职业者的人格形成和职业素养方面起到了至关重要的作用。很多重要的道德规范不能通过课堂教育获得，只能通过亲身实践去感悟和体验。如果不能够有效地调动被教育者学习主动性，那么，再好的教育内容都会成为一种没有效果的说教，所以，法律职业道德的教育必须得法，必须采用比任何一门实体法或程序法更多的和更灵活的方法，如演讲式的方法、讲故事的方法、问答的方法、谈论的方法、角色体验的方法、多学科相互渗透的方法等。

由于法律职业道德教育主要不是知识的学习和技能的训练，而是通过教学达到信念的确立，因此，与其他知识学习和技能训练课程相比，对教学方法和教师的教学能力有更加严格的要求。不同的教学方法以及教师对事业的态度、对其他教师、对学生的态度和行为等，都会影响到法律职业道德的教学效果。而强调各种方法的综合使用，又会使学生的学习任务加重，使学生在教室外的学习时间比

在教室内的学习时间要多得多。很多时候，教师在课堂上的任务是处于指导者的位置，引导、督促学生思考和研究，这对教师的素质、知识结构和执业背景也提出了比较特殊的要求。教师要有一定的社会阅历，并且能够客观地、积极地看待和分析各种社会现象，甚至包括丑恶的社会现象，如对于司法腐败、司法改革、中国的民主法治状况等，能够从社会进步发展的角度进行分析，面对现实激发学生的学习热情和职业责任感，使学生产生担负推动社会历史进步的使命感和责任感。

(五)教学效果考核因素的不确定性

法律职业道德教育的教学效果评价与实体法和程序法的教学不同，并非学生在考试中能够取得高分或者能够将在学校学习的法律知识运用到实践中某个案件的架构中就可以了。考试的分数无法反映学生真实的道德水平，也不能说明学生毕业后在法律实践中的职业道德状况。可以说学生考试分数的差别与学生将来的法律实践道德并不存在必然的关联。以中国的法律实践为例，随着法学教育的发展，从法学院系毕业的学生的知识无疑是越来越丰厚了，但是，法律职业的道德并没有随着知识的增加而越来越高尚。道德的教育或者职业人格的培养的确是一件非常复杂的事情，具有非常复杂的过程。尽管如此，仍不能否定法律职业道德教育的意义。

(六)环境作用直接影响教学效果

在法律职业道德教育的教学中最难处理的问题可能就是会让学生产生一种"说的是一套，做的是另一套"的感觉，即学生如果不能够正确地看待法律执业实践中反映的道德状况，就会直接影响学生对课堂教学的态度以及教学的效果。众所周知，目前，中国法律职业队伍的道德状况不容乐观，而法律职业道德的教育又必须使学生产生职业体验，才能够对职业认知和认同，而在与实践接触和碰撞的过程中，如果教师不能够及时发现学生的思想变化，不能够对学生进行积极的引导，那么，实践中的负面信息就会直接起到影响教学效果的负面作用。如全国模范法官李增亮的事迹被报道后，就有学生发出质疑的声音，"如此辛苦的工作却无钱看病，那么，工作的意义何在呢?"这时，教师就不能回避目前法律职业保障不足的现实，可以借此阐释职业保障和法律职业地位、法律职业道德运行的关系，并介绍我国在法律职业保障方面的进步和发展趋势。这样可能会使部分同学克服消极情绪，但是，想打消学生的全部想法也是不太现实的。

总之，法律职业道德是一门很重要的但学习起来比较困难的课程，是一门学生学习兴趣和求知欲很有限的课程，同时，又是内容广泛的课程。上述特点决定了对于法律职业道德课程的教学，必须充分调动学生学习的主动性，必须掌握符

合法律职业道德教育特点的教学方法，如果方法不得当，教育就成了说教，就不会有好的效果，还浪费了教育资源和学生的时间。

第二节　法律职业道德教育的教学组织和教学方法

一、法律职业道德教育的教学组织

(一)教学组织形式概述

教学组织形式简称教学形式，是指为了有效地完成教学任务而形成的一种利于教学活动开展的组织结构。换句话说，教学组织形式是指为了有效地完成教学任务，使教学活动的诸要素组合和表现出来，即在教学中如何控制教学活动的规模、安排教学活动的时间和利用教学活动的场所。在不同的历史时期，曾经出现过不同的教学组织形式类型，如个别教学制、班级授课制等。个别教学制有利于教师在教学中因材施教，并能够充分发挥学生的自主性和积极性，但是，个别教学制效率低，教师的劳动量大；而班级授课制虽然有利于扩大教学规模，发挥教师的主导作用，培养学生的集体精神，但是，容易忽视学生的个性差异，不利于因材施教。19世纪末20世纪初，结合个别教学优点的班级教学形式相继出现，如20世纪30年代英国出现的"开放教学"和50年代初英、美等国提出的"协作教学"等组织形式，都是致力于学生的兴趣、需要和程度进行的教学。在法律教学方面，美国在20世纪60年代兴起的诊所式法律教育也是一种非常好的教学组织模式，将在本章第三节介绍。

进入当代，由于电子信息技术的飞速发展，其成果迅速进入教学领域，出现了多样化的教学形式，如教学活动小规模化、教学活动场所的非课堂化和多样化。总之，在世界范围内，大学教学活动开始走出校园，从单一的课堂教学向课堂内外教学相结合的形式发展已经成为一种趋势，法律教育也应顺应这种趋势。

(二)法律职业道德教育教学的组织

法律职业道德教育的非智力因素特点决定了法律职业道德的教学必须采取适合法律职业道德教育特点的教学组织形式。因此，人们应该在现有教学组织形式基础上，拓宽思路，探讨新的组织形式。

1.调动教学单位的其他教学资源。

2.利用教学单位以外的资源。

3.尽可能多地使用激发学生学习主动性的教学方法。

4.多媒体等新技术的应用。

教育资源的开发、配置和利用问题是教育经济学的范畴，但是，如果建立了一种资源开发、培植和利用的意识，就能够在教育资源有限的情况下，在法律职业道德教育的教学中挖掘和利用一切可以利用的资源。如法律职业道德教育强调身心体验，但是，在目前的教育组织模式下很难满足，教师就可以在已经与法院、检察院、律师事务所有过接触的同学中挖掘教育资源，比如同学们通过假期非正规实习获得的关于法律职业机构、法律执业活动和法律职业人员的评价，无论其评价是肯定还是否定，都可以挖掘出来作为教学信息加以利用。教师应该适时地对法律职业保障和法律职业伦理之间的关系进行分析，对法律职业道德建设的趋势以及运行进行介绍，对法律职业的过去、现状进行回顾和比较，让学生感觉到中国多年来法治建设取得的巨大进步。在此基础上展望未来，树立其对中国法治未来的信心。这其实就是利用了社会资源进行教学。

二、传统教学方法在法律职业道德教学中的应用与比较

教学方法，简而言之，就是为了完成教学任务而采用的方法。它包括教师的教和学生的学，是教师引导学生掌握知识技能、获得身心发展而共同活动的方法。在教学中，存在一种倾向，就是过于注重教师的主导作用，而忽视学生的主体作用，因而把教学方法只看作教师为完成教学任务、传授知识技能、指导学生学习，这种看法有失偏颇。要想有效地完成教学任务，教师就必须选择和运用正确的教学方法。而目前，大学教育中，存在着重教学内容、轻教学方法的倾向。

现代教学对教学方法的要求日益提高，提倡以系统的观点为指导来选择教学方法和教学手段，以便使教学过程优化，发挥出它的最佳整体功能。一般来说，在法律职业道德教学中，教学方法和手段的选择主要依据如下几个方面：①教学目的和任务；②教学过程规律和教学原则；③本学科的具体内容及其教学方法特点；④学生可接受的水平；⑤教师本身的条件，包括业务水平、实际经验、个性特点；⑥学校与地方可能提供的条件，包括社会条件、自然环境、物质设备等；⑦教学时限，包括规定的课时与可利用的时间；⑧预计可能取得的真实效果等。教学是一种创造性活动，选择与运用教学方法和手段要根据各方面的实际情况统一考虑。万能的教学方法是没有的，只依赖一两种方法进行教学无疑是有缺陷的。常言道："教学有法，但无定法"。每个教师都应当恰当地选择和创造性地运用教学方法，表现自己的教学艺术和形成自己的教学风格。法律职业道德教育，采用现行的教育方法对学生形成积极的职业道德意识和以后的道德实践效果并不理想，所以，有必要对以往的教育方法进行比较和研究，以便选择使用。

(一)讲授法

讲授法是教师通过语言系统连贯地向学生传授知识的方法。它是通过循序渐

进地叙述、描绘、解释、推论来传递信息、传授知识。讲授法在具体运用时又可根据讲授内容和教学目的的需要分讲述、讲解和演讲三种方式进行，它能够完成一系列的教学任务，如向学生传递知识，控制学生掌握知识信息的过程，并在此基础上促进学生认知能力的发展。由于语言是传递经验和交流思想的重要工具，所以，一般情况下，讲授法是各种课程教学普遍采用的最主要的教学方法，对于系统知识的学习是非常必要的，向来被认为是教学的基本方法，即使运用其他方法也都需要配合以一定的讲授。讲授法既有优点也有缺点。其优点是它能够在较短的时间内有计划、有目的地借助各种教学手段完成教学计划，效率较高，成本较低；缺点是讲授法不能够使学生直接体验讲授的知识，如果过多使用，容易使学生处于一种学习的被动状态。而且，因为法律职业道德教育的非智力特点，使这些缺点在法律职业道德的教学中会表现得更突出。

作为法律职业道德课程，要考虑道德教育的目的不在于学会什么和教会什么，甚至也不在于懂得什么和理解什么，智力因素并不是最主要的，主要是让学生感悟和相信教师讲授的内容，学生的经验和情感体验是很重要的。这样，讲授法对于阐释法律职业伦理的基本原则也许是可以的，但是，学生听懂这些伦理道理并不代表相信，更不代表能够在实践中身体力行。法律职业道德的教学必须设法使法律职业的道德要求变成法律职业者人格的一部分，而如果讲授法不能够有效传递教师对道德问题的深切感受和关注，不能够使学生感受到教师是所讲授的职业道德的身体力行者，讲授法的效果就不会太好。在近几年的法律职业道德教学实践中，已经证明把讲授法作为主要的教学方法效果并不理想，不能够使多数学生就特定问题与教师直接交流，所以，即使部分采用讲授法，也要注意多运用以问题为中心的讲授法，即从学生感兴趣的、能够感知的问题出发，结合实例导出原理，使学生对老师所讲授的职业伦理产生情感体验，才能够有效果。

(二) 讨论法

讨论法是学生在教师的指导下为解决某个问题而进行探讨、辨明是非真伪以获取知识的方法。讨论法教学是法律教学经常采用的方法，学生通过讨论甚至争辩所掌握的知识更深刻。讨论法的种类很多，可以是整节课的讨论，也可以是几分钟的讨论；可以是全班讨论，也可以是分组讨论；可以是对某个重大问题的讨论，也可以是对某个小问题，甚至某个词、某个具体行为的讨论。

对于法律职业道德课程来讲，因为有很多具体的道德情形是很难处理的，而且，有些问题关系到法律职业者自身的利益，所以，对于法律实践中的问题和难题，采用讨论法能够激发学生的热情，应设法进行深入的探讨，使学生在讨论中经历情感体验过程。在使用讨论法进行法律职业道德教学时，应该注意以下几点。

（1）设定讨论的问题要有吸引力，能够引起学生的兴趣。比如关于好律师标准的讨论，学生可以根据自己的社会知识提出很多非常具体的问题，如成功的律师和好律师是不是一回事？拒绝接受自己认为会败诉案件的代理是不是好律师？在办理业务中动用自己的人际关系是不是好律师？忙于工作不顾家庭是不是好律师？等等。通过讨论，我们会发现学生的思路有时甚至比教师思路要宽，学生会提出很多实际的、具体的涉及法律职业伦理的问题。

（2）讨论的问题要有一定难度，教材中没有现成的完整答案。讨论的问题，既要稍微超越一些教材知识，又要在学生的知识和经验能够感知的范围内；既要有一定的理论深度，又要能够与实践相联系。比如关于好律师的标准问题，实际上是一个律师职业行为规范问题，是一个非常大的问题，涉及宪政结构、律师制度等许多基本的理论问题，但是，用"好"这个词限定后，就变成了一个所有同学都能够参与的讨论题目，尽管用这个词来描述律师职业的道德状况并不贴切，但是，因为"好"这个词比较通俗，能够激发学生的思维和讨论热情。至于应该用什么词描述律师的职业道德，即所谓律师职业道德状况的评价标准，是要通过讨论得出的结论。学生通过讨论，可以发现律师职业道德与大众道德的分水岭。

（3）在讨论中教师要善于引导和启发学生思考。在讨论时，教师像是一个旁观者，要将学生放在主体的位置，使学生自己讨论甚至自己得出结论，但是，实际上，教师要非常用心地把握和控制讨论的方向以及时间节奏，要能够把不同的观点激发出来，引起广泛讨论，也要能够适时地提出进一步的问题，将讨论引向深入。如在讲授法官职业道德的有关内容时，可以设计一组这样的问题：法官能否单独会见一方当事人或者一方当事人的律师，为什么？如果仅仅是谈案件，或者仅仅是提交证据材料，可不可以单独会见？或者单独会见没有接受财物，可不可以，为什么？还有比如关于警察职业伦理的讨论，警察为了破案违反程序是不是情有可原？比如先搜查后补办搜查证可不可以？甚至可以让学生进一步思考，这样取得的证据的效力问题等。教师提出的问题呈现步步紧逼的态势，使学生可以就一个看似简单的问题进行纵深思考。

（4）讨论前要进行必要的准备，讨论结束时要进行总结。讨论法教学要想取得较好的效果，要求教师在备课时，要做出计划。根据教学进度、学生的兴趣、知识和经验，选择合适的问题，并用恰当的语言表达要讨论的问题。如上述关于好律师的讨论题。如果准备整节课都进行讨论，可以在上一节课将讨论题事先布置下去，并给学生指定一些阅读参考书目。当讨论基本解决时或者虽然没有解决，但是已经把问题的焦点呈现出来时，教师要适时进行归纳，使学生对讨论的问题有一个系统的认识，或者明确进一步研究的方向和领域，指导学生进一步思考。

在法律职业道德课程的教学中，与讲授法相比，讨论法的效果要好一些。但是，不可能完全采用讨论法，也不能主要采用讨论法，讨论法在教学中始终是一种从属的方法，必须与其他方法相结合使用。

(三)个案分析法

个案分析法是法律教学中常用的方法，也是学生比较喜欢的方法。个案分析法在实体法和程序法的教学中，常常被使用。在法律职业道德的教学中，也可以经常使用此方法。使用个案分析法，要注意所选择的案件，无论是真实的事例，还是经过改造的事例，都要有一定的现实性和典型意义。如在美国各大学通用的法律教科书《法律之门》，在探讨辩护律师的伦理时举了这样一个例子：

一名律师以前的当事人给他打电话，这名当事人此时不幸成为一个逃犯。警察在抓他，他需要律师的建议。律师到他当事人的所在地，听了整个情况后劝他投案自首。最后，他成功地说服当事人相信这是最好的选择，并约定了一起去警察局的时间。这名当事人要用两天时间了结一些事情，做一些告别。当律师回到办公室，一名警察正在等候他，问他的当事人是否在城里，具体躲在哪里。这是警察有权问任何人的问题，这个不幸的律师在做出否定回答时即使稍有迟疑，也会足以出卖他的当事人。当然，他撒了谎。

当然，这种情况下律师是职责所迫必须履行保密义务。这个例子就可以作为一个讲授律师保密问题的例子来分析。可是，一个问题是，就案例给出的情况看，这个当事人是以前的当事人，在此次与律师谈话时并没有建立委托关系，这就出现一个引申问题——对没有建立委托关系的咨询，律师有没有保密义务？律师的保密义务开始于何时？又终止于何时？即律师的保密义务期间问题。而且，在分析时，还可以改变一些情节，看是否会影响结论。如果这个当事人是来到律师的办公室谈的情况，对结论有改变吗？或者为这个当事人咨询的人是一个法律实习生，没有律师资格，或者已经有了律师资格没有律师执业证书，对结论有影响吗？再如果警察在这个当事人与律师谈话的这一天没有来，这个当事人走了之后也没有来，那么，情况有改变吗？

由此，我们可以看到，案例分析的方法有多种，可以是对一个给定要素的案例进行分析，也可以是对一个处于动态的只是给出分析领域的案例进行分析，其目的都是让学生能够尽可能地进入假想的角色，用法律的头脑进行思考和判断。在选择案例时，应该注意了解学生的知识背景和兴趣，尽可能选择学生比较熟悉的例子，比如上述所举的情形，因为很多学生都有在假期实习的经历，无论他是否经历过完全相同的情形，都不妨碍他去感受这个例子。而他在实习中并不是律师，但是，在与当事人接触时却被当事人当作律师看待，是以律师身份接触到当

事人和他的信息的，所以，教师在列举上面的例子时，学生马上会联想自己的实习体会，从而可以在教师的引导下更进一步地思考律师保密义务的主体、客体以及保密义务期间等一系列问题。

显然，这种个案分析的方法，对于法律职业道德教学来讲，如果举例选择适当，效果是明显的，但是，比较费时。目前开设法律职业道德课程的各法律院系能够给予法律职业道德的课时很少，一般是 36 课时。在课时非常有限的情况下，只能选择实践中最不容易把握的和比较常见的情形精心设计成可以进行课堂分析的案例。

(四)研究法

研究法是学生在教师的指导下通过独立的探索，创造性地解决问题，获取知识和发展技能的方法。这种方法在法律(学)研究生教育中普遍采用，对于本科以下学生，一般只是在某门课程结束或者毕业时采用，在某门课程开设过程中采用得不多。对于法律职业道德教学，因为对于法律职业道德的研究和教学刚刚起步，相关资料非常少，让学生自己通过图书馆、上网等手段进行研究还有困难，因此，尽管此方法不失为法律教学的一个好方法，但是，目前在法律职业道德教学中不宜多采用。

(五)模拟法

模拟法就是学生通过各种假定情形，在教师指导下思考、体验和解决法律职业中各种问题的教学方法。如我们比较熟悉的模拟法庭活动，但是，通常法律院校的模拟法庭活动只是作为进行实体法和程序法以及律师执业技巧训练课程的教学方法，而没有用于法律职业道德的训练。其实，通过模拟法庭的组织和审判过程，同样可以进行法律职业道德的教学，如律师在遇到检察专横时是不是很好地保护了自己的当事人，比如律师之间意见不一致时是否能够互相尊重，并可以指导学生思考在真实的案件代理中出现此种情形的行为规范。不仅如此，法官的职业道德也可以通过模拟法庭活动来体会。

模拟法还包括通常所说的实验和实习。实验和实习的区别在于实验是在教师给定的条件下进行，而实习则要面对真实的环境，其学习难度要大于实验性的学习。法律院校的学生实验一般是安排在各门课程中进行的，而实习是在最后一个学期。按照目前各个高校的实习模式，教师在实习中的作用是很小的，学校很难对学生在实习中的学习进行控制或者引导，主要依靠学生的自觉学习，或者依赖学生实习时所跟随的业务实践部门的法律职业者的业务水平和道德状况，以及对学生实习问题的认识。因此，不同学生因为经历不同的实习过程和内容，跟随不同的指导者以及不同学生学习主动性和学习方法的差别，使学生之间的实习收获

差别很大。这种学习方法，对于学习实体法和程序法，也许是可行的，但对于学习法律职业道德的效果却值得考究。尤其是在目前法律职业道德建设刚刚起步、法律职业队伍整体的道德状况还不尽如人意的情况下，通过实习，在缺乏教师指导的情况下学习法律职业道德，还不能够被看作一个成功的方法，甚至有的学生因为在实习过程中看到他所跟随的法律职业者的道德水平不够高而丧失从事法律职业的信心，因此我们应该认识到这种方法的不当使用在法律职业道德教育中的负面作用。

总之，在任何教学中，都不可能始终采用一种方法，任何一种方法都有它的局限性。法律职业道德教育的特点决定了在法律职业道德教育的教学过程中，应该更加积极、灵活地采用多种教学方法以及多种教学方法组合的方法来进行教学。如讨论法和研究法的组合、讲授法和讨论法的组合、个案分析法和讨论法的组合等。模拟法是在法律教学实践中经常采用的综合了多种教学方法的一种综合性教学方法。

三、法律职业道德教育的教学新方法的尝试

通过上述分析可知，传统教学方法在法律职业道德教学中的局限性是很明显的。关于法律职业道德教育和教学方法的关系，有一个比较形象的比喻："职业道德本身的规则(或更普遍的律师执业规则)在某些方面与比赛规则相似。如果不遵守规则就不能参加比赛，选手虽然也遵守比赛规则，但他的表现实际上是一种特性的反应，似乎与任何规则毫不相干。从这点上说，要赢得比赛(做一个讲道德的律师)，不是学习比赛规则(虽然必须知道)，而是经常性训练(从事律师活动)。就教学方法而言，学习比赛规则可以和比赛分开。选手可以通过阅读和讨论比赛规则很好地了解比赛规则的基本含义和背景，但是，要领会微妙之处，必须亲身体验。"法律职业道德领域的许多内容都含有经验的因素，而且，很多经验的内容很难用规则的形式来表达，例如，服务态度好的律师能够看出客户沮丧并安慰他，但是，不做任何不合理的承诺，这看上去是一种技巧，其实，这背后隐藏着律师的职业道德。这些经验的因素无法通过课堂教学圆满完成。演讲式和讨论式的教学方法已经证明是不够的，应加强实践性的教学训练。而限于模拟法庭或者参观法庭与协作训练阶段，会导致法律学生在毕业时没有接受过实践性或职业技巧的训练。

对法律这样一个高度职业化的领域，必须采用不断创新的和有利于目的实现的教学方法。教师应以高度的职业责任感，自觉地进行法律职业道德课程教育的改革，自觉地采用多元的教学方法和训练技巧，根据讲授的内容和学生的情况，选择最恰当的传授方法和技巧。教师应该具备独立意识和具有启发性与实践意义的教学技巧，只有这样才能够营造出创新和积极的学习氛围。国际上一些著名的

法学院早就开始采用案例教学法以及其他类似方法加以补充，不仅如此，自 20 世纪 60 年代美国兴起诊所式法律教育以来，已经在世界范围内掀起了诊所教育的浪潮。我国自 2000 年 9 月以来，已经有 13 所大学加入法律诊所教育的实践队伍中。

诊所式法律教育，使学生不得不面对不确定的事实、矛盾，面对残缺的记忆、判断和知觉，面对当事人并不清晰的、零散的和可变的目标，面对当事人或者证人的情绪和意见等，而且，必须对这些变化不定的情况做出决策。这些经历"让学生体会到了与那些复杂的主观性和人性、不确定的事实情况、实务判断以及职业道德进行互动的经验"，而这些在课堂教学、案例教学或者模拟法庭的教学当中都是不可能有的，因为在那样的教学中，当事人、案情都是被事先设计好的，胜诉和败诉的结果也如同考试的答案一样是事先确定的。正因为诊所式教育日益受到法律教育界的重视，作为一门新兴学科的法律职业道德教育也应该积极地尝试这种新的教育方式，为此，本书将在下一节中具体介绍诊所式教育。

第三节　诊所式教育在法律职业道德教学中的重要作用

一、诊所式法律教育的概要介绍

要想将诊所式教育应用于法律职业道德教育中，就必须使学生了解这种教育方式不同于一般教学方法的特点和运作模式，这样才可能使师生双方主动地进入这种教育模式中进行学习，而主动的学习，对于法律职业道德的学习是十分必要的。

（一）诊所式法律教育的性质和特点

诊所式教育常常被描述成"在行动中学习"。这一概念源自医学教育。在医学教育领域，医科学生一般会在执业医生的直接监督和指导下围绕病人展开诊断和治疗的学习。因此，诊所式教育的独特之处就是学生在老师的指导和监督下积极地参与学习。在法律教育领域，诊所式教育指的是法科学生在律师或老师的监督和指导下参与到律师通常所做的行为中来，包括代理当事人等。同时，诊所式教育还包括监督和指导学生从各种角度观察问题，以便他们了解社会政策和程序的法律过程。诊所式法律教育旨在提高学生对于法律职业角色的认识，法律诊所是在法学院指导下成立的法律服务组织，一方面，它是一种公共服务形式或者手段，另一方面，它是一种教学方法。在教育方面，起到了和医学诊所教育相类似的作用，弥补了案例教学方法的不足。这种法律教育与传统的法律教育相比，最大的不同就是学生在学习中的身份和地位发生了变化，它具有如下特点：

1.诊所式法律教育是一种自主学习方式，老师只是学生自主学习的参与者；

2.诊所式法律教育是一种内容广泛的教育方式；

3.诊所式法律教育对实施诊所教育的教师提出了比较特殊的要求；

4.诊所式法律教育对法律教育机构有特殊的要求；

5.诊所式法律教育的最主要的特点，还在于学生的学习情况可以及时反馈，包括学生为诊所工作所做的准备，学生在诊所活动中的行为以及行为的效果。

实施诊所式法律教育的目的在于培养学生的洞察力、学习态度、职业技巧以及责任感。书本上的法律和实践中的法律存在着巨大的差异，而且，这种差异往往以法律职业者内心剧烈冲突的形式表现出来。通过诊所式法律教育课程活动，将法律理论、法律技巧、职业道德的学习和学生未来的人生计划结合起来，使学生通过这种形式的学习具备全面的社会责任感，而不仅仅是从诉讼的角度看待问题，能够把法律问题放在社会更广阔的背景下来考察，理解法律与社会政治、经济、文化以及与世界文明和进步的关系。

(二)运作步骤

根据美国诊所式法律教育的经验和我国部分院校开展诊所式法律教育的实践，可以将诊所式法律教育的运作步骤做如下总结：

1.考察教育环境，以确定是否、何时以及如何实施诊所式法律教育；

2.实施诊所式法律教育的师资选择和准备；

3.诊所式法律教育场所的选定；

4.选定实施诊所式法律教育的课程；

5.确定用于诊所式法律教育课程的诊所活动内容；

6.为开展诊所工作做准备；

7.实施以及指导和监督；

8.补充性教学；

9.回顾和总结；

10.建立教学资料库。

(三)评估和评价(评价对象、评价标准、评价方式)

评估是诊所式法律教育模式的组成部分，评估的内容与教学目标是相互对应的。尽管如此，这里的评估与我们通常所说的评估还是有所区别。我们平常所说的评估是要对某项工作得出一个结论，而这里说的评估仍然是教学工作的一部分，是伴随着教学阶段进行的。诊所式法律教育效果的评价也区别于传统教育方式，传统教学评价方法如考试、评分、排名制度无法在诊所式法律教育方式中实现。

评价是诊所式法律教育活动的要素或者称之为必要步骤，将其单列是为了强调其不同于传统教学的审查、批评或总结的独特之处。在诊所式法律教育中，老师在诊所活动中是以同事身份参与活动的，学生始终是诊所活动的主体，所以，老师在诊所活动中对于学生的评价或者学生之间的评价与传统教学中的要求是有区别的。评价的目的是帮助学生养成良好的思考习惯，帮助他们形成一套从实践中学习的系统方法，以便他们在将来的职业生涯中能够辨别和纠正错误的选择。

评价的内容一般包括以下几个方面：①目的——学生应该完成的任务；②行为理论——学生认为完成任务应该采取的行为；③学生是否通过某种行为完成了他们的任务；④学生采取的行为是否达到预期的效果；⑤如果没有达到预期效果，那么，是什么行为或行为的哪些方面导致这种结果，在将来的类似活动中应该采取哪些不同的行为。这些评价其实是学生和老师之间以及学生之间的平等对话，老师不能给学生以居高临下的感觉，也不能给学生提供绝对的答案或者对争议问题进行判断。老师对学生的指导建议，应该是评价老师的依据之一。只有彻底打消学生对老师无所不知、无所不能的幻想，学生才能够自主地思考和行动，才能在实践中学习。区别于通常意义的是，诊所式评价是靠严密的准备和细致的分析支撑的，它是诊所式法律教育理论和继续开展诊所活动的基础。因此，如何评价、何时评价是一项复杂的艺术，需要开展诊所式法律教育的老师认真学习和实践。

二、诊所式法律教育在法律职业道德教育课程中的应用

在诊所式法律教育运动不断发展的过程中，法律教育中的职业责任教育越来越受到各个法律院校的广泛关注。法学教育中的职业责任问题是一个崭新的课题并且有着重大的研究意义。1965 年，美国法律诊所全国理事会主办了一个有关职业责任的会议，吸引了上百所法律院校的院长及其代表到会。由此可知，诊所式法律教育除了适合法律执业技巧的训练外，还非常适合进行法律职业特性和法律职业道德问题的教学。最早实行诊所式法律教育的美国总结诊所式教育活动的教学目的有四项，即培养学生掌握律师职业技巧；对法律制度和法律职业各个方面的深入了解；培养职业责任感；提高学生思考和从经验中学习的能力。这四项中有两项都是与法律职业道德教育有关的内容，因此，在法律职业道德教育的教学活动中，适当地设计和实施诊所式法律教育将会帮助学生更加深刻地理解法律、法律职业和法律职业的道德规范要求。

(一)进行诊所式法律教育论证，获得法学院的资源支持

法律职业道德教育不可能脱离实体法、程序法和法律执业技能而孤立进行，尤其是采取诊所式法律教育方式时，这个问题更加突出，因此，通过诊所式法律

教育方式进行法律职业道德教育必须与实体法、程序法和法律执业技能课程的内容相结合，必须与讲授实体法、程序法和法律执业技能课程的老师相配合，并且实体法、程序法和法律执业技能的老师与法律职业道德课程的老师共同对学生提供诊所实践指导。当然，指导老师应有主次之分。另外，由于诊所式法律教育方式与传统教育方式有很大的区别，目前的教学考评办法和标准是不适用的，要想成功和持久地开展诊所式法律教育，还需要法学院制定出符合诊所式教育特点的教学评价标准和评价办法，如在课时的计算、学分标准以及考核标准、教学质量评价等方面都要有相应的标准和办法。同时，必须对法学院所在地区的可利用资源进行调查和规划，确定可以采用诊所式法律教育方式的资源目标，如是否可以与当地的法律援助机构合作，能否获得所在地区法律职业机构的支持等。我国的法学院开展诊所式法律教育应该积极汲取国外的经验，要使诊所式法律教育成为法学院课程中受重视的一个部分，有意识地避免走一些弯路，如在对教师工作认可、学生的学分和教师的待遇等问题上。

(二)根据师资情况和学生需要，选择部分教学内容尝试

采用诊所式法律教育方式进行法律职业道德教育，除了使学生在诊所实践活动中接受教育外，还必须考虑到接受学生实践活动的人，如法律援助中的援助对象，使他们不能因为是学生的实践活动而受到伤害或者利益遭到损害，因为在教育的目标和法律援助的目标之下，从制度价值的意义上看，法律援助比法律教育具有更严肃的意义。逃课的学生和冷漠的指导老师，在诊所式法律教育中都是不可想象的，所以，慎重选择合适的诊所活动是很重要的。确定是否合适，除了上述已经论及的以外，还要考虑指导老师的能力和时间、学生的兴趣以及学校对学生的管理状况等，既要有知识和能力方面的挑战，又不能超过学生的能力范围，因此，要有重点地选择法律职业道德教育教材中的内容进行诊所式法律教育的尝试。对于教学完成情况与教材内容的关系，应该认识到，法律职业道德教育与其他法律科目的教育不同，法律职业道德的内容要求，就文字表述来讲，几乎是不需要老师讲的，学生可以看懂，也可以理解，从这一点讲，教材内容进行多少并不是最主要的，并不是说老师按照教学计划把教材内容全部讲解完了，学生将来就会严格遵守法律职业道德了，如果缺少感悟，没有把法律职业道德的要求变成自身品格或者性格的一部分，不能够将遵守规则变成职业习惯，即使将教材的内容从头到尾讲完也还是没有用的，所以，任课老师完全可以根据课时情况，根据学生未来就业趋向选择某些法律职业作为重点，进行诊所式法律教育的尝试，如选择律师职业的职业道德教育作为诊所式教育的重点。

(三)及时搜集各种反馈信息，不断总结和改进

作为一种教育方式和教育内容，应该及时深入地了解学生的需求和各个方面

对法律诊所式教育的反映，及时调整教学计划和诊所活动的内容和方式。作为一种实践活动，必然与社会的方方面面发生联系，要注意搜集社会各方面的反应。作为职业道德教育，要考察教育的效果，就要看学生毕业以后，在各自的岗位上履行职业道德的情况以及内心对以往诊所式教育的感受，所以，要建立学生联系档案，记录学生毕业后的情况，并邀请他们返校介绍体会。

在法律职业道德教育过程中，恰当地设计和实施诊所式法律教育能够使学生更加深刻、更有意义地理解法律职业的价值和法律在社会系统中的价值等，这是传统教育方法无法比拟的。尽管诊所课程的地位和范围，根据不同学校的可利用资源的不同、对条件要求的不同、法学院老师和学生参与程度的不同等而有所不同，但是，可以肯定的是，学生在诊所活动中可以亲身体验到诊所式法律教育与其他教学方式相比的优势，如通过诊所式法律教育方式进行律师职业道德内容的教育，学生通过在诊所代理案件以及在代理案件的过程中，通过与其他法律职业的接触甚至冲突，可以亲身体会到律师不仅仅是为富人服务的职业，也可以体会到无论是代理政府部门，还是代理普通百姓，无论是为公共利益服务，还是为穷人提供援助，都是法律制度对于社会的意义。学生通过诊所活动，可以体会到无论是律师还是法官，法律职业的价值不仅仅在于个案中利益的得失，而在于共同维护社会运转所必需的秩序，从而深刻感悟法律职业对于社会的价值。至于如何在不同的环境中，系统地组织诊所式法律教育，使不同的教师都能够充满信心地去尝试，并提出建设性的意见，还需要每个教学单位勇敢地做出尝试，可以根据各个学校和各个教师的具体情况，采取不同的过渡方法。

三、诊所式法律教育对法律职业道德教育的意义和影响

诊所式法律教育作为一种教学方法，既能够满足法学院和法律职业教育的需要，又能够反映出学生的优缺点，及时发现学习的不足，在法律职业道德课程中实行诊所式教育，对学生进行良好的职业道德训练，也可以促进学生对未来法律工作很多方面的反思，尤其是对职业道德问题的反思。这是一个能够使整个社会都受益的一种教学方法，主要体现在以下几个方面：

1. 诊所式法律教育为学生提供了体验法律职业道德规范约束的机会。

2. 诊所式法律教育可以提高学生的社会责任感。

3. 诊所式法律教育使学生在实践中学会职业协作。

4. 诊所式法律教育为理性选择法律职业提供了思考的要素。

5. 诊所式法律教育弥补了法学教育的不足。目前，中国法律职业人员所接受的教育，就学历教育阶段看，缺乏职业训练，而从非学历教育阶段看，缺乏系统的严格职业培训，因此，诊所式法律教育可以弥补我国法学教育结构性的不足。

6. 诊所式法律教育使法律专业学生的结构性就业机会增加。

7. 诊所式法律教育对于相关主体也有积极的意义。

尽管论述了诊所式法律教育方式的诸多好处，但是，我们也应该认识到它的局限性。无论构建得多么合理的法律诊所，都很难完全复制真实的执业环境，学生在法学院的课堂或者在诊所活动中感受的问题，相对于执业中面临困境的种类和复杂程度都是有限的，而且，无论指导教师多么称职，学生在学校获得的道德经验也许不如其职业生涯早期指导者的影响，即诊所式教育方式对大学生的法律职业道德教育也不是万能的。

四、场景再现方法的特殊作用

尽管诊所式教育有很多其他教育方法无法比拟的好处，但是，通过前面的论述可以看到，推行诊所式教育方法会受到很多方面条件的限制，如开设法律职业道德课程的教学单位的条件以及有关人员和机构可利用资源的情况、师资情况、学生情况等。由于受资源及其组合的限制，并不是每一个法律教学单位都有条件开展诊所式教育，那么，对于法律职业道德这样一种需要情感体验的课程，在没有条件开展诊所式法律教育的教学单位，或者只能部分教学内容采用诊所式法律教育的单位，只能采取其他的受限制较少的方法，除了传统的讲授方法、讨论方法、个案分析方法外，可以对有些内容采用场景再现的方法进行教学。

（一）概述

场景再现，是一种由学生创造并扮演法律职业活动中的各种角色，由教师和学生共同设计各种角色的活动和情节，在课堂上模拟法律职业活动，并在教师的启发和引导下思考和解决问题的教学方法。无论是讲授实体法理论，还是进行法律执业技巧训练，通过场景再现模拟角色活动的方法都是一种十分有用的方法，而且，这种方法同样可以用来进行法律职业道德教学。场景再现是一种接近诊所式教育的方法，但是，在法律职业道德教育的教学中具有比诊所式教育更多的优点。在模拟角色的过程中，学生可以尝试着对法律执业中的具体情况做出反应，练习如何做出判断，在尝试中体会学习的职业道德规则和职业精神。成功的场景再现活动，既可以给学生提供挑战性的经历，又可以使学生深刻理解教师希望学生掌握的问题。

（二）操作方法

最简单的场景模拟，可以说是我们经常见到的，教师将学生分成两个组展开辩论，发言的同学假想自己是某种观点或利益的代言人，但是，这里作为法律职业道德一种教学方法的场景再现一般比较复杂，其具体操作方法见本书第十章。

（三）特殊作用

场景再现的教学方法有着容易控制，可以使全班同学参与，可以使学生在短时间内收获自己行为的后果等特点，在法律职业道德教育的教学中具有独特的作用，是法律职业道德学习的一种非常现实的方法。其优点主要体现在以下几个方面。

1. 与课堂讨论相比，学生的参与性更强，能够对问题进行更深入地讨论。

2. 与模拟法庭活动相比，形式更灵活，不受法律规则的约束，尤其不受诉讼法的严格限制；活动内容涉及的范围更广泛；场景情节变化基本不受场地、时间和空间的限制，更能够展现法律职业的复杂性。

3. 与诊所式法律教育方式相比，也表现出多方面的优点。

另外，诊所式法律教育成本较高，不是所有学生都有机会接受到同样程度的诊所经历。而场景再现的方法成本低、易运行，在中国目前法学教育总体资源不是很充沛的情况下比较适合。

本章思考题

1. 法律职业道德教育的特点有哪些？
2. 结合法律职业道德教育的特点，谈谈你应该怎样学习这门课程。

第四章 法官职业道德

第一节 法官职业道德概述

法官是法律职业中最具典型和代表性的职业。由于法官担负着维护社会正义与公平的职责，因此法官的职业道德尤为重要。本章根据我国法官职业道德规范，结合法官职业道德建设的实际情况，对法官职业道德的内容以及需要进一步完善的制度进行了基本介绍和分析。

一、法官职业道德的概念

法官在人类社会劳动分工的历史上是一种神圣而光荣的职业，这是由法官的历史使命所决定的。法官的使命在于护法，依法裁断是非，正确适用法律，始终对法律负责；必须对法律的真实性负责；必须通过程序来实现正义。社会对公正的期望寄寓于法官，从某种程度和一定意义上说法官已经成为法律和正义的化身，无论处于何种社会形态，概莫能外。

法官职业道德是指法官在履行司法职能过程中或者从事与司法审判职业相关的活动中，所应遵循的道德观念、行为规范的总和。它是社会道德在司法审判领域中的具体体现。法官职业道德是调节法官与社会、法官与群众、法官与当事人、法官与法官之间关系的原则、规则及反映这些原则、规则的意识、观念等的总和。法官的职责是裁断是非，定纷止争，使作为社会调整器的法律得到贯彻执行。因此，法官的职业道德，也反映了审判职业的特点。法官的职业道德寓于审判工作之中，法官职业道德形成的基础在于审判实践，离开审判实践谈法官职业道德，势必成为无源之水。由此可见，法官职业道德是调节职业集团内部法官之间的关系以及法官与社会各方面关系的行为准则，是评价法官职业行为的善恶、荣辱的标准，对法官有特殊的约束力。在我国，法官职业道德具有统一的遵德行为规范，即 2001 年 10 月 18 日最高人民法院颁布的《中华人民共和国法官职业道德基本准则》（以下简称《准则》）。法官职业道德水准的高低对于司法权的健康运行具有十分重要的意义。

我们之所以强调法官职业道德的重要性，乃是由法官所行使的司法权力属性所决定的。法院和法官是依法代表国家行使司法权的主体。司法权属于权力范

畴。权力基本上是指一个行为者或机构影响其他行为者或机构的态度和行为的能力。对权力的这种认识侧重于强调权力的拥有者对他人行为的干预能力。实际上，权力也意味着权力的拥有者按照自己的意愿行事的能力，即权力的拥有者具有不受他人支配的能力。权力的这种不但可以使拥有者按照自己的意志行事，而且可以使他人按照其意志行事的属性，是权力会产生腐败的根源。司法权生成和运行的原理告诉我们，作为现代社会三大权力之一，它拥有终局裁判的权力，因此，司法权也有着异化的可能性。司法运行的实践也已经表明，司法权确实存在异化的实然性。这一现实问题和重大弊端的客观存在，的确与法官的职业道德水准息息相关。

法官道德具有三个不同的层面，即底位、中位和高位。底位法官道德的指向是法官的普通道德，即法官首先应是一个优秀的公民，具备基本的善恶是非标准，这是道德领域中对法官的最低层次的要求，它能保证法官不逾越社会所能容忍的最低界限。《公民道德建设实施纲要》为每一名法官首先成为一名优秀公民提供了基本标准。中位法官道德的指向是法官的职业道德。职业道德是职业实践中形成的比较稳定的道德观念、行为规范和风俗习惯的总和，是本职工作中应该遵守的道德规范。法官职业道德规范首先表现为法官个人对法官职业道德规范遵守的行为，即职业道德行为。其次，法官职业道德行为经过积累，形成法官职业道德品质。法官职业道德品质是法官职业道德规范在法官个人思想行为中的体现，是法官个人在一系列的职业道德行为中所表现出来的稳定特征和倾向。只有形成法官职业道德品质，才有助于更好地遵守法官职业道德规范。法官职业道德规范必须反映审判工作每日每时所发生的最普通的事情，告诉法官他有什么权利和义务，什么是法官应该做的，什么是必须禁止的行为，什么是法官应当追求的价值目标。也就是说，法官职业道德规范不仅能够迫使法官按照规范行动，禁止他们超出界限之外，还能够对法官的个体价值取向加以引导和培养，而后者尤为重要。因此，可以说法官职业道德是法律职业道德的核心。高位法官道德指向法官的无欲则刚，即法官的最高境界，这是法官道德的极致。高位的法官道德只有那些高洁之士才能具备，但它应成为所有法官追求的道德目标。

法官职业道德的基础价值是公正。从普通伦理学的角度来说，公正是一种理想的道德标准；从法官职业道德的角度来说，公正是法律的基本出发点，是司法实践追求的最重要的价值目标，也是法官职业道德的精髓所在。法官职业道德规范是法律实现公正的重要保障。

司法不公、司法腐败等现象的产生有多种原因，其中之一就是司法人员自身的素质问题。可见，法官的素质是司法公正的基础，而法官的职业道德则更强烈地影响着司法的形象与法律的尊严。从法官职业道德层面看，我国法官的形象确实有待于进一步提升。

二、法官职业道德的特征

(一)法官职业道德的主体

法官职业道德的主体是法官，它与司法职能、法官职业的命运和前途直接相关。一位法官的职业道德是否高尚，不仅影响到人们对其个人的评价，而且影响到对其职业群体和社会的总体评价，因此，法官职业道德规范的对象主要指向法官。这是因为有人类社会就存在着冲突，有社会冲突就需要有解决的机制，这种机制的核心要素就是规则。规则需要有人制定，也需要有人执行。法官就是被授权运用规则对具体冲突事件做出权威性判断和强制性处理的专业人士。这些人之所以能够被授予这种权力，是因为他们被认为具有相应的人格禀赋和职业素养，能够公正和理性地运用规则，对案件做出能被公认为正确的判断和处理。由于我国人民陪审员制度的客观存在，因此《准则》第四十八条还规定，人民陪审员依法履行审判职责期间，应当遵守本准则。法官是国家审判权力的行使者，有着特殊的地位，他应该是理性的和忠诚于法律的，这使他具有了独立性和中立性的特征。但我国目前的现状是一方面法官的素质有待提高，真正具备相应的专业知识和独立审判能力的法官还不足够多，造成社会对法官的信任度相对较低；另一方面是存在司法行政化倾向，法官难以超脱于政治关系、经济关系、私人利益、情感关系等进行独立的审判活动，个人或机构都可以对法官的审判施加影响。这些都使法官的审判难以具有确定性和终局性。

法官这一职业要求其扮演的角色是一位居中裁判者，这是由法官这一特定职业所决定的。在许多国家(包括中国)，司法的标志是天平和宝剑。天平象征着公平裁判，宝剑象征着惩恶扬善。可见，法官担负着通过公正审判而伸张正义、惩罚罪恶的职责。法官也应具有公平裁判和惩恶扬善的能力。

(二)法官职业道德的适用范围

法官职业道德的适用范围具体包括在立案、审判、执行、笔录制作、司法文书送达等法官系列人员的行为。另外，某些与法官职业形象评价直接相关的其他行为也受法官职业道德的拘束，这是由法官职业的本质特征所决定的。

(三)法官职业道德的效力

对法官而言，法官职业道德的效力始于其被任命为法官之日起，但是，却不是终于其被免去法官职务之日，在某些特殊情况下，即使其已经不担任法官职务仍需要法官职业道德约束。需要特别指出的是，《准则》第四十六条规定，法官退休后应当继续保持自身的良好形象，避免因其不当言行而使公众对司法公正产

生合理的怀疑。

三、法官职业道德应遵循的基本原则

法官职业应遵循的基本职业道德原则是指人民法院和参与司法活动的法官在行使司法权和履行法官职责时必须遵循的根本准则。法官职业道德基本原则是法官职业道德体系中最具普遍性和概括性的原则，它反映了法官职业道德的基本要求和精神。法官职业道德的每一项基本原则都是由若干具体法官职业道德规范概括而来的，并具有普遍性和相对稳定性。

(一) 维护法制统一原则

维护法制统一原则是指法官职业道德的内容和衡量的标准必须贯彻法制统一原则，维护司法权的统一性，力除地方和部门保护主义，确保国家法律的统一适用，为市场经济的发展创造和谐有序的良好法治环境。每一名法官都要为法制统一原则的拓展、提升和实施尽职尽责。

(二) 维护司法公正原则

司法是社会正义的最后一道防线，公正是审判工作的永恒主题和灵魂。通过司法实现社会正义是法院、法官肩负的神圣使命，司法不公，将会使法律的价值面临毁灭性的摧残。正如培根所言："一次不公正的判决比多次不平的举动为祸尤烈，因为这些不平的举动不过弄脏了水流，而不公的判决则把水源败坏了。"我国正处于由人治向法治推进的转型时期，而这种转型能否成功，在很大程度上取决于司法是否公正。

(三) 维护法官廉明原则

"廉者，政之本也，民之表也；贪者，政之祸也，民之贼也。"廉是法官职业道德的重要内容。法官的公正、权威在很大程度上依赖于法官的廉洁无私，法官应当以清廉、俭朴为美德。法官要比其他人首先成为真正的人，不能随世沉沦、追求名利，决不可与当事人发生任何利益关系。

(四) 维护人民利益原则

法官是人民的公仆，法官必须从思想上摆正自己与人民群众的关系，树立以民为本的意识，倡导人文关怀的理念，把对人民群众的深厚感情融入各种审判工作中，向社会提供高质量、职业化的服务。只有这样，审判工作才能得到社会的认可和支持，才能真正代表广大人民群众的利益，也才能提高法官职业的公信度。

（五）维护当事人权利原则

法的本质在于权利，人类社会法治的进程，就是公民或法人的权利不断得到尊重和保障的过程。从一定意义上说，权利须依赖司法救济的方式才能得到最终保障。法律是分配权利和义务，并据以解决纷争、创造合作关系的活生生的秩序。司法裁判权的存在主要是为了给那些受到威胁、限制、剥夺的权利提供一种法律上的救济，同时给各类行政主体的公权力施以一种法律上的限制或约束。失去审判权的救济，所有公民或法人的权利最后都难以从书面权利变成现实的权利，甚至会名存实亡。当公民或法人的权利受到侵害而诉求于法院时，法官应该成为他们伸张正义的保护者，成为保护权利的最后屏障。通过法官公正、及时、充分的司法救济，使法官的权力得以植根于人民之中，成为人民借以追求幸福生活的助推器。在一定意义上说，司法就是一种以特有的方式强化权利义务观念、保障权利实现的制度和秩序。

四、法官职业道德的作用

（一）示范作用

法官的职业道德不仅在于言传与说教，更在于法官个体的身体力行。通过法官个体带动法官整体，通过优秀法官带动其他法官，继而，通过法官整体的优秀的职业道德行为带动全社会各行各业职业道德水准的提升和全社会道德水平的提高。这是法官职业道德示范作用的体现和辐射。

（二）规范作用

法官职业道德从保障司法公正、提高司法效率、保持清正廉洁、遵守司法礼仪、加强自身修养、约束业外活动六个方面来规范法官的职业行为和业外活动，充分体现其积极的规范作用。

（三）提升与辐射作用

法官职业道德的提升与辐射作用，是指该道德规范在中国领域内，在质的规定性和量的规定性上的提高与扩展，以此提高司法工作人员的道德素质，进而提高全民道德素质。

（四）斧正与纠偏作用

法官职业道德对法官正确运用法律的过程起着重要的作用。"当法律出现模糊不清和令人怀疑的情形时，法官就某一种解决方法的是与非所持有的伦理信

念，对他解释某一法规或将一条业已确立的规则适用于某种新的情形来讲，往往起着决定性的作用。"法官职业道德与司法伦理遵循着基本相同的价值观，包含着共同的行为要求。同时，法官职业道德与司法伦理信念若能深深扎根于每个法官的内心，将在很大程度上支配着法官对于法律和当事人的态度，支配着司法行为。因此，可以说有什么样的法官职业道德信念，就会有什么样的司法行为。若法官在职业道德上出现问题，必然会导致司法行为的偏差。这种斧正和纠偏的作用对于司法实践意义重大。

五、法官违反职业道德应承担的责任

（一）道义上的责任

法官违反职业道德的行为受到同行的批评、社会舆论的谴责和自我良心的谴责，是法官承担违反职业道德道义责任的基本方式。

（二）批评与通报批评

对于法官轻微违法行为，法官受到其所在法院的批评和通报批评，是法官承担轻微违法责任的必要方式。

（三）纪律处分

对于法官违反法官职业道德、职业纪律的行为，视其危害大小和情节轻重，分别予以警告、记过、记大过、降级、撤职和开除的处分。

（四）刑事处罚

法官贪污受贿、徇私枉法、隐瞒证据、泄露国家机密、玩忽职守等行为既违反职业道德又构成犯罪的，应当受到严厉的刑事处罚。

第二节　法官职业道德的主要内容

造就一支政治坚定、业务精通、作风优良、清正廉洁、品德高尚的法官队伍，是依法治国、建设社会主义法治国家的重要条件，是人民法院履行宪法和法律职责的重要保障。为规范和完善法官职业道德标准，提高法官职业道德素质，维护法官和人民法院的良好形象，最高人民法院在总结法官队伍建设和作风建设经验、教训的基础上根据法官法和国家其他有关规定制定了《准则》。《准则》的发布适应了社会主义法治国家建设的需要，适应了以德治国重要思想的要求，同时，也体现了人民法院在推进法治建设、建立现代司法制度及改进审判工作作风

诸方面所做的不懈努力。

一、法官应当保障司法公正

(一)司法公正的重要意义

在我国，司法公正是指国家司法机关在处理各类案件的过程中，既能运用体现公平原则的实体规范确认和分配具体的权利义务，又能使这种确认和分配过程与方式体现公平。司法公正是社会正义的特殊存在形态，与一般的正义有着很大的不同之处。

首先，司法公正是法律之内的正义，而不是法律之外的正义。它是按照法律的标准来判断是非曲直的正义。

其次，司法公正是有限的正义，而不是完美的正义。如果从个案的角度来观察，在某些偶然性因素存在并且发挥作用的具体个案中，我们确实可能达到一种完美的正义，但是，从制度的角度来观察，通过司法来实施社会正义就不能不是有限的正义。司法公正是按照制度伦理而非个人行为伦理来判断的正义。

再次，司法公正是一种普遍正义。普遍正义就是同样行为同样对待和类似案件类似处理的正义，它要求：在时间上，按照前后一致的标准，在空间上，按照一视同仁的标准去判断是非曲直，否则，就是最大的司法专横和司法不公。司法公正当然也要追求个案结果的正义，但是，追求个案正义是有条件的，追求普遍正义是无条件的。换言之，只能通过普遍正义而不能抛弃普遍正义去追求个案正义。司法公正作为一种制度安排和有限的正义，允许在某些情况下牺牲个案正义，却禁止牺牲普遍正义。司法是社会良知与正义的最后一道防线。人民法院作为审判机关，承担着维护法律尊严、实现社会正义的光荣而神圣的使命。因此，司法公正是审判工作的生命和灵魂，是每一名法官的神圣职责，也是法治国家的重要标志。

司法公正具有以下意义：

1.公正是司法的最高价值和最高境界。这是国家设立法院的根本原因，也是当事人对法院的基本要求。

2.司法公正是实现法治的保证。只有实现司法公正，才能充分维护法律的尊严；只有实现司法公正，才能保持长久而稳健的法律秩序；只有实现司法公正，才能全面而有效地保护个人权利；只有实现司法公正，才能实现真正意义上的法治。

3.司法公正是审判机关拥有社会公信力的前提条件。要通过公正的司法来体现法律至高无上的地位，通过正义的裁判唤起社会对法律的尊重，这是司法公正原则对审判机关的全部内涵所在。

公正司法不仅要贯彻到每个诉讼活动和各个诉讼环节之中，而且应体现在每位法官所做出的裁判之中。公正裁判既是法官的法律义务，也是法官的职业道德义务，而且是法官职业道德中最主要、最核心的内容。因此，《准则》第一条规定，法官在履行职责时，应当切实做到实体公正和程序公正，并通过自己在法庭内外的言行体现出公正，避免公共对司法公正产生合理的怀疑。

(二) 实体公正

实体公正，是指审判行为的实体依据符合证据裁判规则，适用法律要准确。实体公正是审判行为的根本追求。为了追求实体裁判的公正，法官必须运用辩证唯物主义的观点、方法，客观、准确地认定事实，正确地适用法律，依法公正合理地做出判决。充分实现个案正义，力争实现个案正义的最大化。对此，《准则》第九条规定："法官在审判活动中，应当避免主观偏见、滥用职权和忽视法律等情形的发生。"具体说来，实体公正主要包括以下几个方面。

1. 正确认定事实、避免主观偏见和准确适用法律。在具体审判工作中，法官必须抱着对当事人高度负责的态度，以收集到的并经当事人充分质证的真凭实据，作为正确认定案件事实的定案根据。

2. 坚决杜绝滥用职权和漠视法律的现象发生。滥用职权本身就是违法行为，法官违法和法官无视法律在任何情况下都是不允许的。

3. 坚持在适用法律上一律平等的法治原则。法官坚决贯彻执行在适用法律上一律平等的原则，这是法治国家最基本的要求。公民、法人在法律面前都是平等的，绝不允许有凌驾于法律之上的、不受法律制约的特殊公民和特殊组织存在。当遇到有特权思想的人利用职权和地位干扰司法时，法官应刚正不阿、秉公办案，以实际行动来维护国家法律的权威和尊严。

(三) 程序公正

程序公正是指诉讼过程排除了人们对其裁判之公正性的合理怀疑。换言之，只要人们认为诉讼过程即裁判意见的形成过程没有瑕疵，而且诉讼当事人、参与人和裁判者都尽了最大的努力，程序公正的价值就基本实现了。正所谓程序公正是"看得见的正义"。由于人们往往将司法判决结果的公正即实体公正作为衡量是否公正的主要标准，所以长期以来在我国的司法活动与司法行为中存有重实质正义而轻程序正义的价值取向。但是，结果公正的实质正义却是人们主观最难评价与衡量的，由于评价主体法律认知能力的差异以及受主观期望与司法结果之间反差程度的影响，相同的结果对于不同的人来说会有不同的公正感。所以程序公正对于司法公正的界定与维护有着至关重要的意义。

就我国目前存在的司法不公问题看，首先不是实体不正义，也不是制度不公

正，而主要是程序不公平。从该意义上说，程序公正自然就成了司法公正的逻辑起点和价值核心。一旦缺失了程序过程的公平与客观，那实际上就为一切司法任性和专横的产生埋下了种子。实体不公或许只是个案正义的泯灭，而程序不公则是制度正义性的丧失。程序优位的司法价值是以制度上最大限度地维护人的尊严、保障人的人格与自由权利为特征的，所以法律界有人打比方说，实体错误是把一个东西的质量称错了，而程序错误则是秤杆上的定盘星定错了，所以无论怎样称都必定是不准的。美国辛普森案就是典型的程序优位。当时社会舆论普遍认为辛普森是杀前妻的凶手，但检控方向法官提交的证据是警察在申请搜捕状之前翻墙进入从辛普森家中取得的，取证手段不合法，其证据就不能作为定罪依据，因而即使全美国人都认为辛普森是杀人凶手，由于程序违法也只能宣告辛普森"罪名不能成立"，作为维持司法公正的陪审团在证据缺乏"超越合理怀疑"性时只能这样做，别无选择。究其原因，在于正义化身的法官宁愿牺牲个案的实体公正，也不愿和不能开允许警察（国家公权力）以违法方式侵害公民私权利神圣的口子。而一旦允许国家公权力违法行使其权力，那么这无异于大堤之上允许溃蚁之穴存在，制度性侵权即为时不远了。所以法官是法的守护神，而守护法的制度大堤，则必须从程序公平开始！

司法实践中，法官应注意以下几个方面。

1. 注重诉讼过程的公开性。《准则》第六条规定："法官应当公开并且客观地审理案件，自觉接受公众监督。但是，法律规定不公开或者可以不公开审理的除外。"不论是刑事审判、民商事审判，还是行政审判，除法律明确规定外，一律公开审理；裁判的宣告一律公开进行。除法律明文规定外，允许公民旁听；允许新闻媒体采访；法院开庭审判前必须依法公告。因为在公开的情况下，法官要受到公众、媒体对于公正的通常的、普遍接受的标准约束，可以避免司法不公。只有公开，才能消除公众、当事人对公正裁判的怀疑，提高司法公信力。因此，法官应当自觉遵循公开审判原则，在法律规定的范围内实行最大限度的公开。

2. 避免单独接触一方当事人及其代理人。《准则》第八条规定："法官在审判活动中，不得私自单独会见一方当事人及其代理人。"司法审判实践证明，审判程序的不公正、实体的不公正以及司法腐败，同法官单独接触当事人及其代理人存在客观必然的联系。因此，法官不得单独接触当事人及其代理人。如果一方当事人或其代理人与法官有过单方接触，另一方则有理由怀疑法官的公正性。因为一方当事人利用此机会向法官提供了一些情况或意见，并可能给法官造成某种印象而另一方并没有机会就此为自己辩解，因此这是不公正的做法。此规定并非绝对禁止法官会见一方当事人，在办公场所由两名法官或者一名法官、一名书记员以上人员在场可以进行会见；必要时，应当将会见情况告知另一方当事人。

3. 审理案件应当保持中立。《准则》第十一条规定："法官审理案件应当保持

中立。法官在宣判前，不得通过言语、表情或者行为流露自己对裁判结果的观点或者态度。法官调解案件应当依法进行，并注意言行审慎，避免当事人和其他诉讼参与人对其公正性产生合理的怀疑。"法官更不得在审理案件中出现《准则》第五条所禁止的情形，即"法官不得违背当事人的意愿，以不正当的手段迫使当事人撤诉或者接受调解。"

作为公正行使司法权力的保障，回避制度在很大程度上影响着公正的质量。为此，我国将回避制度纳入诉讼法之中，作为具有法律效力的程序法规范，使"符合条件则回避"成为法官的法定义务。尽管如此，《准则》又将其吸收在职业道德规范之中，并确立了酌情回避准则，即《准则》第三条规定："法官在审判活动中，除了应当自觉遵守法定回避制度外，如果认为自己审理某案件时可能引起公众对该案件公正裁判产生合理怀疑的，应当提出不宜审理该案件的请求。"由于现行的诉讼法中的回避制度只是规定了回避制度中主要的、明确的问题，而另外一些模棱两可的问题则由职业道德准则来解决，更为适宜。法官隐瞒回避事由，应当回避而不回避的，则为职业道德所不容许。因此，法官在履行审判职责的过程中，应当强化酌情回避意识。

4. 保持诉讼过程的平等性。《准则》第十条规定："法官在履行职责时，应当平等对待当事人和其他诉讼参与人，不得以其言语和行为表现出任何歧视，并有义务制止和纠正诉讼参与人和其他人员的任何歧视性言行。法官应当充分注意到由于当事人和其他诉讼参与人的民族、种族、性别、职业、宗教信仰、教育程度、健康状况和居住地等因素而可能产生的差别，保障诉讼各方平等、充分地行使诉讼权利和实体权利。"

法官居中裁判的诉讼构造，必然要求法官对双方当事人平等对待。法官在审理案件过程中，应当对当事人和其他诉讼参与人一视同仁，不得有任何偏见和歧视。法官应当本着善意、公允的态度注意到并充分理解由于性别、年龄、民族、健康状况、家庭背景、政治信仰、宗教信仰、教育程度、健康状况和地域等因素而产生的差别，并努力避免因这种差别而造成司法不公的可能性。如果法官因为诉讼参与人与案件无关的性别、年龄、民族、健康状况、家庭背景、政治信仰、宗教信仰、教育程度、健康状况和地域等因素的不同而产生偏见与歧视，或者即使不考虑这些因素而仍有内心偏执，失去公允之心，则违反了法官职业道德，应当承担相应的责任。

（四）法官为维护司法公正形象而应承担的义务

为了维护司法公正，保持司法机关的公信力，《准则》还要求法官承担以下义务。

1. 《准则》第十二条规定："法官对与当事人实体权利和诉讼权利有关的措施

和裁判应当依法说明理由，避免主观、片面地作出结论或者采取措施。"法官对自己在诉讼过程中采取的查封、扣押、取保候审等诉讼措施，一般应以书面的形式说明理由。其内容包括诉讼各方的观点和论据、法官的评判以及决定的根据和理由。也就是说，法官应当向当事人和社会公众公开证明自己所做裁决的合理性，以取得裁判形象的公正。

2.《准则》第十六条规定："法官在公众场合和新闻媒体上，不得发表有损生效裁判的严肃性和权威性的评论。如果认为生效裁判或者审判工作中存在问题的，可以向本院院长报告或者向有关法院反映。"已生效裁判代表国家法律的威严，必须得到全社会的尊重。如果法官认为生效裁判或者审判工作中存在或者可能存在问题，可以通过正当的渠道，向院长报告或者向有关部门反映。

3.《准则》第十七条规定："法官根据获得的情况确信，其他法官有可能或已经违反法官职业道德，或者其他法律工作者有可能或已违反职业道德，影响司法公正的，应当采取适当的措施向有关部门或者有关机关反映。"这为维护司法队伍的纯洁性，又提供了一个有力的保障手段。

二、法官应当维护审判独立

(一)独立审判原则

1. 我国关于独立审判原则的立法情况。独立审判这一法制思想首次在新中国出现就以立法的形式用国家根本大法表达出来。早在1954年，我国第一部《宪法》就规定："人民法院独立进行审判，只服从法律。"1982年修改后的《宪法》第一百二十六条又对独立审判原则做了进一步明确和深化："人民法院依照法律规定独立行使审判权，不受行政机关、社会团体和个人的干涉。"1988年、1993年、1999年，我国先后对《宪法》3次修改都保留了独立审判这一原则。此外，我国人民法院《中华人民共和国中央人民政府组织法》《法官法》《刑事诉讼法》《民事诉讼法》和《行政诉讼法》都规定了独立审判原则，可见独立审判原则不仅是一项重要的宪法原则，而且是一项重要的诉讼原则，还是人民法院的一项重要组织原则，具有鲜明的时代性和针对性，它是依法治国的需要，是保证人民权利和树立司法公信力的需要，也是维护司法公正和保障经济、政治、社会改革与发展的需要。独立审判这项重要的宪法原则和人民法院组织活动原则，在《刑事诉讼法》《民事诉讼法》和《刑政诉讼法》中均做出了相同的规定，这是独立审判原则的具体化和特定化。从立法的角度而言，独立审判原则在我国宪法和法律中是一贯的和明确的。

2. 审判独立的基本特点。①专属性，即国家的审判权只能由国家审判机关行使，其他任何机关、团体和个人不得行使；②自主性，即审判机关独立行使审判

权，自主做出决定，不受外界任何机关、团体和个人的干扰、影响和控制；③合法性，即审判机关在行使国家审判权时，必须服从于宪法和国家法律。以上述三点为核心的审判独立原则，一方面在政治体制中确立了国家司法机关，特别是审判机关与立法、行政等其他部门的关系；另一方面它确保法院审判权的公正行使，防止法官的审判活动受到外界的不当干涉，从而使法院的审判活动真正成为保护公民合法权益的最后一道屏障。

可见，审判独立这一原则的基本内容是指：在法律规定的范围内，审判权由人民法院独立行使，人民法院行使审判权，只根据法律的规定，由自己的独立意志决定行为的程序和方式，并独立地做出结论，不受行政机关、社会团体和个人的干涉。行政机关、社会团体和个人应当尊重和支持人民法院独立行使职权，执行人民法院发生法律效力的裁判。

3.独立审判原则的基本内容。依法审判、独立审判、公正审判是独立审判原则相辅相成、紧密联系、不可分割的三项基本内容。

(1)依法审判是独立审判的基本规则根据。我国宪法和法律赋予人民法院以独立审判的地位和权力是科学的，只要独立审判依法进行，且没有超出法律许可的某些范围。从这个意义上说，人民法院行使审判权在法律规定的范围内是独立的，不受行政机关、社会团体和个人的干涉，只服从于法律。正如马克思所说，法官除了法律就没有别的上司。相反，行政机关、社会团体和个人应当尊重和支持人民法院依法独立行使法定的审判权，而不是以任何方式干涉人民法院依法独立行使法定的审判权，否则无任何独立可言。国家法律的统一性、立法者的意图和独立审判的法律设想，都旨在维护国家安全和保护公民权利。法院作为国家机器和国家权力机关的组成部分，既必须忠实执行立法机关制定的宪法和法律，又必须与其他国家权力机关互相支持配合、互相监督制约，还必须接受内部和外部的各种监督，这一点是法院依法不能独立也永远无法独立的。法律规定独立审判原则的作用，在于用法律抵制来自社会的、政治的、经济的、行政机关的、社会团体的和个人的压力对法院和法官的控制与影响，使法院和法官免受各种强力的侵损，因为这些强力出于公共或私人的利益考虑，总是千方百计地试图削弱法律的完整性、统一性，试图用权力代替法律或交换审判权。然而，这并不意味着独立审判可以不受任何社会监督，并不意味着独立审判可以不受改变社会生活结构的社会力量作用的影响。法院应依法自觉接受党的领导，党的领导是独立审判的根本保证；法院要自觉接受当事人、检察院和法院自身的审判监督；法院要自觉接受人大、社会公众和新闻舆论等社会监督。没有监督制约的独立审判必然导致专制和腐败，深刻的社会变革和法律滞后、行为超前的严峻现实，同样证明我们不能对独立审判做孤立、僵死和绝对化的法律教条主义的解释和适用。

(2)独立审判是公正审判的必要前提条件。依法治国，确保司法公正和建设

社会主义法治国家，最终不是靠政府或个人，而是靠独立自主的法院建立起来的。在一个法治、公正、民主的国家，法院依法有权独立、公正地对一切问题做终极的司法审查。独立、公正的法院和法官对依法治国和确保司法公正是必不可少的。当然，可以肯定的是，独立的审判并不必然导致公正的审判。但同样可以肯定的是，不独立的审判必然会导致审判的不公正。公正的审判必然是独立的审判，服从命令、听从指挥的审判只能使审判按某个团体或个人意志办事，损害法律的权威性和统一性。独立审判使公正审判能够更为彻底地实现，实现公正审判的终极目标首先必须创造独立审判的必要的前提条件。

（3）公正审判是独立审判的终极目标。独立审判要求，人民法院行使审判权必须严格遵守宪法和法律的各项规定，既要遵守实体法，又要遵守程序法，其核心是公正审判、正确裁判。行使审判权所做的各项裁判决定都必须符合宪法和法律规定的要求。不能违法行使审判权，枉法裁判。纵观古今中外历史和现实均证明，只要有权力必然有权力交换和权力寻租，也必然会产生腐败。审判权腐败则必然导致裁判不公，这是一项绝对的规律。因此，追求司法公正便成为独立审判的出发点和落脚点，是独立审判的灵魂、生命和终极目标。

（二）独立审判的职业道德要求

1. 维护法官对外独立。所谓对外独立，是指法官在行使审判权时，应当注意避免受到任何行政机关、媒体以及个人的干扰。为了维护对外独立，除在制度上进行必要的改革外，按照《准则》第二条的要求，"法官在履行职责时，应当忠实于宪法和法律，坚持和维护审判独立的原则，不受任何行政机关、社会团体和个人的干涉，不受来自法律规定之外的影响"。但在司法实践中，审判权的行使受到非法干涉、干扰和侵犯的现象时有所闻。这表现在有的地方行政负责人法治观念淡薄，过问具体案件；有的地方行政负责人出于地方保护主义的目的，对具体案件进行干预，向法院施加压力。对于各种干扰，法官应当依据审判独立的原则，在保证司法公正的前提下妥善处理。法官在日常工作中最常遇到的干扰之一是来自周围人情关系的影响，包括来自亲戚、朋友、同学、同事的影响。与社会其他人一样，法官也有自己赖以生存的社会关系。但是，裁判案件的过程是这些关系的禁区。法官对于来自各种社会关系的对案件的"说情"，都应当抵制，以保证法院的社会公信力。

《准则》第六条规定，"公开并且客观地审理案件，法官应当自觉接受公众监督。"这就意味着法官必须正确处理监督与审判独立的关系。审判独立并不意味着诉讼封闭。审判独立要求排除外界对审判的非法干涉，但不能排斥有关方面和公众对审判活动的监督和制约。如《刑事诉讼法》规定的审判公开原则，就是要求将除合议庭评议之外的其他诉讼过程全部公之于众，允许群众旁听，欢迎新闻记

者采访报道，接受公众监督，以达到诉讼的民主性和公正性。对审判工作的监督方式是多种多样的，诸如权力机关的监督、新闻媒体的监督、其他机关和团体的监督等。这些监督的目的是力图消除审判人员枉法裁判、营私舞弊等违法行为，保证审判公正。需要指出的是，监督就像是一把双刃剑，没有制度和法律的制约，就可能会发生背离法律的不当干涉。正因为如此，我们一方面不能因为强调审判独立而封闭诉讼，使其失去监督；另一方面又不能因为强调社会监督而使审判独立成为空谈，二者之间必须保持合理的平衡。《准则》第十五条规定，"法官在审理案件的过程中，应当避免受到新闻媒体和公众舆论的不当影响。"

2. 保持法官对内独立。所谓对内独立，是指法官之间要保持相对独立。内部独立的内容主要包括以下四项：①不同法院之间的独立，即同级法院之间、上下级法院之间在各自的管辖范围内的相互独立。审判独立，要求上下级法院在审理案件时做到彼此独立。上级法院应依法通过法定程序对下级法院实施监督。违法进行指示、干预的，或者下级法院对未审结的案件主动向上级法院请示或事先交换意见的，都是违反法官对内独立要求的。法官的以上行为也应当视为诉讼程序违法的情形之一。②法官合议组织之间的独立，即合议庭、审判委员会之间在各自的权限范围内相互独立。一些带有咨询性质的组织如审判长联席会议、庭务会等不属于法官合议组织，也不得干预法官的独立裁判。③法官之间的独立，即法官裁判案件时不受其他法官的影响。这种情况既包括同一合议组织之内的法官之间，也包括担任司法行政职务与不担任司法行政职务的法官之间、资深法官与非资深法官之间。当然，承担不同职责的法官之间可能会存在行政关系、指导关系，但这些关系最终不应当影响法官的独立决策。在法院内部，院长、庭长作为其他法官的行政领导，往往会对其他法官的独立性产生一定的影响。为此，必须淡化对法官的行政管理，借鉴其他国家做法，在法院内设立类似法官委员会或者法官会议的机构，负责法院重大行政事务的决策，日常司法行政事务则由专职司法行政事务官员负责，从而避免院长、庭长对其他法官的独立性施加影响。④法官精神独立。精神独立实质上就是指法官个人人格方面的独立。法官应当具备独立思考的精神，有独立承担责任的勇气，有独立分析和处理问题的能力。这一要求不容易衡量或量化，但这是法官个人魅力的核心，自然也应当成为审判独立理念的重要部分。

司法实践证明，法官在履行审判职责时，确实需要保持相互独立。法官与法官之间，包括院长、庭长与普通法官之间，应当建立相互尊重、相互支持的正常关系。《准则》第十三条规定，"法官应当尊重其他法官对审判职权的独立行使，并做到：①除非基于履行审判职责或者通过适当的程序，不得对其他法官正在审理的案件发表评论，不得对与自己有利害关系的案件提出处理建议和意见；②不得擅自过问或者干预下级人民法院正在审理的案件；③不得向上级人民法院就二

审案件提出个人的处理建议和意见。"《准则》第十四条还规定："法官除履行审判职责或者管理职责外，不得探询其他法官承办案件的审理情况和有关信息。法官不得向当事人或者其代理人、辩护人泄露或者提供有关案件的审理情况、承办案件法官的联系方式和其他有关信息；不得为当事人或者其代理人、辩护人联系和介绍承办案件的法官。"这能使法官的审判工作忠实于法律和制度，忠实于人民利益，忠实于事实真相，保证诉讼当事人在法律面前人人平等，保护诉讼当事人的权利和利益不受侵犯。

应当看到：在整个法官职权的保障体系中，法官独立行使审判职能的制度保障是最基础，也是最核心的，其他保障应该说都是为这一保障服务的，也是这一保障的自然和必然延伸。法官的对内对外独立实际上构成审判独立的实质和核心。所以，如果说审判独立是司法公正的必要条件，那么，法官独立又必然地成为审判独立的前提条件，这是司法公正和法治国家的必然逻辑。

3.维护审判独立的具体规定。①不受非法干涉。《准则》第二条规定："法官在履行职责时，应当忠实于宪法和法律，坚持和维护审判独立的原则，不受任何行政机关、社会团体和个人的干涉，不受来自法律规定之外的影响。"在司法实践中，审判权的行使受到非法干涉、干扰和侵犯的现象时有发生。这主要表现在有的地方政府出于地方保护主义的目的，对具体案件进行干预，向法院施加压力，法官正常的审判工作就会受到不同程度的种种干扰。对于各种干扰，法官应当依据审判独立的原则，在保证司法公正的前提下妥善处理。但是，审判独立并不排除有关方面和公众对审判活动的监督、了解和制约。对此法官应当认真对待，正确处理好监督与审判独立的关系。首先，要处理好依法独立行使职权与中国共产党领导的关系。人民法院依法独立行使职权，并不意味着不接受中国共产党的领导。中国共产党是执政党，共产党的领导是人民法院独立行使职权的根本保证，各级法院必须在司法工作中积极贯彻党的路线、方针和政策，接受党的领导和监督。但是，党的领导主要应当是政治上和组织上的领导，而不能通过审批案件、参与办案等方式领导或代替司法机关办案。如果包揽司法业务，势必妨碍司法工作的进行，反而会削弱党对司法工作的领导。其次，要处理好依法独立行使职权与国家权力机关监督的关系。人民法院是由各级国家权力机关产生的，向同级权力机关负责并报告工作，接受国家权力机关的监督。权力机关监督人民法院的工作，一般是通过听取工作报告的方式，但是也不排除在发现人民法院办案错误时提出意见和建议，人民代表可以对人民法院提出质询案。这些监督，有利于人民法院严格依法办案，人民法院应当接受。同时，县级以上人民代表大会及其常务委员会还有权通过个案监督的方式，监督法院的诉讼活动。但是，人民代表大会及其常务委员会的监督必须是集体的监督，而不能由个别人大代表直接实行所谓的"监督"；人民代表大会及其常务委员会的监督应当通过提出意见或建议的方

式进行，而不能直接代替法院行使审判权。再次，要处理好依法独立行使职权与社会和人民群众监督的关系。在人民法院依法独立行使职权的同时，还必须自觉接受社会和人民群众的监督，虚心听取各方面的批评和建议，这样才有利于改进工作，更好地履行职责。但是也不允许社会和群众干预司法审判。②强化审判独立意识。《准则》第七条规定："法官在审判活动中，应当独立思考、自主判断，敢于坚持正确的意见。"不具有审判独立意识的法官，就无法实现审判独立。在办案过程中，应当独立思考、自主判断，不唯书、不唯上，敢于坚持自己认为正确的处理意见。③抵制人情关系的干扰。《准则》第四条规定："法官应当抵制当事人及其代理人、辩护人或者案外人利用各种社会关系的说情，并按照有关规定处理。"在司法实践中，法官在日常工作中还常遇到来自周围的人情关系的干扰、影响，包括来自亲戚、朋友、同学、领导、同事的影响。法官对于来自各种社会关系的对案件的不当干扰都应当抵制，以保证法院的社会公信力。最常用的手段就是陈明立场，讲清法纪，明示拒绝，不给说情人以任何的不适当的期望。必要时应采取相应的司法措施，如提出司法建议，建议有关部门予以处理。④避免受到媒体和舆论的不当影响。《准则》第十五条规定："法官在审理案件的过程中，应当避免受到新闻媒体和公众舆论的不当影响。"因为媒体不仅仅涉及一般的公众知情权问题，而已经构成一种强大的社会影响力量。在审理案件过程中，媒体报道特别是恶意炒作可能会使法官失去独立裁判的条件。因此，法官应当时刻提醒自己并尽可能使自己和自己审理的案件超脱于媒体炒作的影响，保持冷静与中立的头脑。同时，法官自己不应为媒体不当干扰创造机会，包括在不适当的时候就具体案件接受来访，发表不适当的言论。

(三)审判独立的重要意义

审判独立是一项被现代法治国家普遍承认和确立的基本法律准则。作为一项宪法原则，它调整着国家司法审判权与立法、行政等权力的法律关系，确认司法权的专属性和独立自主性，是现代法治的基石和审判制度的基础；作为一项司法审判原则，它维护法院审判权的公正行使，防止法院的审判过程和裁判结果受到来自其他国家权力或外界力量的干预和影响，使法院真正成为公民抵制专横权力、维护自身权利的最重要，也是最后的一道屏障。可以说，没有审判独立原则，就没有现代意义上的审判制度和司法程序。因此，审判独立的核心应当是裁判者的独立，也就是通常所说的法官独立。法院的独立、法官的身份保障以及法官职业行为一系列法律规范，都是从不同角度上确保法官独立审判的实现。可见，我国的审判独立有两层含义，即法院的整体独立和法官的个体独立。法院的整体独立是法官的个体独立的前提和基础，法官的个体独立是法院的整体独立的必然要求和具体体现。但是，法律主要作用于人们的外部行为及其结果，道德则

存在于人们的思想观念和内心信念之中。鉴于审判独立的重要性，法官职业道德基本准则将其作为法官职业道德的重要内容之一加以具体规定，从而使独立审判既成为法官的法律权利，又成为法官的道德义务，以保证审判独立的真正实现。

总之，审判独立的真正实现，需要有独立意识的法官和相应的审判独立保障机制。在审判独立机制尚不健全的情况下，作为维护审判独立的法官职业道德在强化法官独立审判意识、规范法官自身的行为、消除来自法官自己的破坏独立审判的现象等方面将起到积极的推动作用。

三、法官应当提高司法效率

（一）提高司法效率的意义

从中外司法实践来看，各国的司法机关都不同程度地存在着效率问题。有的效率问题是由客观原因造成的，而有的则是由法官的主观原因造成的。由法官的主观原因而造成的效率低主要表现在以下几个方面：一是效率观念淡漠；二是法官怠于履行职责，办事作风拖拉；三是经批准多次超越审限，或者未经批准超审限，或无限期拖延；四是因个人能力限制而导致无法在合理时间内完成职责；五是怠于利用各种有利于提高效率的工具或措施、制度，从而造成效率低下；六是恶意拖延，损害当事人诉讼权利；七是浪费司法资源，增加国家支出；八是无谓增加当事人诉讼成本等。这些问题一方面损害了当事人的合法权益，同时也影响了司法机关的司法权威和社会形象。西方有句法律格言："迟到的正义乃非正义。"法制与道德不同，道德鼓励人们不惜一切代价追求正义，而法律只鼓励人们追求现实的、有限的正义。不论是站在维护社会秩序、巩固政权的国家立场上，还是站在维护私权的个人立场上，我们在追求公正的同时都要考虑效率。明智的选择不是片面地追求公正或效率，而是在两者之间寻求适当的平衡。司法人员毕竟不是历史学家，他们不能让纠纷无限期地拖延下去，也没有资格给后人留下追求实体公正的无限空间；他们的责任就是通过程序公正实现有限的实体公正，以诉讼当事人乃至社会可以接受的方式结束妨害社会稳定的各种纠纷，以便把社会资源投入更有效益的领域。审判效率要求法官具有强烈的效率意识、遵守审限、勤勉敬业、精研法理监督当事人及时完成诉讼活动。

（二）提高司法效率的基本要求

所谓提高司法效率，是指法官应当迅速、快捷、高效地履行司法职责，消除拖拉作风，严守审限规定，遵守案件管理制度，学习运用成本效益分析方法，积极探索提高效率的途径，节约司法资源，降低诉讼成本。因此，提高司法效率首先是为方便当事人而提出的一项要求，其直接效益首先体现在当事人身上。同

时，司法效率也是国家、社会司法资源的利用效率，即要求司法资源发挥其最大化效用。提高司法效率还要求法官勤勉敬业，恪尽职守，其直接作用便是司法效率的提高。当然，强调提高司法效率还必须正确处理效率与司法公正的辩证关系，正确处理司法职责的迅速履行与节约当事人诉讼成本的关系，正确处理效率与质量的关系。

(三)提高司法效率的具体要求

1.法官应具有效率意识。法官应当具有强烈的司法高效意识和诉讼经济意识，在维护司法公正的同时，实现诉讼成本的最小化和社会正义的最大化。

2.法官应遵守审限。《准则》第十九条规定："法官应当遵守法律规定的诉讼期限，在法定期限内尽快地立案、审理、判决。"遵守审限要求法官对符合立案条件的案件应及时予以立案；案件受理后，法官应按照诉讼法定的诉讼程序，及时、准确地进入案件的审理程序中。开庭时，注重庭审职权的发挥，限制不必要的提问和重复，以提高庭审效率，并应当在法定期限内做出裁判。超越审理期限，一方面是违反了诉讼法的规定，同时也违反了法官的职业道德义务。根据诉讼法的规定，法官应当遵守相应的案件审理期限。遇有特殊情况不能在法定审限内结案的，应当按照法定程序办理延长审限的手续。不得未经批准超期审理，也不得无故超越审限。实际上，对法官职业道德的要求比普通的遵守审限义务更严格一些。这是因为，从职业道德角度要求，法官不仅应当在审理期限内完成职责，而且应当在审理期限内尽快地完成职责。具体说来，某些案件可能并不复杂，一般情况下不需要审限规定的6个月或3个月的时间。但是，有的法官只是机械地要求自己在该期限内完成职责，而把一些实际上本可以在较短的时间内审理完成的案件，拖延了较长时间。这种行为看似在审限内结案，但实际上仍然违反了职业道德的要求。另外，《准则》第二十二条规定："法官在执行生效法律文书时，应当依法采取有效措施，尽快予以执结。"在公正裁判的前提下，执行率越高，法律的实现率也就越高，法院和法官的权威性就越能得到保障。

3.法官应勤勉敬业。《准则》第十八条规定："法官应当勤勉敬业，全身心地致力于履行职责，不得因个人的事务、日程安排或者其他行为影响职责的正常履行。"勤勉敬业是一位合格法官首先应当具备的职业工作态度和思想意识。其内容十分丰富，主要包括：一是法官应当以高度的责任心从事审判工作；二是法官应当致力于履行各项司法职责，把主要精力投入司法职责之中；三是法官应当以克制的态度对待手中的权力，不得滥用；四是法官应当勇于开拓创新，积极进取，不能因循守旧，抱残守缺，但同时应当遵循客观规律；五是法官必须勤于钻研业务，精益求精，掌握履行司法职责所必需的法律知识与法律技能。

法官的职权活动应当充分考虑效率因素，以高度的责任心和使命感履行司法

职责，不得无故拖延、贻误工作，及时、有效、审慎、适当地完成本职工作，切实履行《准则》第二十条中的规定，即"法官必须杜绝粗心大意，无故拖延、贻误工作的行为，认真、及时、有效地完成本职工作，并要做到：①合理安排各项审判事务，提高诉讼效率；②对于各项司法职责的履行都给予足够的重视，对于所承办的案件都给予同样审慎的关注，并且投入合理的、足够的时间；③在保证审判质量的前提下，注意节省当事人及其代理人、辩护人的时间，注重与其他法官和其他工作人员共事的有效性。"

4.法官应监督当事人依法及时完成诉讼活动。《准则》第二十一条规定："法官在审判活动中应当监督当事人遵守诉讼程序和各种时限规定，避免因诉讼参与人的原因导致不合理或者不必要的延误。"法官在审判活动中特别是在法庭上的重要职责就是监督当事人遵守诉讼程序和各种时限规定，有效控制各项诉讼活动的时间，掌握案件审理的合理进度，避免因当事人的原因或法官指挥不当而导致的延迟，确保审判活动的效率。实践中，有的当事人由于能力、经验、知识等方面的原因，拖延了审判活动的正常进行，从而无谓地增加了审理时间，影响了效率。在这种情况下，法官应当在不违反其中立地位的前提下，督促当事人或其代理人提高效率，减少拖延，遵守法律规定的时限或合理期限。

四、法官应当保持清正廉洁

(一)法官保持清正廉洁的重要意义

法官应具备清正廉洁的基本素质，有其哲学上的命题基础：普通人的人性中，有利他的一面，也有自私的一面。人性中的利他性因素，驱使人们为他人的利益而努力，于是有助人为乐、见义勇为者，有兢兢业业、克己奉公者。而人性中利己的因素则驱使人们追求自我发展，寻求自身利益。这种利己的欲望是人类的自然属性，只要加以克制，并适当发挥亦可为社会创造财富、推动文明进步。反之，人的利己之心若失控即成贪欲。法官是穿着法袍的普通人，有着利他与利己两方面的自然属性，法官利己之心(如失控)也会成为追求不法利益、不义之财的贪徒。法官代表国家行使司法权，其履行职责的行为关乎社会正义的实现。这种特殊职责使得法官面临更多的诱惑，使其利己之心的控制更加困难；职责也使得对法官行为加以约束、控制其利己心态不转变为贪欲，更具重要的意义。约束利己的欲望，既需借助外部规范的约束和监督，更需依赖自身道德情操的约束。

要求法官具备清正廉洁的基本素质，是基于当今社会环境和司法现状对法官自律的要求。目前，我国仍然处于从计划经济向市场经济的转型时期，伴随着经济体制改革的深入发展，新旧经济体制的更替产生了许多漏洞或重叠，随之出现

的各种各样的机会极易诱发腐败；在建设市场经济的背景下，有些人试图将市场交易的营利观念引入司法审判活动之中；一些法律规范不健全，有的法律规定操作性不强，给法官的自由裁量权留下了相当大的空间，而自由裁量权本身就是一把双刃剑，既可用来伸张正义，亦可当作追求个人利益的工具。因此，司法职权被一些人当成了谋利的资源。总之，从大的范围看，我国在反腐倡廉方面取得了很大进展，但形势是严峻的，而法官作为国家司法权力的象征，更处于反腐倡廉的风口浪尖。为了维护司法公平，保障社会正义的实现，法官就必须保持清正廉洁的本色，克己奉公、一尘不染。要求法官具备清正廉洁的基本素质，更是由法官的职业特点所决定的。审判活动是法官代表国家惩罚犯罪、解决纷争的活动，具有国家强制力和法律权威性。只有当法官在人们的心目中有足够的权威时，才能以职业的权威保证司法的权威。保持清正廉洁，是法官代表国家行使司法权力、不偏不倚地居中裁判的保证。如果法官收受当事人的钱物，案件就很可能得不到公正审理。所以，法官只有保持清正廉洁的作风，依法审判，才能保证裁决的结果最大限度地符合法律的本意，从而实现社会的公平正义。客观地说，在社会现存的诸行业中，法官职业至为重要而特殊，它不仅行使司法裁判权，以解决社会中的各种纷争，而且行使司法权过程实际上也是在向案件当事人和社会公众宣示正义准则和法律精神的过程。可以肯定地说，就特定国家公民正义观念的形成和形态而言，法官业内、业外行为所起到的作用超过其他任何因素。相关调查表明，那些没有受过法律教育的公民对于法律制度的知识以及公正观念的形成，与法院处理案件的过程以及媒体对于法院活动的报道有着密切的关系。对于当事人而言，法院能否公正地处理与其利益息息相关的案件更直接影响到他们对于法律乃至国家制度本身的评价和信仰。我们不可能想象，一个通过行贿获得对自己有利判决的当事人会对他所在国家法律的公正性具有坚定的信念，更不用说面对明显不公而又无可奈何的对方当事人了。在此境况下，社会就缺乏追求正义与公平的文化氛围和人文风尚。正是在这个意义上，弗朗西斯·培根才会说："一次不公的（司法）判断比多次不公的其他举动为祸尤烈。因为这些不公的举动不过弄脏了水流，而不公的判断则把水源败坏了。"因此，法院应坚决清除腐败分子，纯洁法官队伍。

司法清正廉洁重要性的另一个方面体现在司法乃是社会正义的最后一道防线。一个社会，如果拥有廉洁而高素质的司法阶层，那么立法失公与疏漏以及行政权力滥用所带来的危害性都会得到相当的抑制和矫正。亚里士多德将正义分为分配的正义和校正的正义，若司法体系不能对校正的正义有认真而有效的作为，则分配的正义便会变得没有意义。客观地讲，司法腐败危害司法公正的问题是一个国际性的问题。如因腐败行为而被通缉的墨西哥最高法院前法官迪亚斯·因方特，最终在美国落入法网，并被移交给墨西哥司法部门一事就是例证。在 20 世纪80年代发生的一起重要案件中，因方特收受贿赂，并利用职权向下级法院施压，从而使得案犯逃脱了惩罚。此后，他逃往美国，隐姓埋名，在圣安东尼奥城经营一家小型电脑公司。因方特最终被美国有关方面逮捕。因为他被认为是非法进入美国的，所以有关方面没有经过引渡程序就将他交给了墨西哥司法部门。法官最终认定他有罪，将其押入监狱，并不得保释。

(二)保持清正廉洁的具体要求

1.法官不得谋取不正当利益。法官所从事的审判工作的性质决定了法官应当具有无私的精神。法官的无私首先是一种职务上的无私，是指在履行职务时应当得到的利益之外绝不谋取任何不当利益。现实中，仍有少数法官将审判权当作利益交换的筹码，以案件处理的偏向性、案件处理的效率差异来换取不正当利益。虽然，中国法官的待遇相对偏低，与其所从事的工作量以及工作意义无法相提并论，但这绝不是法官可以凭借其所掌握的审判权去获取非正当利益的借口。对此，刑法规定了贪污罪、受贿罪等罪名，《法官法》第三十条已做出相关规定。《准则》第二十三条、第二十四条从道德层面也做出规定："法官在履行职责时，不得直接或者间接地利用职务和地位谋取任何不当利益"；"法官不得接受当事人及其代理人、辩护人的款待、财物和其他利益。"而近年来，在我国法院系统中却出现了一些反面例子，例如，原沈阳市中级人民法院院长贾永祥在任职期间，利用职权，为他人谋取利益，收受贿赂，数额巨大，并将应由个人支付的巨额费用在该院账外账中报销，且挪用巨额公款给他人进行营利性活动，对其巨额财产，本人不能说明其合法来源，以及生活腐化等。2001年10月9日，贾永祥被营口市中级人民法院以受贿罪、贪污罪，挪用公款罪和巨额财产来源不明罪判处无期徒刑，剥夺政治权利终身，并没收个人全部财产。再如引起社会广泛关注的原江苏省太仓市人民法院副院长徐圣礼、刑事审判庭庭长詹才云贪污、受贿、枉法裁判"司法腐败案"。他们沦为阶下囚都是因为一个"贪"字，为了达到"有钱"的目的，几乎发展到了疯狂的地步。最终经苏州市金阊区人民法院审理认为，徐圣礼、詹才云利用职务之便，收受、索取他人财物且侵吞公共财物；詹才云在民事审判活动中故意违背事实和法律做枉法裁判，情节严重，其行为已分别触犯《中华人民共和国刑法》有关条款，认定徐圣礼构成受贿罪、贪污罪，詹才云构成受贿罪、贪污罪、伪造公文罪，两被告分别被判处有期徒刑18年，并没收个人财产各3万元。

2.关于法官的非司法工作和个人事务的限制。《准则》在第二十五条规定："法官不得参与可能导致公众对其廉洁形象产生不信任感的商业活动或者其他经济活动"。

《准则》第二十六条、第二十八条规定："法官应当妥善处理个人事务，不得

为了获得特殊照顾而有意披露自己的法官身份；不得利用法官的声誉和影响为自己、亲属或者他人谋取私人利益。""法官不得兼任律师、企事业单位或者个人的法律顾问等职务；不得就未决案件给当事人及其代理人、辩护人提供咨询意见和法律意见。"以上规定，也是各国司法职业道德准则的通例。

3. 关于法官生活方式的要求。《准则》第二十七条规定："法官及其家庭成员的生活方式和水准，应当与他们的职位和收入相符。"在生活水准上，法官应当避免奢华的生活方式，以免引起公众对其廉洁性的不必要疑虑。作为法官，其职业特点要求其对参与的社会交往活动持谨慎态度，对交往的人员做出选择，法官的言行举止应当谨慎、端正、文明、检点、高尚、适度，与其身份相符。应当避免可能影响法官形象的一切不适当的言行和社交活动，不与可能影响其法官形象的人交往，远离一切可能使公众对其品行产生怀疑的场所。

此外，《准则》第三十条规定，法官必须向其家庭成员告知法官行为守则和职业道德的要求，并督促其家庭成员不得违反有关规定。这是法官职业的权威性、神圣性对从业者所提出的特别要求。

4. 法官应当按照国家有关规定如实申报财产。法官是国家审判权的行使者，是中立的裁判者。为了保证其公正性，相对于普通公民而言，其隐私权受到了一定的限制。因此，法官作为国家工作人员，应当按照国家有关规定如实申报个人财产和收入。

五、法官应当遵守司法礼仪

(一)遵守司法礼仪的意义

司法礼仪对法官而言，是指法官在审判活动中应当遵守的特殊礼节、仪式和其他交流与行为的态度和方式。从中外法制史考察可知，在所有职业活动中，法官职业是最需要讲究礼仪的职业之一。这是因为司法礼仪是国家权力参与诉讼的必然要求，是司法神圣性和权威性的具体体现；它有助于提高法官职业形象、法官自豪感及公众对司法机关的公信力，充分展示法官的个人素质；尊重当事人及诉讼参与人的人格，能够让当事人产生信赖感，有利于解决当事人之间的纠纷；遵守司法礼仪，有利于法官提高履行审判职责的责任感和荣誉感。

(二)法官遵守司法礼仪的具体要求

1. 法官应当严格遵守各项司法礼仪，注意保持良好的仪表、形象和文明的举止，维护人民法院的尊严和法官的良好形象。

在理解司法礼仪这一基本要求时，应当注意以下几点：①司法礼仪并非形式主义。法官必须克服"重实体轻程序"的影响和心态，把遵守司法礼仪作为法官职业生存方式的重要内容之一。②司法礼仪体现法官职业的素养。在法官职业道德体系中，提高自身素养也是一项基本要求，而遵守司法礼仪实际上是法官职业素养的表现形式之一，体现了法官职业的文明程度和整个社会的文明程度。③司法礼仪象征司法态度和行为方式。遵守司法礼仪，是维护司法权威和司法尊严的客观必要。

2.法官应当尊重当事人和其他诉讼参与人的人格尊严，具有耐心，不失尊严和礼貌。《准则》第三十二条要求法官做到以下两点：①认真、耐心地听取当事人和其他诉讼参与人发表意见；除非因维护法庭秩序和庭审的需要，开庭时不得随意打断或者制止当事人和其他诉讼参与人的发言。②使用规范、准确、文明的语言，不得对当事人或其他诉讼参与人有任何不公的训诫和不恰当的言辞。人格尊严是人权的重要组成部分。诉讼中的当事人及其他参与人，甚至是犯罪嫌疑人的人格尊严，都应得到充分的尊重。这是诉讼民主与公平的重要体现，更是司法礼仪的重要组成部分。

3.法官开庭时应当遵守法庭规则，并监督法庭内所有人员遵守法庭规则，保持法庭的庄严。具体应做到以下三点：①按照有关规定身着法官袍或者法官制服、佩带徽章，并保持整洁；②准时出庭，不缺席、不迟到、不早退、不随意出进；③集中精力，专注庭审，不做与审判活动无关的事。通过对法官庭审行为的规范，要求法官自觉严格要求自己，做遵守法庭规则的模范。《准则》原则性地规定了法官必须遵守的一些司法礼仪，当然，这些礼仪并不是一成不变的。随着司法改革的深化和司法制度的健全，我国的司法礼仪也将会变得更加完善。

六、法官应当加强自身修养

(一)加强自身修养的意义

法官履行司法职责的过程，就是执行、适用法律的过程；这就要求法官对有关的诸多法律熟练掌握，不仅理解每个条款的含义，而且能够融会贯通、正确适用。法官审理案件的过程，并不是简单地质证、主持辩论和下达裁判文书的过程，它同时是向当事人和社会公众传达正义信息，与当事人及其代理人、辩护人乃至公众进行公开对话、宣传法律、昭示正义的过程。作为一名法官，必须加强修养，使自己具备良好的政治素质、业务素质和道德素质，才能成为一个全心全意为人民服务的称职的法官。研究表明，当今社会中，不同行业、不同群体、不同的普遍行为，在廉洁、修养和文明程度等方面存在着明显的差异。究其原因，固然与约束人们的纪律、行为规范的张弛疏密程度以及不同的行业历史传统有关，但毋庸置疑的是，从业者的普遍素质的高低至关重要。对于现代社会的法官来说，大学人文教育、法律专业知识教育和专业技能训练，乃是使其素质达到一

定水准的必要途径。强调法官普遍素质，是因为法官职业道德准则的维系需要法官群体中每个成员对于规范的共识和同业者之间的相互督促。如果同业者所接受的教育以及其他背景差别很大，则群体便不成为群体；成员之间的约束力也会大大减弱甚至消失。可见，群体的普遍受教育水平和优良的个体素质以及共同遵守的职业道德准则，对法官行业整体评价的影响巨大。由于种种原因，我国法官队伍整体素质还有待提高，违反职业道德的行为偶有发生，有鉴于此，《准则》强调法官应当加强自身修养。

(二) 基本要求

《准则》第三十四条规定："法官应当加强修养，具备良好的政治、业务素质和良好的品行，忠实地执行宪法和法律，全心全意为人民服务。"这是对法官加强自身修养的基本要求。

1.法官应当具备良好的政治素质。法官必须坚持认真学习马克思主义、毛泽东思想和邓小平理论，按照"三个代表"重要思想的要求，改造主观世界，树立正确的世界观、人生观、价值观，树立全心全意为人民服务的观念；用辩证唯物主义和历史唯物主义的观点、立场和方法观察事物、审理案件，力求做到法律效果与社会效果的最佳统一。

2.法官应当具备良好的业务素质。作为一个以法律科学为基础的职业，法官必须具备与职业需要相适应的业务素质。一个法官应当具备的业务知识和专业技能十分广泛，一切审判工作需要的、可以帮助法官正确、有效地履行职责的知识和技能，都属于法官应具备的业务素质的范畴。法官应具备的业务素质主要包括：扎实的法学理论基础；渊博的法律知识；良好的法律意识；高超的司法技能；敏捷地把握全局和分析，解决具体问题的能力和迅速地了解、掌握审判工作所涉及学科或者领域知识的能力。

3.法官应当具备良好的品行。这里所说的品行，是指法官的个人品质和道德操守。法官只有在日常生活和处理个人事务以及社会关系中，模范地遵守社会公认的道德规范，才能得到公众的尊敬，享有良好的个人声誉，进而树立个人魅力和权威，树立法官的良好形象。

(三) 具体要求

1.法官应当具有丰富的社会经验和对社会现实的深刻理解。社会正义和司法公正不仅存在于法律范畴，也存在于哲学、社会学、伦理学范畴；正义、公正不仅是法律保护和促进的对象，也是社会多元价值体系保护的对象。法官在做出裁判时，往往需要在诸多现实社会价值体系中做出正确价值选择，以实现司法公正与社会公正之间的最佳结合。这就要求法官应当具有丰富的社会经验，特别是对社会现实的深刻理解。

2. 法官应当具备必要的职业理念、社会良知和品格素养。《准则》第三十五条第二款规定："法官应当具备忠于职守、秉公办案、刚正不阿、不徇私情的理念，惩恶扬善、弘扬正义的良知，正直善良、谦虚谨慎的品格，享有良好的个人声誉。"第一，法官应当具备忠于职守、秉公办案、刚正不阿、不徇私情的职业理念。忠于职守要求法官忠诚地对待本职工作，坚守岗位，全身心地致力于司法职责的履行，不得因个人的业余喜好或者其他个人事务影响本职工作。秉公办案要求法官必须出于公心，处处、时时、事事以国家和人民的利益为重，严格依法办案；而不能从私利出发审理案件，也不能以个人感情代替法律；不论对任何人或者任何组织，都要平等、公正地依法审理和裁判。刚正不阿要求法官在履行职责时，刚强正直，无私无畏，执法如山，既不偏袒任何人，也不屈从任何人。不徇私情要求法官将国家利益、人民利益置于个人利益之上，不因私情、私利而枉法裁判，保持高风亮节。这些职业理念，是法官正确履行职责的内在要求。第二，法官应当具备惩恶扬善、弘扬正义的良知。惩恶扬善是指惩处坏人坏事、勉励褒扬好人好事。弘扬正义是指伸张、光大社会正义。法官应当具备这样的良知，牢固树立惩恶扬善、弘扬正义的意识，以保障社会正义的实现。第三，法官应当具备正直善良、谦虚谨慎的品格。

3. 法官应当接受教育培训。《准则》第三十六条规定："法官有权利并有义务接受教育培训，树立良好的学风，精研法理，汲取新知识，提高驾驭庭审、判断证据、制作裁判文书等各项司法技能，具备审判工作所必需的知识和专业能力。"随着社会的发展和科技的不断进步，审判工作所需的知识和专业能力与日俱增，法官必须自觉接受培训，刻苦学习，努力提高自己的业务能力。

4. 法官应当成为遵守社会公德和家庭美德的楷模。《准则》第三十七条规定："法官在日常生活中应当严格自律，行为检点，培养高尚的道德操守，成为遵守社会公德和家庭美德的楷模。"法官在日常生活中，作为社会中的一员，应当首先遵守公民的道德规范。中共中央 2001 年印发的《公民道德建设实施纲要》为每一名法官首先成为一个好公民提供了标准。

七、法官应当约束业外活动

(一)约束法官业外活动的意义

法官的业外活动是指法官司法职务以外的所有活动，或称职务外活动。业外活动是法官行为的重要组成部分，在一定程度上也是法官司法职责的延伸，它可以间接地反映法官的职业能力、工作态度，更能影响法官的形象。适当约束法官业外活动具有十分重要的意义。严格约束法官业外活动，有利于树立法官公正、

独立的良好形象，有利于司法权威的建立和维护；有助于法官业务素质和道德素质的提高；有助于防止司法腐败；良性的业外活动会促进业内活动水准的有效提升。法官业外行为是法官从事职务外的行为的总称，包括日常生活、参加各种社会活动等。业外是相对于职务内而言的。法官的职务行为是依据宪法和法律，从事审判工作及与审判工作相关的辅助活动，都应该是职务行为。职务行为与业外行为并非以法定办公时间界定，因为工作时间从事的活动不全都是法官职务行为，法官非工作日所做事务也并非均为业外行为。区分职务行为与业外行为的标准不应以上下班为界，而应以是否属于执行职务行为为标准。法官职业道德是一种行为规范，业外活动被准则包容和规范，同样需要职业道德规范进行约束。业外行为可以说是体现法官职业道德素养的一面镜子，它与职务行为相辅相成。职务行为是法官行使审判职权的行为，而规范好业外行为对职务行为具有促进作用，两者互相统一于一体。对于一名高素质的法官，无论是执行职务还是从事业外活动，都会表现出法官应有的优秀品质，赢得社会的赞誉。

(二)基本要求

《准则》第三十八条规定："法官从事各种职务外活动，应当避免使公众对法官的公正司法和清正廉洁产生合理怀疑，避免影响法官司法职责的正常履行，避免人民法院的公信力产生不良影响。"这是对法官司法外活动提出的总的要求，要求法官时刻都要牢记自己的身份，维护职业荣誉，不做有损法官形象的事情。业外活动的核心是维护司法公信力。业外活动对职务行为有极大的影响，因为，法官的业外活动不仅是个体法官的事，对其约束已是全面培养法官职业道德素质的重要组成部分。

1. 对业外活动的约束，是法官职业道德教育从自发到自觉的过程。法官必须提高对业外行为约束的认识，前提是把自己放在营造司法公信力的氛围中去，要对自己的中立地位、裁判职责和公正形象有明确的定位。约束业外活动的目的是树立职业道德意识，法官只有不断提高职业道德水平，才能够与其重要职责匹配。法官在业外活动中展示司法公信力，是通过法官的整体形象展现给公众的，而每一名法官都是法官群体的一分子。称职的法官在选择将法官作为终生职业时，不仅是当作谋生的手段，更重要的是通过法律活动体现法律精神。法官行为由准则调整，但环境不可能由准则调整，需要全社会共同努力，营造一个良好的社会法治环境，法官在业外活动中要时刻注意维护法官形象。

2. 法官应遵守职业道德，正确把握法律底线和道德底线。法官职业的特点决定了对法官的要求必须比其他行业主体有更为严格的规范。法律底线是法官的最低做人标准，而道德底线则较法律底线要求更高。法官是正义的化身，这在公众心目中已成定势，业外活动大多发生在道德底线上，若法官不注意业外形象，公共场合不注意小节，势必损害法官群体的整体形象。

3. 法官要为人表率、注重修养。法官以自己娴熟的审判业务，化解纠纷，为维护社会稳定和社会秩序做贡献；在司法活动中还要树立起司法公正形象，但法官不是生活在真空里，要时刻抵御外来不健康因素的影响，时刻保持清醒的头脑，内心形成优秀的道德品质，自觉地崇尚高尚。道德品质是自然气质的一种表现形式，通过这种自然气质，自然而然地无须事先思索地发生行为。

4. 自我约束是法官业外活动的关键。任何行为只有从内心自觉自在地表现出来才能真正反映一个人的道德水准，法官业外行为约束的关键是自我约束，是将外界约束和自我管理相结合。要矫正不当行为和不良习惯。难以想象一个言行不一、热衷经商、不务正业的法官，会给公众留下好印象。人的精力和时间都是有限的，如果在业外活动中参与营利活动，肯定会对自身的审判工作产生不良影响。现实中确有个别法官不注意自己业外形象，把自己混同于一般群众，给法官形象造成了不良影响，动摇了人民群众对司法公信力的认同。司法的公信力不是来源于法律本身，而是来源于法官对职业的由衷热爱，审判权是法律赋予法官的，而司法公信力是法官在执行法律时获得的。业外活动融入法官其他行为之中，对业外活动的约束同样是法官职业道德建设的重要组成部分。法官要实现自己的人生价值，重要的不是形式，而是靠切实理解法官职业特殊性内涵，认识到其所从事的事业是为全社会服务的法官职业，并始终追求、身体力行，才能树立司法公信度。

(三) 具体要求

1. 杜绝不良嗜好和行为。《准则》第三十九条规定："法官必须杜绝与公共利益、公共秩序、社会公德和良好习惯相违背的，可能影响法官形象和公正履行职责的不良嗜好和行为。"法官应当着重培养有利于提高法官形象、提高工作能力和水平的爱好与习惯，摒弃那些与社会公共道德、公共利益、公共秩序和善良风俗相违背的，以及可能影响法官形象和公正履行司法职责的爱好与习惯。

2. 谨慎社交。《准则》第四十条规定："法官应当谨慎出入社交场合，谨慎交友，慎重对待与当事人、律师以及可能影响法官形象的人员的接触和交往，以免给公众造成不公正或者不廉洁的印象，并避免在履行职责时可能产生的困扰和尴尬。"

3. 保守秘密。《准则》第四十二条规定："法官在职务外活动中，不得披露或者使用非公开的审判信息和在审判过程中获得的商业秘密、个人隐私以及其他非公开的信息。"要求法官在职业外活动中，必须遵守保密的义务。

4. 参加组织的限制。结社自由是每一个中国公民享有的宪法权利，法官也不例外。但是，从法官职业整体形象考虑，法官在行使结社权利或者参加某些组

织、社团的活动时，应当努力避免公众对公正司法和清正廉洁的合理怀疑，避免影响法官职责的正常履行，避免对司法公信力产生不良影响。具体说来，依据《准则》第四十一条、第四十三条中的要求："法官不得参加带有邪教性质的组织。""法官不得参加营利性社团组织或者可能借法官影响力营利的社团组织。"对于公益事业，法官应当热心参与，如法官可以参加慈善、环保等非营利性的活动和组织。

5.参加有益于法治建设的活动。作为熟诸法律的职业人士，法官除了通过行使审判职责发挥对法治建设的作用外，还有义务利用各种合理的方式，宣传法制，促进法制发展。为此，《准则》第四十四条明确规定："法官可以参加有助于法治建设和司法改革的学术研究和其他社会活动。但是，这些活动应当以符合法律规定、不妨碍公正司法和维护司法权威、不影响审判工作为前提。"

6.言论适当。《准则》第四十五条明确规定："法官发表文章或者接受媒体采访时，应当保持谨慎的态度，不得针对具体案件和当事人进行不适当的评论，避免因言语不当使公众对司法公正产生合理的怀疑。"

(四)约束业外活动的适用对象

约束业外活动的适用对象，不仅限于现任法官，还包括退休法官。从职业道德的层面讲，法官退休或离任后，虽不再具有法官的身份，但其行为一定程度上仍对法官职业的声誉和司法机关的形象有所影响。因此，《准则》第四十六条明确规定："法官退休后应当继续保持自身的良好形象，避免因其不当言行而使公众对司法公正产生合理的怀疑。"

第三节 我国法官职业道德建设的完善

一、完善我国法官职业道德规范

我国为了构建起良好的法官职业道德已经付出了很大的努力，1995 年施行的《法官法》规定法官要有良好的政治、业务素质和良好的品行。《准则》又对法官职业道德做了比较详细的规定。这一切均表明，中国正在努力建立自己的法官职业道德规范体系及实施机制，从而约束法官存在的一些不道德行为，但同时我们也应当看到，目前还存在一些制度性的缺陷：第一，我国法官职业道德水准至今无位级差异。这有悖于审级制度设立的初衷，即上级法院的法官无论是在专业素质上还是在法官职业道德素质上较下级法院的法官应更严格，更高尚。第二，法官职业道德评价标准尚缺乏可操作性。第三，法官职业还不成熟，职业道德基础仍然薄弱。第四，职业道德标准较低，其他约束机制事实上成为主角。

从目前我国法官职业道德及其规范建设的现状出发，我们认为，法官职业道德规范的建设应进一步强化以下几个方面的具体规范：进一步要求法官在思想上要具有身份荣誉意识，行为上要切实保持清正廉洁、刚正不阿；在程序上要坚持中立超然；在观念上要具有现代人权理念，其中进一步制定法官中立的具体职业道德规范乃是重中之重。这也是贯彻实施其他法官职业道德规范的基础。

(一) 法官职业道德的群体性要求法官群体成员具有身份荣誉意识

这是因为职业道德是职业群体的产物，当群体很强大的时候，其权威就会把自身所需的道德规范确立下来并使其得到同等程度的尊重。所以，群体的结构越牢固，适用于群体的道德规范就越多，群体统摄其成员的权威就越大。职业道德越发达，它们的作用越先进，职业群体自身的组织就越合理、越稳定。一个群体如果缺乏职业道德体系，说明群体没有凝聚力，缺乏整合。而一个成员对他所在的群体越有归属感，就越会自觉地维护群体的荣誉，群体也因此更有凝聚力及权威。法官身份荣誉意识是指法官对自己的法官身份有着一种发自内心的荣誉感，从而时刻珍惜和爱护它。一方面，司法救济是最后的救济，这种终局性的地位本身使法官具有至高无上的权威，从而有别于其他职业；另一方面，法官职业的权威性也决定了成为法官的道路应艰难而漫长。这种巨大的身份荣誉感必然使法官在审判过程中公正而廉洁，并且自觉避免参加和支持任何损害他们职业信誉的活动和行为。

(二) 司法制度的人权保护目的要求法官应具有人权理念

法官的人权理念是指法官应具备基本的人权理论知识，不断培育人权思维，在庭审过程中能够自觉运用人权理念指导审判。法官应该知道，司法的终极目的是指向人权的，保障人权，尊重人权，这也是法治的最终目的。每一个法官都应该具有这样的基本人权意识，即在道德领域中，存在着好人和坏人之分，但在人权理论中不存在好人和坏人享有不同基本人权的问题。对于任何人，人权理论和实践都不应该存在双重标准。因此，司法程序中不存在好人和坏人之分，所有进入司法程序中的人其基本人权都应该得到法律的尊重和保护，尤其是犯罪嫌疑人、被告人的权利。无罪推定原则正是人权理念在刑事司法中的体现。也就是说，法官应该明白，人权乃最高的法律，法律以保障人权为目标。因此，人权原理、原则等应是判案的重要依据，是司法正义的重要基础。法官应做到，以严厉的眼光看证据，以人权的眼光看待人。

(三) 进一步制定和完善法官中立的职业道德规范

应着重强调，法官应当以中立、平等、透明、公正、高效、独立、文明的现

代司法观念，去思考、对待和解决各种诉讼纷争，这是实现依法治国、建设社会主义法治国家的重要内容。没有现代司法观念，法院将不能有效地为我国经济和社会的健康发展提供法律保障。法官中立是现代司法基本理念之一，应进一步使这一规范具有可操作性。

1. 法官中立的内涵。法官中立，即法官在审判过程中应客观、公正、不偏不倚、持中立的立场与态度。法官中立是司法公正的关键，要求在整个诉讼过程中始终切实地保持和体现，法官作为裁判者对于司法公正起着决定性作用，法官中立不仅是司法公正的重要保证和前提，而且是司法公正的外在表现形式之一。尤其是社会公众在感受、评价和确认裁判公正时，法官中立形象作为一种感性认识因素和情感因素，起着潜移默化的重要作用。在审判实践中，许多案件虽然做到了诉讼程序合法、实体处理正确，但由于法官中立形象存在缺陷，致使当事人难以信服，得不到裁判公正的具体感受和评价。法官中立主要有以下几层含义。

（1）从案件实体处理方面分析，法官中立是指裁判结果不应由与自身有利害关系的法官做出，裁判结果中不应包含法官个人利益，不应有支持或反对某一方的偏见。

（2）从案件遵循司法程序方面分析，法官中立是指法官独立无偏，严格按诉讼程序规定办事，保障各方当事人享有的法律规定的诉讼权利能得到平等、充分地行使，保证各方当事人不论民族、职业、宗教信仰、政治背景、社会地位、财富状况的差别，也不论法官个人情感的好恶，而一律享有平等的诉讼地位。

（3）从法官职业角色和行为准则方面分析，法官中立是指法官在审判过程中不偏不倚，以居中裁判者身份定位，不得对任何一方当事人有偏见或袒护。

2. 法官中立在诉讼过程中的基本要求。

（1）被动启动诉讼程序。诉讼的被动性是由司法权的本质决定的，也是审判活动区别于其他活动的重要特征。裁判是法院的主要职能。裁判的本质特性表明了法院本身在司法中的被动性；裁判的程序公正也要求法院在裁判中应当体现被动性。因此，从原则上讲，法院在司法中应当处于被动的基本地位。我国的三大诉讼法都体现了这样一种立法精神。法官中立在司法被动性上的表现就是法院和法官对于社会生活的不主动干预。然而，在我国审判实践中，法院经常主动出击，上门服务挖案源，提前介入，参与联合办案，为当地经济保驾护航等，这些现象不仅违背司法权被动性的要求，也与法院和法官的中立地位不相符，直接导致司法裁判的非中立性。

（2）排除法官庭前预断原则。即指开庭之前法官对案情不应有任何的倾向一方的或者先入为主的或者自我感觉正确的思考、判断及情感、意志支配。法官在庭前审查案件，虽然有利于提前熟悉了解案情，为提高庭审质量打好基础。但由于控辩双方庭前起诉与答辩及双方提供证据材料的不均衡性，法官了解案情的片面性，容易形成先入为主的思维和判断，这必然使法官庭前的中立性受到影响和损害。在目前法官队伍整体素质较低的情况下，实行主审法官庭前不接触案件材料和证据以保证法官在庭审中客观中立的办法尚不切合实际，但在庭前准备工作的程序设计上，应当本着贯彻庭前排除预断的原则，让负责庭前交换展示证据等工作的法官与主审法官相分离。

（3）庭审中保持良好的居中裁判形象。法官中立在庭审中主要体现在始终不代表任何一方当事人利益而只是履行居中裁判的法定职责，无论在民事、行政、刑事诉讼中，法官都是居中裁判的角色。第一，法官要保证控辩双方享有平等的诉讼权利。在法庭调查、辩论、调解的各个阶段，在组织举证、质证的各个环节，都要保障当事人充分地行使自己的诉讼权利，有同等的机会陈述自己的主张和理由，绝不能因一方会败诉使其行使权利的机会受到压制、减少，也不能因一方当事人即将胜诉而使其行使权利的机会得到关照、增加。法院应将答辩期限、举证期限、陈述和辩论时间等内容，采取双方当事人时间对等原则，使当事人诉讼权利的平等具体化，这有利于保证法官中立地位。法官在开庭时也不得随意打断当事人、代理人、辩护人的发言，对那些确实需要制止的发言，应当讲明理由，并注意耐心引导，不得含有任何不公正的训斥和不恰当的言辞。第二，法官应谨行慎言，始终保持中立的形象。中立是对法官好恶尽显、感情外化的排斥。法官在法庭上，要做到形象庄重、态度平和，对案件保持超然的态度，让当事人始终感觉到他们面对的是代表法律权威的不偏不倚的法官。第三，法官要始终以中立者的身份发表对证据、案件事实、法律适用及调解方案等的看法。不管是对证据、事实的认定分析，还是对当事人主张的评价，不管是对是非责任的区分确定，还是对法律适用的解释说明，都要讲求用事实和法律说话。第四，法官应与当事人和社会保持适当的距离。这是由法官职业的特殊性和诉讼活动的特点决定的，也是法官中立地位的必然要求。法官主持下的诉讼活动结构，可以比喻为法官处于等腰三角形的顶点，要与两个底角的当事人保持等距离，才能使当事人相信法官的裁判是中立、公正的。同时，在法庭之外，法官也同样应当与当事人及其代理人保持严格的距离，以免产生对法官不公正的合理怀疑和影响中立形象。

3.法官中立的实现条件。

（1）加强法官中立司法理念在全社会的培育。保持法官中立，应当从解决社会各界和公众的思想观念入手，引导形成符合时代潮流的先进司法理念。法院系统"一枝独秀"式的司法改革往往是事倍功半的。

（2）法官中立必须以审判独立为前提，没有审判独立就没有法官中立。在推进司法改革进程中，应紧紧围绕落实法院和法官独立审判地位这一目标。建立独立、统一的司法系统，切实解决地方法院在人、财、物等方面依赖于地方行政机关的问题，从根本上避免地方行政权力对司法权的干预，以真正落实宪法的审独

立原则，维护国家法制的统一；改革现行的法官管理体制，建立独立、统一的司法人事制度。实行科学的法官遴选、任用管理体制，既保证法冒队伍的高素质，又减少地方人事管理权对审判独立的制约和干预。

（3）建立完善保证法官中立的法院内部审判管理机制。法官要独立于法官助理、书记员、执行人员、行政人员进行单独序列管理，同时，理顺法官与审判长、庭长、院长的关系，要保证法官职权范围明确、固定、到位；强化合议庭功能，明确其职权与责任，改变审而不判、行政方式审批案件的做法，最大限度地遏制来自法院内部的行政干预而对法官独立、中立裁判的影响。

二、完善法官职业道德的制度保障

法官职业道德是法治对法官的理想要求，也是法治所追求的目标，必定要经历一个漫长的历史过程，因而不能脱离我国的客观实际，把中国法官理想化、神圣化。我国目前尚处于法治的初级阶段，法官职业道德缺乏坚实的社会基础。在法官自律的基础上，更需要以充分的制度作为保障。否则，法官职业道德只会停留在社会公众对法官不切实际的期望层面上。

（一）改革司法体制，保障司法独立

司法独立，既是司法公正的前提，也是法官职业道德的基本要求。尽管这一原则在我国的《宪法》中得到确立，但要真正实现司法独立，还需要对司法体制进行改革，赋予法院外部独立和内部独立两个方面的独立审判权，并从制度上予以充分的保障。外部独立是指法院的经费来源、财政预算、院长的确定、法官人选不应受制于行政机关。内部独立是在法院内部法官依法独立行使审判权，不受上级法院和同级法院的其他法官的不正当干涉。司法独立的体制是一个政治体制，司法体制的改革最终必然落实为政治休制的改革。具体地讲，对于外部独立，就是要理顺法院与执政党、权力机关和行政机关的关系。对于法院与执政党的关系，执政党可以通过对立法的影响在法律中体现执政党的政策和治国方略，也可以通过对法官的选拔、任命和考核方面体现执政党对法院的领导；对于法院与人民代表大会的关系，法院对人民代表大会负责，应当通过严格执行人大制定的法律来体现。人民代表大会不宜对个案进行监督，而应是事后的监督；对于法院与行政机关的关系，应改变目前我国法院在人、财、物方面由行政机关管理支配的体制，摆脱法院对行政机关的依附，才能从根本上防止行政机关对法院的不当干预。对于内部独立，则需要改变法院系统现有的行政管理体制，加大合议庭和独任法官的地位和职责、改革审判委员会制度、正确处理上下级法院的审判监督关系，保障法官独立行使审判权。

(二)深化审判方式改革，完善我国诉讼制度

受集权主义传统和苏联时期诉讼制度的影响，我国的审判方式不够完善，法官习惯于事前阅卷、调查事实，庭审往往流于形式，当事人双方或控辩双方对抗性不强，弱化了当事人的举证责任，审判公开落实不到位。因此应进一步引进当事人主义的合理因素对原有的审判方式进行改革，强化程序公正意识，落实公开审判制度、回避制度、证人出庭制度，实行当庭质证和当庭认证、当庭裁判制度。只有建立了完善的诉讼制度，才能从程序上保证司法的公正与高效，促进法官职业道德的落实。

(三)改革法官选拔培训制度，提高法官素质

法官是社会正义最后一道防线的守门人。一位称职的法官需要精通法律，还要具有高尚的道德情操。司法的质量取决于法官的素质。提高法官素质首要的是根据法官职业的特点，建立严格独立于行政的法官选任制度，坚决把好法官的人事入口，还要大胆疏通人事出口。要选拔优秀的法律人才从事法官职业，绝不能让不具备法官素质、不适宜做法官的人员从事法官职业。

(四)建立法官保障制度，促进司法公正与廉洁

现代法官保障制度包括法官的身份保障和经济保障两个方面：第一，法官的身份保障。这是由司法的公正与独立原则和法官职位的稳定性要求决定的。如果一位法官的职位得不到有效保障，随时都有被人任意调离或免职的危险，他在适用法律过程中不可能坚持公正执法，忠于法律。第二，法官的经济保障。这是指法官在职和退休后的物质待遇受到法律保障。如果法官的经济地位缺乏有力的法律保障，则可能导致法官为物欲所动，产生司法腐败，破坏司法公正。正是基于这一认识，现代西方各国普遍注意提高法官待遇，以实现高薪养廉之目的。《法官法》为我国法官经济保障做了原则性规定，法官实行定期增资制度，享受国家规定的审判津贴、地区津贴、其他津贴以及保险和福利待遇。这些规定的贯彻落实，有利于法官廉洁司法、秉公执法，有利于吸收优秀人才，提高法官队伍素质，有利于队伍稳定。法治国家中的法官享有崇高的地位和优厚的经济待遇，并予以充分的身份保障，从而坚定法官的法律信仰，促使法官珍惜自己的职业，培养敬业、爱业、乐业精神，抵御外界的不当干预，促进司法的独立和公正，预防司法腐败。我国应当借鉴国外成功的法治经验，在竞争中大幅度地减少现有法官绝对数量的基础上，着力提高法官综合素质，实现法官精英化，赋予法官崇高的法律地位，建立法官身份保障制度，非因法定理由和法定程序不得解除其法官职务、调离法官岗位或者提前退休。对法官实行高薪制，解决法官的后顾之忧，增

强法官抵御干扰的能力，让法官葆有荣誉感和使命感，促使法官内心严格地理性自律，保障司法的独立、公正和廉洁。

(五)建立法官惩戒制度，对法官实施有效监督

我国在相当长的时间内，由于法官的素质、监督机制等原因，存在法官违纪违法现象。虽然《法官法》对法官的惩戒做出了规定，但法院系统现行的纪检监察制度，已不能适应新形势下法官职业化的需要，有必要改革现有机制，建立法官惩戒制度。这也是大陆法系和英美法系国家的通例。惩戒制度涉及惩戒机构的设置、惩戒的事由、责任主体、惩戒程序、惩戒方式等内容。惩戒制度既是对法官的监督，也是对法官权利的保护。

目前，我国法官职业道德的全面实现还存有诸多障碍，通过以上制度的建立与完善，为法官职业道德提供基本的制度保障，从而保证法官职业道德真正成为法官的道德。

三、法官职业化是司法公正的必由之路

据报载，辽宁省一名工人在法院担任陪审员期间，不仅独立开庭审案，还做出了"一审判决"，"制造"了荒唐的判决书。这份荒唐的判决书造成当事人长达两年的申诉，给当事人带来了许多麻烦。

法官作为司法者，国家审判权的行使者，必须具有相当高的法律素养。法官对法律的理解、解释和运用，直接影响着法律的最终实现。一个不称职的法官，不仅会影响判决的公正性，更严重的是还会破坏神圣法律的权威性。很难想象在一个国家，法官威信扫地而法律还备受尊重。加强法官职业化建设，必须提高法官职业准入的"门槛"。实行全国统一司法考试乃法官选任制度的良好开端。最高人民法院从 2002 年 1 月 1 日起就要求法官一律从通过国家司法考试取得任职资格的人员中择优录用。一支职业化的法官队伍是人民法院完成宪法赋予的审判职责的前提。

(一)法官职业化的概念

法官职业化是指法官以行使国家审判权为专门职业，并具有独特的职业意识、职业技能、职业道德和职业地位。法官职业化是我国司法改革整体格局中的重要组成部分，是司法改革对法官人的因素的关注。它与司法外部组织构造上的"非地方化"、内部组织管理上的"非行政化"一起，构成了我国司法改革的完整价值取向。司法公正要从抽象的理念变为客观的社会现实，需要公正的司法制度，更需要高素质的法官队伍。因此，建立一套科学的法官管理体制，对法官的权利、义务、地位与作用正确定位和实施，对法官实行有效地管理，提高法官素

质，是司法改革进程中一项十分重要而紧迫的任务。法官职业化顺应了现代社会对法官专业化、同质化的要求，成为司法改革的首要问题。法官职业化是现代法治国家的基本特征和要求。法官职业化建设是提高法官队伍整体素质的重要途径，是法院队伍建设的一条主线。

(二)法官职业化的必要性分析

1.法官职业化是法官履行职责的本质要求。审判是一种个性化极强的职业活动，法官必须严格遵守中立性、被动性、合法性、终极性等职业要求，而这一切都有赖于法官的职业化地位。没有职业化的法官不可能在复杂的社会利益纠纷中排除各种干扰，裁判公正也就得不到保证。法院的中心工作是审判，审判必须确保公正，由法官居中裁判，保证天平不倾斜，靠的是高素质的法官队伍。最高人民法院已将法官职业化作为法院工作的主线，这是提高法官队伍素质的根本所在。

2.法官职业化是贯彻司法独立原则的必然要求。我国实行人民代表大会制度，与西方国家的"三权分立"模式下的司法独立有本质的差别。人民法院在党的领导下和人民代表大会监督下依法独立行使审判权，任何行政机关、社会团体和个人均不得干涉。其中司法独立分为司法权独立、法院独立和法官独立三个层次，司法权独立是前提，法院独立是基础，而法官独立是根本。没有法官职业化，法官不独立，法院独立就不能落实到具体的审判实践中，就不能真正发挥作用，司法独立就没有实质意义。

3.法官职业化是审判工作发展的客观要求。要解决法院裁判质量不高、效率低等问题，满足社会公众对司法公正与效率越来越高的要求，就必须赋予法官职业化的地位，因为这些问题都与法官职业化有着密切的关系。只有法官职业化才能全面落实法官责任，提高法官审判能力，保证审判质量，提高审判效率。

4.法官职业化是当今世界具有普遍性的现代司法原则。联合国《世界司法独立宣言》第二条规定："每个法官均应自由地根据其对事实的评价和对法律的理解，在不受来自任何方面或任何原因的直接或间接的限制、影响、诱导、压力、威胁或干涉的情况下，对案件秉公裁判。"可以说，法官职业化适应了司法独立性和透明度的基本要求。

(三)法官职业化的实现路径

1.由数量观念向质量观念转变。截至2020年，我国法院队伍中，被称为法官的人约有19.6万人。这与任何国家的法官队伍相比均属过于庞大，要在短期内迅速提高整体素质几乎是不可能的，因而需要下决心大幅度精简法官编制，同时把法官任免权集中。法院可构建五大系列，即法官系列、法官助理系列、书记

员系列、执行法警系列、行政后勤系列。法官的职责限于主持案件的庭审，做好案件事实的查证、质证和认证；适用法律及裁决案件；裁判文书的签发；对法官助理实施工作指导和工作审查。大幅度精简法官编制的意义在于保证法官一定是职业化的精英型人才。

2. 从非专业化选任向专家型转变。担任法官必须具备良好的政治思想素质和良好的品行操守；良好的法律专业知识、专业技能和较强的法律工作经验；良好的思维方式和分析判断能力。这就要求对法官的选任、晋升和管理必须有严格的符合审判工作的特点，如司法考试和培训制度、法官逐级选任制度、法官遴选提名制度等。

3. 实施法官定期交流到异地任职制度。这一制度已被世界许多国家广泛采用，其目的在于保证法官最大限度地实现司法公正。法官的交流，不仅指院长，还包括普通法官；法官的交流，不仅在同级法院，还包括上下级之间。本地产生的法官必须到异地任职。

4. 实施法官惩戒制度。法官不同于一般的职业群体，应受到最高人民法院颁布的《人民法院审判人员违法审判责任追究办法(试行)》《人民法院审判纪律处分办法(试行)》《地方各级人民法院和专门人民法院院长、副院长引咎辞职规定(试行)》《关于加强和改进审判作风建设的若干意见》《法官职业道德基本准则》的严格约束。

5. 从公务员待遇向职业化保障转变。①建立法官身份保障制度。②建立法官职务保障制度。③建立法官司法豁免制度，法官不因客观原因所致的裁判错误受处罚，保证法官依法独立行使职权没有后顾之忧。④建立法官经济保障制度。短期内应建立法院经费和法官工资专户，实行与行政分别列支，并确定经费和工资的最低标准，规定财政优先支付，专户专管、专款专用。从长远看，应当借鉴国外的做法，法院经费在国家财政预算中列支，经全国人大审议通过后，由法院逐级下拨，真正实现法院财政国家化。同时，要逐步提高法官收入，完善法官各项福利待遇，最终实行法官高薪制，法官的工资水平应当明显高于公务员。

四、固化法官的司法良知与法律信仰

(一)法官良知的内涵以及强调法官司法良知的意义

1. 法官良知的内涵。

一般认为，良心是一种对道德上有义务履行的行为必须坚定地履行或不正当的行为必须坚决地防止的执着信念。法官良知包括以下内容。

(1)良好的知识结构，这种知识结构不仅仅指法律专业知识，还包括各种各样广博的社会知识与社会经验，拥有广博的社会生活经验也是法官处理好案件的

基础。法律是一项专业性非常强的社会工作，离开专业知识从根本上就不具备做法官的最起码条件。

（2）良好的认知水平，包括认识、判断、推理案件的能力，具体而言就是快速领会案件基本情况，把握案件双方争执焦点，并准确做出谁是谁非的判断能力。

（3）良好的道德水准，就是说在认清案情，把握案件所适用的法律后，真正按照客观、公平、公正的原则处理案件，做到不偏不倚，问心无愧。

（4）法官对案件处理的适当性，因为法律往往可以给予法官一定的自由裁量权，在这一范围中，无论法官如何选择都是符合法律的，也是合法的，这时如何对案件做出适当的判决就显得特别重要。

（5）法官本人对法律的尊重程度与忠诚程度，这着重强调的是法官绝不能将法律当作为自己在社会上谋取便利的工具。

2. 强调法官良知的社会意义。

（1）法官判案并不是纯粹的客观活动，同时也是法官本人的主观活动，因此，一方面我们在考察、选任法官时要把良知纳入考察范畴；另一方面，法官在加强自身的修养中，要提高自己的认知水平与道德水准，以公正之心对待案件，确保公平地对待双方当事人。

（2）现代社会强调诚实守信，对法官同样如此，而诚实守信原则反映到法官身上就是要求法官具有比一般人更高的良知。法官良知的提高，必将促进整个社会的法制水平在本质上步入一个更高的台阶，使整个社会的法治化水平达到一个新的高度。

（3）认识到法官的良知，就可以努力促成一种趋势，将"法官"变为社会的良心，并以此作为一个法官成熟的最高境界。①法官职业是一种寻求和实现公正的职业，主持正义是法官的神圣使命。法官必须对他人和社会群体的利益报以最大的关注，应正确把握法理与情理之间的内在联系，运用裁判手段维护社会公正。法官的审判活动始终要贯穿一种道义责任，从尊重公民的诉讼权利到维护公民的合法权益都要体现出法官对是非、善恶的理性判断和评价能力。缺乏良知的法官就不会去积极地追求公平和公正，就会陷入一种冷漠状态。法官运用智慧和良知审理案件，就是要在准确把握立法宗旨的基础上，根据具体案件的具体情况，运用自由裁量权和内心确信，将诚实信用、公序良俗等法律精神恰如其分地体现在案件裁判之中。良知可以促使法官把握好公平与正义这一基本价值取向，在法律运作中体现法官的人文情怀，充分调动内在力量，努力实现法律效果与社会效果的统一。

（二）法官的法律信仰及其意义

法律信仰是法官在从事审判工作中基于对法律的认知、理解和领悟基础上产

生的一种神圣体现，是对法的一种理性认同。法官按照自己的理性所确认的价值尺度来选择自己的道德行为，这种选择的价值基点是法律信仰。法律信仰是法官最基本的价值观念，法律对于法官来说，不仅是谋生的一种手段，更是为之献身的一种事业。如果没有法律信仰，法律就会成为僵死的教条和随意处置的物什。法律信仰是对法官的一种内心约束，促使法官把维护公平和正义作为一种信念，深深地植根于心灵，确立法官对法律的不可动摇的忠诚。只有这样，才能承受一切来自外界的干扰，保持司法操守和独立性。对于法官来说，忠诚于法律与忠诚于人民具有高度一致性。如果国家和人民把司法权力赋予那些漠视法律的人，后果将不堪设想。法律信仰直接决定了法官的执法动机和价值目标。法官只有获得了法律信仰的精神支持，才能具有坚强的守法精神和勇敢的护法品格。对法律终极价值的追求，带动了内心严格的理性自律，从而产生巨大的精神动力，在这种动力的推动下，法官会孜孜不倦地去从事这一职业，在案件的处理中获得职业崇高感和成就感。法律信仰是法官道德选择的基点。当前，我们的法官队伍之所以整体上的职业道德水平不高，一个重要的原因就是没有树立坚定的法律信仰，甘于为法律献身的法官还不够多。我们对法官所进行的思想教育，强调了政治信仰，而忽略了法律信仰，缺乏针对性，忽视了法官的职业特点。综上所述，在法官教育和司法实践中应当固化法官的司法良知和法律信仰。

五、制定科学且可供操作的法官评价体系

随着法官职业化改革步伐的加快，势必对我国法官的专业知识和专业技能、职业素养、道德品质、业外活动表现等诸多方面提出了更高的要求。因此，需要建立一套法官评价体系去约束和评价法官职业操守的行业内的自律机制。具体而言，法官职业道德评价内容主要有以下几方面：是否在具备法定事由时适时回避；是否有单方会见、接触当事人或与当事人交流的情形；是否接受过当事人或其代理人的吃请、送礼或其他好处；能否在办案中排除人情、关系对裁判的影响；在办案中是否平等地对待当事人，让双方当事人享有平等的陈述或辩论权；是否保守审判秘密以及办案中涉及的国家秘密、商业秘密或他人隐私；语言是否文明、态度是否平和、行为是否得体、形象是否端庄；是否在办公场所外与律师有密切交往；是否在合议庭外发表自己对案件裁判的观点；是否有攻击其他法官的言辞；是否有拖案现象，办事效率是否低下；业务知识和技能能否胜任审判工作，等等。

我们认为，具体的法官评价机制应当包括以下两个方面。

(一)法官的业内行为评价

法官的业内行为评价是法官评价体系所涉及的主要内容，它涵盖了对法官在

审判活动中的各种司法行为进行的综合评价。即从法官对所承办案件的办案质量、数量、当事人的满意率、服判率及发回、改判、司法文书的制作等方面进行综合考核，除此之外，还要融入法官对恪守法官职业道德基本准则及其他相关监督管理机制方面的评价。《准则》以行业标准的形式明确规定了法官在业务范围内可以从事何种行为、不应当从事何种行为，从而为科学、全面地评价法官打下了坚实的基础。法官业内行为评价应当包括以下两大部分：对法官承办案件的质量等各项指标的考核评价；对法官在从事业内活动中恪守并履行《准则》的规定进行评价。两者缺一不可，前者是对法官业务水平、司法能力进行评价，而后者则是对法官的综合素质进行的评价。坚持不懈地将监督考评法官遵守《准则》作为评价法官业内行为的基本点，有利于进一步提升法官司法综合素质，确保在形式上和实质上保证司法公正的真正实现。

(二)法官的业外活动评价

法官的业外活动评价，是指对法官司法职务以外的所有活动进行的评价，包括法官的道德品质、个人修养、有无不良嗜好等。业外活动是法官行为的重要组成部分，一定程度上也是法官司法职责的延伸，可以间接地反映法官的职业能力、工作态度，更能反映法官的个体形象。严格约束法官业外活动，尽量减少业外活动与司法职责的冲突，有利于树立和维护司法权威。为此，在法官评价体系中必须将法官业外活动涵盖其中。《准则》对法官业外活动做出了几项限制，应当将其作为法官业外活动评价的主要内容：有无不良嗜好和行为；社交范围是否适宜；是否参加了一些限制参加的组织；职务外活动是否运用了职务内获得的信息；是否谨慎对待媒体采访；日常行为是否遵从社会公共道德等。

综上所述，只有将两种评价内容有机地结合起来，才能最大限度地衡量一位法官的综合素质，才能给法官做出一个科学、可信、全面的评价。

(三)评价机构的设定

由于对法官的评价涉及面较广，且对法官的工作容易产生深远的影响，因而为了最大限度地保证所做评价的准确、真实、可信，应当以法院内部评价机构和法院外部评价机构作为有权参与对法官进行评价的机构。

1.由审判委员会对法官的评价。从传统意义上讲，对法官的考评主要是由法院的政工人事部门在法官所隶属的庭室给予的考评基础上进行的。作为法官的任命、晋升、辞退等都要报请人民代表大会批准，要经过严格的任免程序。目前考评机构对法官的考评不够严肃，法院审判委员会作为指导法院审判工作的最高权威组织，理应承担评价法官的责任。

2.由人民代表大会对法官工作业绩进行评价。《法官法》规定："地方各级人

民法院院长由地方各级人民代表大会选举和罢免，副院长、审判委员会委员、庭长、副庭长和审判员由本院院长提请本级人民代表大会常务委员会任免。"从上述规定可以看出，我国法官的任免是必须经过人民代表大会同意的，因此对法官进行评价，人民代表大会也要相应地承担起责任。这也避免了只有法院一家对法官做出评价的主观性和片面性。

总之，建立科学的法官评价体系，应以现行的法官考核机制为出发点，结合新的司法理念引入新的评价内容、评价方式、评价方法。评价体系能否成功建立，还有赖于我国司法体制改革中其他问题的突破。建立一套适应市场经济、法治社会要求的、科学而统一的法官评价体系，有利于我国司法制度的统一、有利于进一步提高法官的司法素质、有利于进一步推进我国依法治国方略的实现。

六、建立违反法官职业道德的惩戒程序

为了切实提高法官素质，树立法院和法官的良好形象，《准则》从六个方面对法官在司法活动、业外活动等方面的操行做出了规定。但《准则》未对法官违反职业道德行为的惩戒做出具体规定。我们认为应当从社会惩戒和内部惩戒两个方面进行设计，促进法官职业道德水平的提高。

(一)社会惩戒

法官首先是社会人，他们除了具备良好的法律素质和道德情操，享受崇高的社会威望和地位以外，同样具有社会人的本性；同时，法官的人生观、世界观、职业观还受社会的好恶、人们的评价等诸多方面的影响和制约，无论是对法官的职业道德教育，还是对法官的职业道德惩戒，都应首先从社会角度着手。

1.营造良好的社会化道德氛围。职业道德的价值取向具有社会性，任何一种职业道德观念均在社会实践中形成，必须为社会各界所认同，离开了社会，离开了人们对职业道德的评价和舆论，职业道德将不复存在。营造良好的社会化道德氛围，能够提高职业道德惩戒的效能。若人们对请吃、请喝、阿谀逢迎、送礼行贿不予拒绝，甚至以能得到好处而竞相效尤，人们的道德观念、是非感和耻辱感必定荡然无存。在这样的大环境下，要求和劝导法官严守职业道德，那是不客观的。只有在全社会中树立正确的道德观念和价值标准，自觉地抵制社会不良现象，形成正确而健康的舆论氛围，才能使法官自觉地遵守职业道德，也才能使道德惩戒真正起到作用。

2.完善广泛的社会化监督体系。重点是要实行人大代表、政协委员、新闻舆论等多层次的监督，使之形成经常化和制度化的措施。我们认为，对法官的社会化监督完全可以借鉴人大代表会议制度，人大代表会议对"一府两院"每年的工作报告进行审议是对一个单位一年工作情况的整体评价，体现了人大代表对法官

工作的认同程度。采取这一形式对法官的职业道德水平进行评价，为法官的职业道德建设创造动力，促使法官树立良好的职业道德操守，可取得较为理想的成效。

(二) 内部惩戒

法官是一个特殊的群体，除了应当具备一个高尚的人所具有的一般道德情操以外，还应具备特有的审判职业道德。故对法官违德行为进行惩戒时，应当注意到法官职业道德行为的特殊性，并单独设计一套内部的惩戒办法。

1.成立法官职业道德惩戒委员会对违德法官进行惩戒。法官职业道德惩戒委员会可由本院院长、副院长以及有关部门的主要负责人组成，实行民主集中制。法官职业道德惩戒委员会主要履行以下职责：①对法官在一定时期内的品行操守进行评价；②对违反法官职业道德的法官做出惩戒决定；③以惩戒委员会的名义定期向社会公开惩戒结论；④处理涉及法官职业道德建设的其他事项。法官职业道德惩戒委员会对法官的惩戒按以下程序进行：①每年年末对全院法官进行职业道德评价；②法官惩戒委员会提前公布被惩戒法官名单，并向社会征集意见；③惩戒程序采取无记名投票的方式进行；④增强惩戒程序的透明度，实行当面唱票；⑤法院院长可随时提请惩戒委员会召开会议对法官进行道德惩戒。

2.明确对违德行为的惩戒措施。对违德法官可根据情节的轻重、负面影响的大小分别予以诫勉、警告、停止法官职业、调离法院四种惩戒措施。

七、大力促进法院文化建设

崇高的法官职业道德离不开优秀的法院文化滋润，好的法院必然有自己独特的法院文化。随着司法现代化、法官职业化的不断推进，以文化建设提高法官群素质、促进公正与效率的实现，已成为法院系统的共识。

(一) 法院文化的内涵和作用

法院文化是以法官为主体的法院工作人员群体，在长期的审判实践和管理活动中，逐渐形成的具有法院特点并得到共同遵循的价值观念、思维模式、行为准则以及与之相关联的物质载体的总和。先进的法院文化应体现出法的精神本质，是法官优秀品质的积淀。文化的特有功能与公众对法院的期望相交融，便产生了法院文化。它是由相互作用的诸多要素组成的一种文化系统。大体构成可分为四个方面：①表层的物质文化。法院的建筑、设施和装备，以及包括法官及其他工作人员装束、法庭布局与装饰、工作环境等。②浅层的行为文化。法官群体在审判活动、研究培训、生活娱乐和人际交往中产生的行为文化等。③中层的制度文化。法院在从事审判活动、管理活动中形成的与法院的司法精神、价值观念等意

识形态相适应的法院规章制度和组织机构等。④深层的精神文化。法院在审判、管理、组织活动中形成的独具法院特征的意识形态和价值观念。精神文化是法院文化的基础和核心，同时也是最具长效价值的。

加强法院文化建设，有利于提高法官的职业素质，确保司法公正的实现；有利于提高法院管理水平，确保法院建设顺利发展；有利于树立司法权威，改善法院形象；同时具有引导和培养社会的法律意识和法治精神的示范作用。

(二)法院文化建设的思路与目标

法院文化建设是一项长期的系统工程，不可能毕其功于一役。

总体思路应以推进司法体制改革和法官职业化建设、提高法官队伍整体素质、保障司法公正与司法效率为核心；以培育共有法律精神、确立现代司法理念、强化法官职业道德、营造崇尚法律、尊崇法官的良好氛围为着力点，全面规划，整体推进。

1.倡导法院精神。法院精神是法院群体共同价值观念、司法理念的集中体现，是法院文化的灵魂。法院应当使其得到广泛认同，自觉作为价值追求和行为准则。

2.强化法官职业道德，确立共同行为准则，推动法院文化建设。职业道德建设是法院文化建设的重要内容之一，应以职业道德提升法院文化，以法院文化滋养职业道德。职业道德建设是长期任务，要突出抓好生成教育，强化法院群体的责任意识、角色意识，培养良好的职业道德习惯。

3.确立现代司法理念是法院文化的核心。现代司法理念是法官群体为达到公正司法的终极目标，建立在对司法权本质特征及其运行规律有理性认识的基础之上，是法官通过内心的自主选择、坚定信服和推崇，并在司法实践中奉为最高行为准则的基本观念。它集中表现为独立、公正、平等、公开、高效、文明的内在规定性。

4.彰显法院文化底蕴，塑造司法权威。法院的精神文化通过物质环境等载体体现出来，法院的物质建设需要体现司法公开、司法公正、审判效率、司法文明等法院精神文化的内容。因此，法院在进行审判法庭、办公场所的建设改造以及司法装备配置时，都应当紧紧围绕法院精神文化的内涵展开。

(三)加强法院文化建设的主要措施

法院文化建设要与法院整体工作的推进相协调，根据不同阶段的工作重点和内容，开展与之相适应的文化建设活动，不断丰富其内涵和形式，讲求实效。

1.坚持以人为本，增强法院群体对法院文化的认同和参与积极性。法院文化的精髓是重视人的价值，因此，应力求把实现法院的整体价值和实现人的价值统

一起来。既要重视人的因素在审判实践和法院管理中的决定性作用，充分调动法院群体的积极性、创造性，又必须理解、尊重、关心、培养人，满足他们的物质与精神需求。法院文化建设的各项措施应是他们乐于接受的，这样才能使法治化建设充满生机与活力。

2. 坚持突出重点，确立法官在法院文化建设中的主体地位。法官是审判工作和法院管理的主体，也是法院文化的主要创造者、承载者和实践者。在法院文化建设中应当突出法官的主体地位，努力提高法官群体的专业素养、工作技能、道德水平，以适应公正执法的客观需要；努力营造崇尚法律、尊崇法官的良好氛围，充分调动和发挥法官的主观能动性与创造性，适应司法体制改革和法官职业化的需要。

3. 坚持典型示范，用典型精神引领队伍。先进模范是法院精神文化的人格化。法院应不断挖掘、培养、树立体现时代精神的先进典型，用榜样的力量不断昭示法院精神文化的丰富内涵和巨大动力，不断推动法院群体共同意识的形成和发展。

4. 坚持以文化品位提升精神和道德品位。法院文体活动是文化的艺术化。在法院文化建设中，应创造条件开展各类文体活动，丰富业余生活。

5. 坚持外在管理与内在管理并重，实现由他律向自律转变。外在管理是以强制约束实现管理意图，内在管理是自觉主动地遵守法院规范。后者的自律意识可以弥补因制度不合理或管理不到位的缺憾，是实现法院规范的根本途径。

6. 坚持法院文化建设与司法体制、机制创新相结合，注意汲取中外优秀法律文化的精华，传承人民司法的优良传统，在继承中创新、在扬弃中发展。

近年来，肩负着维护社会正义和惩治社会腐败职能的中国法院系统其自身确实出现了司法腐败问题，且这种腐败现象似乎有愈演愈烈的迹象。要遏制和消除司法腐败，主要应依赖于法律职业和法官职业内部的监督机制以及职业道德建设效能的有效发挥。就目前中国司法职业群体中，人们对伦理规则与职业道德规范理解和贯彻的差异，加之法官选任方面的低标准导致法官名节感、自豪感和荣誉感的匮乏，要确保中国法院系统的廉洁和公正，实乃断无可能的事情。统一司法考试制度建立以来，这一局面仍无根本的改观。可见，我国的法治之路还有很长的路要走。但对实现法治国家这一理想，我们始终充满信心！

当中国健步迈向法治国家之时，人们对司法公正寄予了更高的期许。对于依法肩负神圣审判职能的法官，人们的要求自然也越来越高。21世纪，我们究竟会有什么样的法官？对此，中国政法大学教授樊崇义先生认为："绝不是什么人都可以当法官的！法官，必须是一个合格的人，忠于法律、忠于职业，有良好的职业道德。同时，他必须具备专业的法律知识，这是一个法官的专业品质。"原最高人民法院原副院长祝铭山先生也曾说："我们要努力造就一批法学理论功底深

厚、相关学科知识丰富、司法业务纯熟、司法技能高超的专家型法官。"我们有理由认为：21世纪的中国法官至少应该做到——确保司法公正，提高司法效率，保持清正廉洁，加强自身修养，遵守司法礼仪，约束业外活动。这和民众的要求和期望完全一致，也是中国法治的希望所在！

在中国现有的法官队伍中，有许许多多的好法官，他们为了挽救失足少年，呕心沥血，披肝沥胆；他们为了法律的尊严，临危不惧，傲骨如磐；他们为了群众的利益，不畏艰难；他们用公正维护天平，用正义塑造形象；他们更有着职业的崇高理想。诚然，现阶段我国法官整体的职业道德素质还远未达到崇高的境界，职业道德建设任重道远。我国的法治建设期待着法官们通过自身的职业活动来担当特殊角色，法治的进程需要法官阶层来推动。尽管我国的法官还没有完成职业化过程，我们的制度环境还不足以使法官做到完全专业化和职业化，我们的学术研究也没有完全能为法官提供知识上和技术上的支持等。然而，历史又造就了我们这个时代独特的法官队伍，他们在构筑我国法治大厦的同时，也在进行着自身职业化的塑造。无论过去、现在还是将来，中国法官的言行举止，永远是民众注目的焦点。其中裹挟着权力、财富、能量和地位，稍有不慎，法官职业就被这些可知与不可知、正向和反向的力量所侵吞。因此，当代中国法官担承着更大的历史责任。而每一位是有崇高理想的中国法官都应当以高尚的职业道德来善待和涵养自己的职业，并为促成中国法官真正意义上的职业化而奋斗终生！

总之，理想的法治社会是司法最终裁决的社会，司法是社会正义和人权的最后救济者，法官代表法律裁决案件，是正义的化身。一方面法律借助法官而惠及社会；另一方面，法官又将法治推向信仰、推向实践。因此，一个社会最有公信力的组织应该是法院，最受尊崇的人应该是法官。法官位高权重，需要有高尚的人格素养和职业道德，因此，良好的法官职业道德就成为重建中国法官优秀整体形象的不可替代的坚实基础。只有立德，才能逐步树立起法院与法官的公信力和权威，中国才可能真正走上法治之路！

本章思考题

1. 如何理解法官职业道德的概念和特征？
2. 我国法官职业道德规范的主要内容包括哪些？
3. 如何完善我国法官职业道德规范？
4. 法官职业道德的贯彻实施需要哪些制度保障？
5. 如何理解法官职业化是实现司法公正的必由之路？

第五章　检察官职业道德

检察官职业道德是世界各国检察界共同关注的问题，中外检察官制度名称虽同，但性质有别。在我国，检察官是从事检察事务即法律监督事务的国家官员。检察官职业的这一特殊性决定了检察官职业道德内容有别于其他法律职业道德。

第一节　检察官职业道德概述

一、检察官职业道德的概念

检察官职业道德是指检察官在履行职务过程中必须遵守的伦理规范或行为准则。

我们可从以下三个方面理解这一概念。

(一)检察官职业与道德密不可分

从一般意义上说，检察官是指从事检察事务的国家官员。关于检察官的范围，在我国，根据《检察官法》规定，检察官是依法行使国家检察权的检察人员，包括最高人民检察院、地方各级人民检察院和军事检察院等专门人民检察院的检察长、副检察长、检察委员会委员、检察员和助理检察员。

职业和职业道德之间有着密切联系，按照伦理学和社会学的观点，单独考察各种职业，每一种职业都担负一定的社会责任，即各有各的职责和分工，而且，每种职业又总意味着一定的社会权力。其无论多少、大小都是公共权力的一部分，如何行使这些权力，必然会联系到社会道德问题。比如，掌握公共权力是为公众服务或是作为攫取个人私利的工具，更能反映出一个掌握权力的人的"德行"。尤其是每种职业常常在具体运作中都要体现和处理一定的利益关系。职业是社会整体利益、职业服务对象的公众利益、行业利益和从业者个人利益等诸多利益的交汇点、接合部，在这交织着多种利益的情形下，如何处理好其中的关系，是每一个"职业"从业者所必然面临的抉择，而其态度和行动，必然反映着道德问题。正是从这个意义上讲，有学者称，职业道德是以"责、权、利"的统一为基础，以协调个人、集体与社会关系为核心的职业行为准则和规范系统。没有相应道德规范，职业就不可能担负起社会职能。

检察官工作作为一种职业同样有一个职业道德问题。检察工作是一种专门从检察事务的司法工作，它同样是一种社会分工，同样符合"专人做专事"的职业特征，这里的"专人"就是"检察官"。这里的"专事"就是"检察"事务。检察职业既承担一定社会职责，又有一定的社会权力，体现着一定的利益关系，如同任何职业一样，它与职业道德有着不可分割的内在联系。

(二)检察官职业道德适用于检察官履行职务过程中

任何有职业的人都具有双重属性：一方面，它是社会中的普通一员，作为一个公民面对社会；另一方面，它又是社会分工的某一项职业的承担者，作为一个职业者面对公众。当其以公民身份进行活动时，自然应遵守普通的道德规范，而当其以职业身份出现时，换句话说，以职业面目履行社会赋予的权力时，它应该遵守国家和社会赋予这一职业的道德规范。

在现实生活中，每个人都有三大生活领域，即公共生活、职业生活和婚姻家庭生活。为调整和规范这些领域中的关系，相应地形成了社会公德、职业道德和婚姻家庭道德。社会公德、职业道德和婚姻家庭道德是相互联系又相互区别的道德规范。就社会公德而言，有广义和狭义之说。广义的社会公德是指反映阶级、民族或社会共同利益的道德，它包括一定社会、一定国家特别提出和实行的道德要求，甚至还以法律规定的形式，使之得以重视和推行。狭义的社会公德特指人类在长期社会生活实践中逐渐积累起来的、为社会公共生活所必需的、最简单、最起码的公共生活准则。它一般指影响公共生活的公共秩序、文明礼貌、清洁卫生以及其他影响社会生活的行为规范。在现实生活中，尽管"物以类聚，人以群分"，但处于同一时代的同一社会环境的社会成员，为维持社会的起码生活秩序，必须遵守社会所需的生活规则。职业道德就是在一定的职业活动中所应遵循的具有职业自身特点的道德准则和规范。婚姻家庭道德是恋爱婚姻家庭领域中应遵循的道德准则和规范。三种道德规范之间具有联系和相同点，又有区别。三种道德规范调整着不同的对象，适用于不同的范围。就某一个特定的人来讲，它可能扮演不同的角色：当作为普通公民时，应遵循公共道德；当作为职业人员时，应遵循职业道德；当作为婚姻家庭中的一员时，应遵循婚姻家庭道德。但是，绝不能将三种道德规范混淆在一起，或将三种角色的道德规范混同使用。

如同任何职业道德规范一样，检察官职业道德适用于检察官履行职务的过程中。换句话说，检察官在履行法律赋予的权力，扮演"检察官"职业人这一角色时，检察官职业道德才对其适用。当检察官未作为"职业"身份出现，而是以普通公民身份或以婚姻家庭一员生活时，检察官职业道德规范就失去意义。

(三)检察官职业道德是检察人员必须遵循的道德规范和行为准则

与普通的道德规范不同，职业道德有范围上的有限性、内容上的稳定性、形

式上的多样性和效力上的准强制性。它是检察人员必须遵守的道德规范。对于检察人员来讲，除了必须遵守法律外，职业道德也是必须遵守的。检察官职业道德普遍融合了国家、社会和公众对检察官从业的道德期许，它是完成检察工作必须遵循的规范。除《检察官职业道德规范》的条文内容外，它常常表现为检察界的公约、誓词或纪律。如若违反，也必将受到纪律或行政处分。

二、检察官职业道德的历史发展

检察官职业道德是随着检察官职业的产生而出现的，并随着检察官制度的变化而发生变化。

(一)检察官职业道德的起源与发展

法国自 12 世纪初期开始，就出现了代表国王参加诉讼的"代理人"。这种代理人，叫国王代理人。他们受国王的指派处理其私人事务。后来这种代理人逐渐发展成为代表国王向法院提起民事诉讼的人。到 13 世纪中叶，代理制度又扩大到刑事诉讼，即由代理人起诉刑事犯罪案件。在国王腓力四世(公元 1285—1314年)在位期间，法国封建社会发展到中央专制集权阶段。为了监督各封建领主，更好地维护国王的利益，1302 年，腓力四世颁布敕令规定，国王代理人须和地方官吏同样宣誓，并以国王的名义参加有关国王利益的一切诉讼，从而成为国家官吏。法国 14 世纪的国王代理人制度，是检察官制度乃至检察制度的雏形。鉴于当时实行的是"纠问式"诉讼模式，缺乏追诉权与审判权的严格区分，且国王代理人主要代表国王而非公共利益，因而不是现代意义上以"公诉权"为核心特征的检察制度。现代意义上的检察官制度是按照 1808 年制定的刑事诉讼法确立的。这一法典又称"拿破仑治罪法典"，它将审前程序的主持者确立为公诉官和预审法官，前者负责追诉犯罪，后者负责审问。不经公诉官请求或被害人告诉，预审程序不得起动，这种制度与后来的国王代理人制度已有重大差异，因而具有了现代以"公诉权"为特征的现代检察官制度特征。法国这种检察官制度模式被大陆法系等国家所借鉴和采用。

英国检察官制度具有自身特点。在英国，13 世纪 40 年代至 80 年代，英国出现了国王律师和国王法律顾问，代表国王就有关皇室利益的财产诉讼和行政诉讼案件进行起诉。1461 年，国王律师改名为英国总检察长，国王法律顾问改名为国王辩护人。1515 年，国王辩护人又改名为英国副检察长。他们对杀人案件、破坏皇室利益的案件以及开除皇家官员，偿还土地等案件进行调查、起诉和听证。1827 年，英国增设追究破坏皇室利益以外案件的检察官。1879 年，英国颁布《犯罪追诉法》，规定设置公诉处为国家检察机关皋，英国这种检察官制度模式被英美法系国家所借鉴。

随着检察官职业的出现，其职业道德问题自然被提到议事日程上来。检察官职业在资本主义初期出现，这一时期资产阶级的主要任务是如何消除封建制度残余、巩固和发展资本主义制度，所以，在其职业道德方面也打下了这一时代烙印。资产阶级思想家提出了"严格执执法"和"严格守法"双重道德规范。"严格法"为17世纪的英国掘地派领袖杰腊德·温斯坦莱提出，他认为"严格执行法律是政府的生命"。强调要严格执行平等原则，不论是公职人员或是平民百姓都严格执行法律的各项规定。所有执法者只有依法行使职责的义务，而没有超越于法律之上的权利。执法人员应该无私，把国家的法律当作自己的意志去执行。18世纪的法国资产阶级启蒙思想家卢梭则强调，一切统治者都应是"法律的臣仆，……由于他享受法律的一切好处，他若强制他人遵守法律，他自己就得更加严格地遵守法律。"即先正己，后正人。而另一位法国启蒙学者摩莱里则认为，如果执法者不洁身自好，敢于以身试法，玩忽职守，法律本身将剥夺他们的一切权限。无论是检察官"执法严格"或"严格守法"强调的都是法律至上、法律至尊，确定的是法律面前人人平等等资本主义基本法律思想和伦理道德规范。它是对封建制度伦理道德的否定，也是与资产阶级初期的政治、经济、法律思想以及人文环境等密不可分的。

随着资本主义社会的发展，对司法人员的职业道德要求也有了新的发展和进步。世界各国无论是大陆法系还是英美法系，都在制定了详尽的法官职业道德、律师职业道德的同时，也制定了检察官职业道德。尤其是1990年9月7日，第八届联合国预防犯罪和罪犯待遇大会审议通过了《关于检察官作用的准则》经联合国大会决议批准，该准则已经成为世界各国检察官行为准则的范本。

该准则综合了世界各国的检察官职业道德内容，就世界各国已达成共识的内容做了进一步的概括和归纳，并根据检察官制度的发展状况提出前瞻性的要求。这是国际社会对检察官履行职责的最低要求。该准则就检察官的行为准则提出了七个方面的要求：①根据法律和法律授权积极发挥职能作用；②公平地依法办事，尊重和保护人的尊严，维护人权，特别是犯罪嫌疑人和被害人的诉讼权利，确保法定诉讼程序和刑事司法系统职能的顺利运行；③不偏不倚地履行其职能，避免任何形式的歧视；④保证公共利益，适当考虑犯罪嫌疑人和被害人立场；⑤保守职业秘密；⑥维护法治权威，注意对公务人员所犯罪行特别是对贪污腐化、滥用权力、严重侵犯人权和国际公认的其他罪行的起诉与调查，拒绝使用通过非法手段获得的证据，尤其是通过拷打，或者残酷的非人道的，或有辱人格的待遇或处罚，或以其他违反人权办法获得的证据，检察官不仅应当拒绝使用，而且应当采取一切必要的步骤确保将使用此类手段的责任者绳之以法；⑦在充分尊重犯罪嫌疑人和被害人人权的基础上适当考虑免予起诉、有条件或无条件地中止诉讼程序，或使某些刑事案件从正规的司法系统转由其他办法处理，特别是对少

年，应尽量考虑非起诉的处理办法。这些行为准则是检察官发挥作用的最基本的保障，是不同制度的国家、不同制度下的检察官必须共同遵守的基本准则。

(二)我国检察官职业道德的历史发展

我国奴隶社会和封建社会还没有检察官制度，只是与检察制度具有形式上、职权上某些相似的"古代御史监察制度"。"御史"之名，在西周官职中已经出现，但只是在君主左右掌管文书档案和记事的史官。战国时，各主要国家都设御史。秦时御史，相当于副丞相，其职责为监理诸郡、监察地方违法事宜。自此以后，历朝历代均设有此官职。至清代时御史职责有三项：①肃正纪纲，纠弹百官，即对封建官吏是否尽忠于皇帝和有无违法失礼实施监督；②对大臣及百官的任免具有向皇帝的建议权；③参与刑事案件的侦讯、审理和评议，并巡视州县的诉讼，实行审判监督。以担当"公诉权"为职责，维护公益的现代意义上的检察制度发端于清朝末年。1906年，清王朝仿照西方资本主义国家"三权分立"原则，建立了行政、司法、立法"三权分立"体制，由此建立了现代检察官制度。当时规定检察官的职责有四项：①实行搜查处分；②提起公诉；③监督审判的执行；④作为诉讼当事人或公益代表人，实行特定事宜。清王朝灭亡后，民国政府借鉴了这些规定，继续确立检察官制度。

自清末始至民国止，与当时半封建半殖民社会性质相适应，检察官乃至整个司法职业道德问题不能不反映或体现其时代特征。这一时代检察官职业道德有一个共同的特点，即一方面大量引入资产阶级的法理原则，例如，根据法律面前人人平等原则要求检察官等司法人员旗人汉人"一体同科"，以求建立公正平允的法律新秩序；另一方面，在职业道德中又大量充斥着封建社会的纲常礼数，以维护君主专制制度。

在中国历史上具有鲜明革命性和人民性的包括检察官职业道德在内的司法职业道德，产生于革命根据地时期，历经工农民主政权、抗日民主政权和解放区民政权三个阶段。这一时期的检察官职业道德并未构成单独的序列，而是所有司法人员遵循共同的职业道德。这些职业道德包括：①平等，即法律面前人人平等原则，不但为法律准则，也为道德准则；②人道，即对罪犯实行革命的人道主义，一言以蔽之，"把犯人当人看"即尊重罪犯人格，不打骂、不体罚、不虐待，保护其合法权益；③"便民"，相信群众，依靠群众，便利民众解决冲突和纠纷是人民司法的一大特色。

新中国成立后，人民检察官制度得以建立，但随着政治形势的变化，我国检察官制度在20世纪50年代后半期受到漠视，至20世纪60世纪中期发展到了顶峰，随后，检察机关被取消达10年之久，检察官制度受到了一定影响。至20世纪70年代末恢复检察制度以后，检察官制度乃至检察官职业道德问题仍未提到

议事日程上来。1995 年 2 月 28 日第八届全国人民代表大会常务委员会第十二次会议通过了《检察官法》，昭示着新中国检察官制度的确立。随之，检察官职业道德问题作为检察官素质的一部分始被重视起来。特别是随着依法治国和以德治国作为党的战略方针提出并付诸实施，为检察官制度建设和检察官职业道德的确立提供了广泛的理论支撑，自此，检察官职业道德问题成为新时期检察队伍建设战略重点之一。

纵观中外检察官职业道德发展状况，有以下几个方面的结论：①检察官职业道德发展有着与检察官制度天然的依附关系。当检察官制度存在时，检察官职业道德问题才能浮出水面，当不存在检察官制度时，其职业道德问题也自然无人问津。②不同性质的国家有不同的检察官职业道德内容。作为上层建筑，职业道德的性质是由经济基础决定的。不同的经济基础之上检察官有不同的职业道德要求。③职业道德还有相通性。尽管不同性质的国家职业道德不同，但并不妨碍检察官职业道德之间的承继关系存在。在中国历史上检察官制度确立较晚，职业道德建设起步迟，可承继的内容也不多，但是，古今中外的检察官职业道德都是可借鉴和吸纳的对象。

三、检察官职业道德的特点

检察官职业道德是既不同于普通的道德规范，也不同于其他法律职业的职业道德规范的特殊道德规范。这种特殊性，从根本上说是由检察机关的性质和检察官的职业特殊性所决定的。

关于检察机关和检察官的性质问题，中外有别。在国外，检察机关一般被视为享有"公诉权"的特殊行政机关。由于司法权专属"审判机关"，因此，检察机关不属于司法机关，检察官也是如此。检察官是担当"公诉"任务的行政官员，履行职务时具有"上令下从，职务收取和转移"的行政权特征。在我国，检察机关是国家法律监督机关，对法律的遵守和执行情况进行监督，以维护法律的统一实施。检察机关和检察官性质的不同根源是由于国外是按"三权分立"的理念和框架建立国家机构，我国不是按"三权分立"的理念，而是以人民代表大会为基本政治制度来建构。人民代表大会是国家权力机关，它产生和监督"一府两院"，即政府、法院、检察院。因此，检察机关是一个与政府和法院等平行位置，独立行使检察权的国家机关。它在人民代表大会的监督下进行工作，对包括政府、法院在内的所有国家机关、团体、企事业单位、公民个人执法和守法情况进行监督。当然，在进行具体监督时，根据对象的不同监督的模式特性也不同。具体来说，对于一切公民和组织，检察机关的监督为犯罪监督，即检察机关对于公民和组织的一般违法不予干预，因为这属于行政执法的对象和范畴，只有达到犯罪的程度，检察机关才运用刑事追诉权，将其提交法院审理和裁决。对于国家机关的

执法监督，其对象是审判机关、侦查和执行机关的执法活动。而对于除此之外一般行政机关的一般违法活动，检察机关也不予干预，因为这属于行政监督和行政诉讼审查的问题。检察机关依照法定授权和法定的程序，在诉讼活动中发现和纠正违法的活动，包括刑事诉讼活动中对侦查的监督、审判活动的监督和刑罚执行活动的监督以及民事审判和行政审判活动的监督。

由此可以说，对检察机关而言，由于法律将它定位于法律监督机关，并将审判机关、侦查机关和执行机关执法纳入监督的范围和对所有国家机关、团体、企事业单位和个人犯罪行为进行监督，因此，检察机关的"地位"特殊。检察官职业也相应特殊，具体来说：①权力更大。权力性，指司法工作者代表国家履职能或行使权力，具有四点共性，即命令、决定、强制、执行。这是司法职业的共同特征。检察官职业中权力性更大。司法职业本身权力就大，检察官不但行使这些权力，同时又对另外的司法机关进行监督，由此可见其权力的特殊。②社会性更广。司法职业活动具有社会性，从一般意义上说，司法职业活动涉及社会生活的领域广泛，同时其活动直接关系到社会的稳定和发展。而检察官职业的社会性更广泛，是指一方面是除自身的活动具有上述特性外，另一方面，它还通过"监督"手段更深层次涉足别的司法机关不曾涉足的领域。③政治性更强。司法工作历来被视作人民民主专政的工具，是国家政权的支柱之一。而检察官职业由于国家设立检察制度的目的是保证"国家法制的统一"，因而，检察官职业政治性更强。④易腐性更甚。司法职业由于种种原因，很容易产生被腐蚀的危险。而检察官职业由于特殊性所致，形成了检察官监督他人，却对检察官缺乏监督的局面。在我国现实生活中，检察官在法律层面上属于单向监督，即他能监督别人，而别人无法监督他，如果脱离了法律层面的监督，权力极易走向腐败。这已是无数事实证明了的规律。

由此可见，检察官职业比一般的司法职业更具有特殊性，因而其职业道德也具有特殊性，具体表现为以下几个方面。

1. 更大的责任性。权力与职责是成正比的。权力越大，职责或责任越大。检察官在国家社会生活中，权力甚大。国家法律赋予了检察官的特殊职权，必然承担特殊的更大的责任。检察官活动既是司法活动，又是法律监督活动。司法活动方面，其一举一动都关系到国家的安全和社会的稳定，关系到实现公民人权利、财产权利及其他合法权利的保护问题。在法律监督方面，检察官要保证国家法律的统一实施，以维护国家长治久安。如果检察官能严格地按照法律规定行事，法律就能起到应有的作用；反之，则产生巨大的负面效应。因此，相比较一般的职业道德，尤其是司法职业道德具有更大的责任性。

2. 更特殊的示范性。检察官职业既执行法律，又监督法律实施。当执行法律时，和其他司法机关并无两样，必须按照法定程序、步骤进行工作。但当监督法

律实施时，处于一种"超然"的位置，同时也是公众聚焦点。检察官职业道德的优劣，不仅关系到司法工作是否廉洁高效地运行，还关系到公共利益、国家利益的保护，甚至关系到国家的长治久安。因为，如果人们从"管人"的人那里得不到足以取信于社会和公众的信息，自然产生离经叛道，离心离德。反之，如果检察官坚决依法办事，秉公执法，一身正气，被人们视作"正义"的化身，自然又会取得相对应的效果。检察官在其职业道德上应当是较一般职业道德有更特殊的示范性。它应当比一般的职业道德更严，内容更加科学、合理，从而成为整个司法队伍的"范本"。

3. 更大的强制性。作为道德规范，主要是靠舆论、传统习惯和内心信念起作用，主要是靠人们的自觉遵守。但司法职业道德，尤其是检察官职业道德则在很大程度上是靠强制性实现的。这些强制性包括：①法律的规定。如《检察官法》中对检察官职业道德问题做了规定，使其把道德伦理、规范、准则上升为法律，使之具有与法律同等的效能与作用。法律的规定将检察官职业道德从道德规范转化为法律规范，使其具有道德和法律规定双重属性。这种情况下，检察官职业道德就不是检察官内心遵循道德规则和不遵循道德规则行事的问题，而是必须遵循的法律义务。②将职业道德规范的遵守与纪律挂钩。不遵守检察官职业道德规范，将为检察纪律所不容，遭受纪律处分。

为什么检察官职业道德具有强制性特点？因为检察官违反了职业道德准则，出现以权谋私、贪赃枉法、玩忽职守和滥用职权等，将使国家法律监督机制失去意义。此外，检察官身处社会生活中，而我国正处在新的体制转轨期间，社会风气颓废，法律权威被削弱，使检察官队伍的不正之风滋生和蔓延日盛。在此情况下，在涉及检察官职业道德时，应不失时机地通过规范和说服教育进行引导，但与此同时，也在制度上以一种强制手段执行职业道德规范，方能见效。

四、检察官职业道德的作用和意义

(一)检察官职业道德建设是"以德治国"治国方略的具体落实

"依法治国"是党和国家提出的战略口号。它是在特定的历史时期和特定的历史条件下提出的治国方略。这一治国方略的实施，极大地促进了中国民主与法治化建设进程，使我们国家向法治国家迈出了一大步，但是，随着社会主义的市场经济的建立，社会机制面临转轨问题，各种社会矛盾和问题层出不穷，特别是以西方为代表的外来文化和意识形态的侵入，使我们国家在发展过程出现了许多社会矛盾和问题，而作为法律的力量不但没有解决问题，反而有侵蚀法律权威的趋势，这就引发了人类社会治理的最基本手段，也是人类社会生存的精神动力和人类的文明底线——道德问题。社会的呼唤、治理国家顽症的需要使道德问题呼

之欲出。

党的"以德治国"方略的提出为检察官道德建设及职业道德建设提供了舆论支持。检察官的职业行为涉及社会生活的方方面面，公众是通过检察官的职业行为来了解检察机关和检察官职业的。因此，建立检察官职业道德使检察官树立高尚的职业道德，对于完成检察工作职责、建立法治国家等，都具有促进作用。

(二)检察官职业道德建设是检察官履行检察职能的必然要求

检察官在履行检察监督职责过程中，必然同社会各界、各类人员发生各种社会关系和职业联系。对这些关系的调整处理，当然需要法律，但也需要检察官职业道德。例如，检察官与法官的关系，检察官与律师、侦查人员，以及当事人和诉讼参与人、社会公众的各种关系处理，仅有法律还是不够的。因为法律的性质决定了它不能将所有的社会关系事无巨细、一览无余地全部罗列出来，日常的、大量的司法活动方面还要靠职业道德去调节处理。

检察官掌握着"生杀予夺"大权，这正如同一把"双刃剑"，运用得好，则能保证社会和国家的安全、健康有序发展；反之，则损害公众利益，对国家发展和社会进步造成妨害。而能否达到好的效果，关键取决于检察官职业道德的高低。检察官职业道德水平高，则使权力运用达到匡扶正义目的。反之，检察官道德水准低，则将使检察职能变成危害公众的工具。

(三)检察官职业道德建设是保证国家长治久安的需要

道德与国家长治久安有着不可分割的联系。在中外历史上，凡道德沦丧、世风日下之时，也正是社会矛盾突出、社会不稳定之日。因此，道德，尤其是公职人员的职业道德问题在保证国家长治久安方面有其特效。在中国历史上，早在古代，思想家就将社会廉耻等道德体系与国家的安危联系在一起，从"克己复礼"到"三纲五常"，从"无为而治"到"禁欲主义"等封建传统道德体系，都被列为维护社会稳定和发展的精神支柱。

检察官职业道德更是与国家长治久安联系密切。检察机关作为法律监督机关，应该是法制的守护神，是正义的化身，也是处理和化解社会矛盾冲突的场所，更是弱者寻求法律帮助之地。检察官具有良好的职业道德，担当守护"正"之责，就能使矛盾得到化解、弱者权益得到保护，法律天平得到平衡。如果没有良好的、高尚的职业道德，对社会冲突视而不见，或不能秉公执法，甚至执法犯法，贪赃枉法，检察机关就会失信于民，进而使公众对法律漠视和对国家失去信任，危及国家政权的安全。所以，建设检察职业道德从保证国家长治久安方面来说具有战略意义。

第二节　检察官职业道德的主要内容

根据最高人民检察院 2002 年发布的《检察官职业道德规范》的内容，并结合《中华人民共和国检察官法》的有关规定，将我国检察官职业道德内容介绍如下。

一、忠诚

（一）含义

忠诚是指忠心与实在的良好品质，其具体含义可表述为真挚诚实、忠贞不二、言而有信、一诺千金等。"忠诚"是我国古已倡导的传统美德。远的如孔子的"言忠信，行笃敬"，儒家所倡导的"仁、义、礼、智、信"等，几千年来一直被遵循和延续，并深深地扎根于民众的思想意识之中。近的如推翻反动统治制度的无数仁人志士，抛头颅、洒热血，忠诚于理想，忠诚于"主义"都是实践忠诚美德的典范。

忠诚既是对公职人员道德的一般倡导，也是对检察官的特别要求。自检察官诞生的那一天起，它就是国家利益、公共利益和人民利益的守护者。唯有忠诚，方能完成守护者的职责。也唯有忠诚，才能不辜负检察官的称号。

（二）忠诚的内容

"忠诚"的品德包括以下具体内容。

1. 忠诚于党、国家和人民。

忠诚于党。中国共产党是全国各族人民利益的忠实代表，是中国特色社会主义事业的领导核心。党的这种地位在宪法和法律上已经得到确认。忠诚于党，就是坚定对党的信念，执行党的指示，维护党的声誉，服从党的领导。

忠诚于国家。国家是阶级社会的产物，是法律的制定者和权力的象征。国家的意志制定为法律，需要包括检察官在内的司法人员去执行。法律绝不能脱离国家而存在，检察官等司法人员是国家权力和意志的代表和具体执行者，因此，检察官必须无条件、毫不保留地忠诚于国家。我国是社会主义国家，检察官是国家意志和权力的执行者，自应忠诚于国家。

忠诚于人民。人民是国家的主人。忠诚于人民就是要顺乎民心民意，关心人民疾苦，给人民一个安全的生活环境，这是忠诚于人民最本质、最实际的内容。一句话，一切以"人民拥护不拥护，高兴不高兴，赞成不赞成，满意不满意"作为检验检察官工作的标准和尺度。

忠诚于党、国家和人民是统一的，不存在三者割裂的问题。从思考问题的角度看，党和国家、人民是不同的法律范畴，但在具体执行中，三者又是统一的。党是国家的领导核心，是人民意志的集中代表。从政治学角度看，党和国家是不同的范畴。但在我国，由于党作为国家的领导核心是具有宪法和法律依据的，而且实际生活中，党在国家生活中实际发挥着领导作用。而从人民的角度看，国家是人民的国家，人民是国家的主人，党又是人民利益的忠实代表，因此，三者联系密切，很难将它们割裂开来。具体到检察官履行"忠诚"道德义务时，自然也不能割裂开来。

2. 忠诚于宪法和法律。

宪法是一个国家的根本大法，而各项法律制度都是宪法原则和精神的具体化。在我国，宪法和法律是党和人民意志的集中反映，是为维护国家、民族和人民利益，维护社会正常发展秩序服务的。宪法和法律的实施是通过包括检察官在内的司法人员进行的。从这个意义上讲，忠诚于宪法和法律就是忠诚于党和国家、人民，也是"忠诚"内容的更进一步具体化。

忠诚于宪法和法律是检察官的天职。宪法和法律是检察机关和检察官进行职业活动的依据。检察官的一切职务活动都是与宪法和法律须臾不可分的，都时刻围绕着宪法和法律进行。宪法和法律是检察机关和检察官的工作武器，也是其存在的根据。检察官作为法律的执行者和实施者，是法律的人格化或人格化的法律，其灵魂就是宪法、法律，思想就是宪法和法律条文。正如一个自然人一样，离开了宪法和法律，检察官就失去了灵魂，其职业活动就失去了意义，也就寸步难行。因此，忠诚于宪法和法律对检察官是毋庸置疑的。

在我国，检察官是法律和法律监督的具体实施者。也就是说，一方面，检察官自己在实施宪法和法律的基本要求，而另一方面，检察官还要监视和督促国家机关、团体、企事业单位和公民个人自觉地遵守和执行法律。如有违反，检察官将通过行使检察权纠正这种越轨。检察官与宪法和法律的这种特殊的关系更进一步要求检察官忠诚于宪法和法律。

忠诚于宪法和法律在实施和操作中有其具体的内容，那就是"有法可依，有法必依，违法必究，执法必严。"所谓"有法可依"，是针对立法而言的，它要求有一个比较完备的法律体系；所谓"有法必依"，是说检察官在履行其职务活动中，要按照国家已经制定颁行的法律、法规进行执法活动；"违法必究"是说对违犯法律的人，必给予法律追究，绝不容许逍遥法外，逃避法律的惩处；"执法必严"是说检察官严格按照法律规定去活动，具体指依法立案、侦查、起诉以及进行法律监督。

3. 忠诚于事实真相。

对于检察官具体的工作来说，除法律外，事实问题也是一个非常重要的问题。"事实"是检察官处理案件的依据，法律则是处理案件的准绳和尺度。离开

了"事实"，法律的适用就失去了对象和依据，法律的准绳和尺度作用也就无从谈起。

忠诚于事实，是说检察官处理案件时，应该按照事实所呈现的状态去认定，既不夸大，也不缩小。不能为满足一己之利或屈从于某种压力而人为地改变案件事实，或人为地进行淡化处理，"大事化小，小事化了"，或"揠苗助长"，人为地上纲上线枉法追究。总之，事实是什么样，就按事实的原样去认定。

忠诚于事实真相是检察官基本的道德要求。"说实话，办实事"是我国历史上传统的做人的道德规范。脱离了事实真相去进行活动，无异于恣意妄为，也因而使法律成为"玩偶"，这既是法律工作的大忌，同时也是检察官法律监督工作的大忌，因为离开了事实真相去适用法律将是对法制的最大嘲弄和破坏。

当然，事实真相的客观问题不是一蹴而就的。在众多的案件中，事实真相往往是和假象混淆在一起的。造成这种状况的原因有客观和主观两方面：一方面是检察官的主要工作——刑事诉讼中犯罪分子的逃避打击心态外化所致，常常给侦查起诉工作出难题；另一方面，事实真相的认定过程是一个认识过程，而认识过程是一个十分复杂的思维活动。由于认识能力所限，常常力不从心，因此，许多呈现于检察官面前的常常是"真真假假、虚虚实实"的证据材料。在这种情况下，检察官需要许多的素质条件，但最关键的还是作为司法人员的最基本的操守即忠诚于事实真相。实践证明，检察官认定案件可能是对的，也可能是错的，但他必须本着道德要求去做最佳选择。

4.爱岗敬业、恪尽职守。

（1）检察官应有责任心。"责任心"是履行好检察职务的基础。不堪设想，一个不负责任以漫不经心态度对待检察工作的人会履行好检察职责。同时，责任心也是工作绩效提高的重要因素。没有责任心，工作将拖拉和无明显的成就。因此，考察检察官是否"敬业"时首先应考察其有无"责任心"。

"责任心"并非可望不可及的事物。根据学者们的研究成果，"责任心"的判定有以下标准：一是对每一项职责，事无巨细，不论其重要程度如何，不论性质如何，是否给予同样的关注；二是是否利用一切合法手段，防止事务拖延处理；三是从维护法律秩序的角度出发，并从保护国家公共利益和当事人合法权益出发，在适当处理两者之间关系的前提下安排实施一切活动。

（2）检察官应致力于履行检察职责。这就是说检察官应当把检察事务置于一切事务的首位，把主要精力投入履行法律监督职责中。对于一个检察官来说，履行检察职责是所有事务中的头等大事。当其他任何事务或个人爱好与检察职责发生矛盾或冲突时，都应将其置于检察职责之后。

此外，检察官致力于履行检察职责还应处理好以下几个方面的关系：一是妥善处理本职工作与其他公共职责的关系。检察官本职工作是检察事务，但除此之

外，还有一些与检察工作没有直接关系的诸多公共事务可能会占用检察官的时间、精力，从而影响本职工作，其中，有些是纯粹无偿地去尽义务工作，有些则是有偿的劳动。无论有偿与无偿，过多过滥的公共职责活动将影响检察官职务的履行，必须引起检察官的注意。二是适当调整本职工作与业余活动的关系问题。本职工作和职务活动在很多时候或很多情况下是与业余活动矛盾和冲突的关系。而一个人的精力又是有限的，一个检察官，如果将精力和时间投入本职工作上，必然降低或减少在业余活动上倾注的精力和时间。反之，则会将过多精力、时间放在与检察工作职责无关的业余活动上，必然影响本职工作的开展。

（3）检察官应增强工作绩效。司法绩效是司法工作的成绩和效果。检察官是否敬业不是体现在说辞上，也不在于是否夸夸其谈，或做做样子，而是有一个实质性的标准，即检察工作绩效如何。不以绩效作为判断标准，就失去了敬业与否的客观标准，而变成了任意行为。所以，检察工作绩效高低将是检察官敬业与否的标志。而要做到敬业，就必然要想方设法倾尽一切力量促使工作绩效提高。

要提高检察工作绩效，从爱检敬业角度考虑应当使检察官具有非凡的工作能力。只有提高工作能力，工作绩效才能提高。因此，检察官必须勤奋地钻研业务知识，虚心向书本学习，向同行学习，精益求精，掌握履行检察职务必需的法律知识和技能。从理性分析，任何人都要终身学习方能跟上时代步伐，而不致被淘汰。尤其是由于制度和历史的原因，我国检察官队伍的文化素质、知识技能并不乐观。这种情况下，要想完成检察工作职责，只有学习、学习、再学习，才是唯一出路。

（4）检察官应有职业良知和荣誉感。职业良知或良心是指具体领会和感觉会对其要求并有着为社会尽具体义务的明确意识。职业良知或良心是在个人一般良心基础上形成的特殊表现。职业良知或良心在检察官职业道德中占有重要地位。可以说，没有职业良心，就没有职业道德。它是开展检察工作时达到敬业道德水平必须具备的情感和动力。职业良知既可以使检察官更好地履行自己的义务，又可以更好地规范检察官的职业行为，比如职业良知可以促使检察官有责任感、是非感。

荣誉感，则是个人在履行义务之后受到社会赞扬、肯定，从内心获得的一种价值认同和情感上的满足。如果一个人没有荣誉感和羞耻心，就不会产生进取、努力向上或不甘落后的心理意识和行为，也就不会对自己的职业产生神圣感和责任感等。

二、公正

（一）含义

公正是指检察官履行职务时避免事实和法律以外的因素的消极影响，应平等

地对待诉讼各方。公正作为检察官职业道德内容之一，缘于以下特殊的考虑。

1.是由检察官工作的性质决定的。在我国，检察官工作除公诉外，还有两项重要工作，即侦查和监督。就侦查而言，检察机关侦查对象指向职务犯罪。所谓职务犯罪又叫公务犯罪，是指具有一定职务身份的人进行的犯罪。主体当然是有职务之人。与一般犯罪相比，这些人具有拥有一定的权力，有较高的知识文化水平，反侦查能力强，心理素质好等诸多特殊之处。在检察机关侦查惩治这些犯罪过程中，可以想象，职务犯罪之人会使出浑身的解数，动用一切力量，采取一切手段做最后的挣扎。因此，工作难度之大、危险程度之高、案件复杂性之强与杀人、抢劫等恶性刑事案件相比有过之而无不及。尤其是，复杂的社会关系造就了职务犯罪者的背后都有一定的"关系网"和"势力圈"与检察官侦查相对抗较量。监督工作同样也是一个充满监督与反监督的艰苦困难的工作。监督即法律监督是指对所有国家机关、团体、企事业单位、公民个人执法、守法的情况的监督，具体分为两类：一类为有关的国家机关执法活动的监督，指对法院、侦查机关和监狱等执行法律情况的监督；另一类为所有的国家机关、团体、企事业单位、个人遵守法律情况的监督。这是指不遵守法律到了犯罪程度由检察官进行干预。无论上述哪种情况都对检察官权威提出了挑战，都要求检察官有一种特殊的工作精神来应对。

2.现行的执法机制不畅。检察官现行的执法机制存在许多问题，其中关键在于检察领导体制问题给检察官履行职务出了许多难题。根据现行检察工作体制要求，检察官须服从检察长领导，而检察长又受制于地方的领导。每起职务犯罪案件和法律监督工作都多多少少会受到各种阻挠和困扰。这种情况下，检察官若无一个公正的道德标准，则案件很难办下去。因此，执法机制存在的问题须由职业道德规范来弥补，从全国查处的大案要案情况来看，许多涉及地方关系的重大案件查办过程中都有这么一个规律，检察官公正的道德规范对促使案件解决起着非常积极的作用。

3.司法实践中出现的新问题对检察官提出了挑战。比如，黑恶势力的出现等。打击"黑恶势力"是公、检、法等司法机关一项长期而复杂的任务，而"黑恶势力"的广泛蔓延又为处理这些问题增加了难度，有些黑恶势力甚至渗透到了党政部门和司法机关内部，因此，检察官处理这些案件需要极大的勇气，同时在道德修养上须具备公正的特性，否则，难以担当此重任。

(二)公正的基本内容

1.崇尚法治。

"法治"与"人治"是两种不同治国理念和模式。"它既是一种理想目标，也是一种现实化的客观运动"，"在法治中，权力虽然作为一种支配力量而存在，但

它必须受到法律的控制。法治把权力与法律的关系置于一种新的格局，法律不但得到权力的有效支持，而且它作为一种非人格化的力量对权力发挥着制约作用。在此基础上，法律(宪法)具有最高效力，具有普遍权威……"因此崇尚法治就意味着宪法、法律至上，而不是权力至上、个人至上。

崇尚法治在检察官工作中应有如下要求：

(1)所有检察事务的处理都必须以法律为尺度和标准。不能在法律的范围之外，另立标准。

(2)不偏不倚。法律本身是公正的，执行法律过程中同样也应该按照法律的这种公正性去进行。

(3)不枉不纵。检察事务中占相当比重的工作为刑事诉讼工作。在刑事诉讼中，应切实按照法律规定去进行活动，不够罪的不能追究刑事责任；反之，已构成犯罪并需要追究刑事责任的，必须追究。要做到不放过任何一个坏人，也不冤枉一个好人。

2. 客观求实。

客观求实是要求检察官办理检察事务时，应当从事物的本来面目出发，尊重事实，而不是按照随心所欲、个人好恶和主观想象进行活动，更不能胡思乱想。

"客观求实"是我党一贯倡导的思想和工作作风，也是辩证唯物主义哲学观在检察工作领域中的具体体现，是我国司法工作从长期经验教训中得出的结论。

"客观求实"具体要求：①检察官处理事务应该发挥主观能动性，但必须建立在尊重"事实"的基础之上，而不能脱离事实。②力戒片面性和表面性。片面性是客观事物认识过程中的大忌。按片面性去进行工作，自然会不会有科学的结论。③不能随心所欲，凭想当然办事，检察事务是一项很严肃的工作，不能不加分析任意行事。

3. 依法独立行使检察权。

"检察权"是检察机关职权的总称。依法独立行使检察权是说检察官应在法律规定的范围内，独立自主地行使各项检察职权，不受其他国家机关、社会、团体和个人的非法干涉。这一规范是各项检察工作有效进行的基础和保障。

在我国，检察官依法独立行使检察权是有限度的。首先，检察官独立行使检察权不能排斥国家权力机关的监督，依照宪法和法律规定，国家权力机关有权对检察机关和检察官的活动进行监督。因此，检察官独立是在人大监督范围之内的独立。其次，检察官独立行使检察权不排斥检察机关的内部领导。检察机关内部上下级之间是一种领导与被领导关系，检察官不能脱离上级领导讲独立。

4. 法律面前人人平等。

坚持法律面前人人平等即意味着：任何人只要触犯了刑律，无论其出身、民族、种族、职业、性别、宗教信仰、教育程度、财产状况、职位高低和功劳大小

都应追究其刑事责任。我国长达两千多年的封建专制统治，造就了浓厚的"等级"和"特权"意识和氛围，而且，"官本位"文化传统根深蒂固。现实生活中，处理一般人物、处理有职务权的公职人员困难重重就是这种潜意识作怪的结果，而检察官如果不能将触犯刑律者绳之以法，必将失信于公众，有损法律的尊严。

5.维护实体和程序公正。

程序和实体是诉讼中的两个基本问题。程序是按照一定的次序、步骤作出决定的过程。实体是程序的前提，是指诉讼主体实质权利、义务。程序和实体公正实质上意味着平等地适用程序法和实体法。这是"公正"的落脚点。"公正"的规范在诉讼中的具体运用最终体现为维护程序和实体公正。维护程序公正和实体公正的要求包括以下几方面内容。

(1)具有法定事由应予回避。检察官与案件有利害关系情形出现，按照法律规定，应当回避。有利害关系存在，案件的处理就具有不公正处理的可能。因此，检察官应当自觉回避，否则，有违职业道德。

(2)平等对待诉讼各方。检察官处理案件过程中，对于诉讼各方当事者应一视同仁，不能搞角色歧视。

(3)严格遵守诉讼期间的规定。不人为地加长或缩短期限的规定，并要求在期间内完成诉讼行为。

(4)禁止检察官接受当事人请吃和送礼。从实际生活来看，一般的请吃、送礼，尚未达到违法犯罪的程度的行为，但这些行为足以影响到公正问题。表面看来这是廉洁与否的问题，但实质上直接影响到公正与否。

三、清廉

(一)含义

清廉是指检察官处理公职与私利时的态度，以及如何对待外部的不当利益和维持检察公职的公信力。将"清廉"作为检察官职业道德主要出于以下几个方面的考虑。

1.检察官职责需要。检察官的天职是反对腐败。腐败分子与检察官的关系是"老鼠和猫"的关系。在我国，检察官的职责之一是"惩治腐败"，它享有对职务犯罪的侦查权，惩处腐败分子，是检察官的职责。而惩治腐败者首先必须不腐败，如果检察官本身不清廉，将使反腐工作无法进行，有时甚至会导致腐败的泛滥成灾。因此，检察官职责必然要求检察官是清廉的代表或典范。

2.检察官存在利用公权谋取个人私利的可能。无论是从理论上讲还是从实践来看，检察官手中有很大的权力，其行使权力足以影响到人们的荣辱和利益的分配，由于有国家强制力作后盾，很多情况下，公众不得不服从这一权力的行使。

因此，检察官权力使用好时会带来好的效果，当被检察官不当使用时，有可能变成谋取个人私利的工具。同时，检察官生活在社会之中，有七情六欲，有生老病死，要和各种形形色色的人打交道，要面对腐败的包围，有被"同化"危险，有把权力当作谋取个人利益的现实可能存在，因此，更应强调清廉。

3.检察官履行职务过程中面临"清廉"的困境。据学者分析，当前社会机制处于转轨时期，正是腐败的高峰期，而且这种状况还有可能持续。反腐形势不但不容乐观，而且任重而道远。检察官履行职务时，由于自身待遇问题、素质问题、体制问题等诸多问题影响，"清廉"起来非常困难。据中央纪委研究室委托调查结果，发现腐败问题涉及不同领域说明检察官"清廉"确实需要整治。

清廉对实现检察官职业的价值是非常重要的。清廉能提高公众对检察职业的信任度。"公生明、廉生威"，如果检察官清廉，则公众对检察官信任感就强；反之，检察官不清廉，将严重降低检察职业的信任度。清廉还能保证检察官法律监督职责有效地履行。检察官两袖清风，严格自律，不以公职谋取私利，不接受不当利益，则检察官职责的履行将"公事公办"简单而且明了；反之，则将人为地为履行检察职责投下重重的阴影，增加负面的砝码，使自己履行检察职责偏离正确方向。

(二)基本内容

清廉作为检察官职业道德准则包含以下基本内容。

1.法律至上，正确处理好法律与人情、权力之间的关系。

(1)处理好法律与人情的关系。对于生活在社会之中并有诸多社会关系的检察官来说，怎样处理好人情与法律的关系是一个经常面临的棘手问题。检察官也是普通人，同样有人际交往需要。但是，在人情与法律之间，应当时刻将法律放在首位，一切以不违法作为处事原则。检察官的情应表现为对国家、对人民的热爱和对法律的敬畏。将情置于法之上，则徇私枉法，是对职业的亵渎。

(2)处理好法律与权力的关系。法律赋予了检察官权力，检察官履行职务的过程就是运用权力的过程。权力运用得正确与否，判断标准就是法律。也就是说，权力的运用要依法进行，并时刻限定在法律规定的权限范围内，做到不专权、不越权、不弃权；在其位，谋其政，守其位，尽其责。并注意防止两种倾向出现：一是滥用权力，要特权；二是放弃权力使用，行使权力失职。

2.不贪图或获取私利。

这是清廉的重要内容之一。无论人情影响也好，权力是否正当使用也罢，最主要的表现方式还是履行检察职业中检察官是否贪图或获取私利问题。对检察官来说，在主观不存在贪利的意识，在客观上不存在贪利的行为。

在社会主义市场经济的建立过程中，整个社会充满了物质诱惑，"富裕"和"小康"已成为整个时代的标志。对于检察官职业来说，如何在物欲横流的状态

中，"君子爱财，取之有道"，确实是对每个从事检察官职业的人的最大考验。

3.不得有"不当收入"。

所谓"不当收入"，一般指法律禁止或职业禁止所得之收入。检察官作为国家公职人员，有其合法收入和正当收入。前者如国家向其支付的劳动报酬；后者指法律允许的手段获得的收入，如合法投资、从事脑力劳动创作所得稿酬以及民事活动中的继承和亲属间的馈赠等。除此之外，检察官不得获取"不当收入"。不当收入中的一种表现形式为法律禁止，这意味着，判断收入正当与否的标准是法律。如果法律允许，则为正当收入；如果法律禁止，则为不当收入。至于哪些是法律禁止的，哪些法律允许的，则依法律规定而定。不当收入的第二种表现为"职业禁止所得"，这属于广义的法律禁止所得，但又有独立的意义，即前者是法律对一般公职人员所做的设定；而后者是法律对检察官这一特定职业所做的禁止性规定，如《检察官法》第三十五条第十一项规定不得"从事营利性的经营活动"，那么，从事营利性经营活动的所得，就是不当收入。

4.不得兼职从事律师工作。

为确保检察官职务的正当行使，保证检察官的清廉，法律明文规定现职检察官不得兼作律师并有充分的法理依据。因为检察官兼做律师，势必与其公诉人的身份和职责发生冲突，而且，因检察官从兼职从事律师活动中获利影响检察官自身职务的纯洁性。

5.不得与腐朽现象同流合污。

检察官保持清廉形象要求其除了不能有非分物质贪欲外，精神生活上也应洁身自好。精神生活方面的诱惑同时影响检察官的职业清廉问题。现实生活中，许多人可能在物质方面尚能守得着自己的防线，但在精神方面由于缺乏警惕而被打开了缺口，因此，精神方面的问题也特别重要。

精神方面的诱惑最重要的是腐朽的社会现象问题。例如，高消费的生活质量、奢华的生活作风、各种不健康的娱乐方式等都属于腐朽现象之列。检察官过多出入这些场所，显然与其身份和地位不相吻合，并有可能发生权钱、权色、权权等不正当交易，从而给公众留下不廉洁的印象。

理论界对于检察官的精神生活要求满足问题也有探讨。检察官除了本职工作，也必然有业余生活需要，但现行的机制又无法满足这一起码要求，职业道德准则又限制检察官活动，因此，理论界提出了建立检察官俱乐部的构想，将检察官业余活动限定在一定范围内，最大限度地隔绝外界的不良影响和刺激。

四、严明

(一)含义

"严明"，即严格和文明执法，是指对检察官履行职务过程中对待办案的相

辅相成两方面要求：一方面，检察官应当使法律得到不折不扣地执行，但另一方面，又要避免为达到目的不择手段的现象出现。将"严明"作为检察官职业道德内容有其必然性，理由如下。

1.它是社会主义法治国家的必然要求。建设法治国家和法治社会是我国实现社会主义现代化的必由之路，也是党带领人民进行的艰苦探索和孜孜不倦的追求。法治国家的社会要求"一切依法"行事，不能有任何越轨或不到位情况出现。这既是对社会成员的一般要求，也是对包括检察官在内的执法人员的要求。

2.它是检察机关的性质要求。与国外检察机关不同，我国检察机关是法律监督机关。法律监督的目的和实质是要保证法律在全社会得到正确统一的实施。这一点对检察机关提出了要求：既然自身担负法律监督的职责，那么，"己不正焉能正人"，检察官自身就不依法办事，怎能监督他人去依法办事？检察官自身违法办事，任意行事，又怎样去向别人提出违法纠正意见？因此，检察机关的性质要求检察官必须是严格执行法律的模范。

3.检察官执法现实中存在不尽如人意之处也须借助道德规范解决。目前，检察机关在执法过程中，由于法律定位其是法律监督者，加上现实生活中，权力机关对检察机关监督往往缺乏实质程序和途径。因此，检察官在执法中，违法和不文明问题也有发生，并且由于体制的原因，这些不文明问题往往不能通过法律途径解决。这在一定程度上损毁了检察官的形象，降低了公众对检察机关的信任度。同时，使法律监督的效果不尽如人意。这些都是检察机关执法过程中的一些不良现象，若不能及时处理，势必给检察工作带来更大的危害。

4."严明"也是检察机关长期工作实践经验的总结。某些地方检察机关在工作中，根据自身的工作性质和特点，提出了这一办案过程中的工作规范并运用于实践中，收到了明显的工作效果和社会效果。反之一些地方不注重这一工作规范者，往往在工作中会出现偏差。"严明"是一个矛盾统一体。它是在检察官办案或执法过程中必须注意的两个方面。仅注意了"严格"而忽视了文明，或仅注意"文明"忽视"严格"都是不可取的。

(二)基本内容

"严明"包括以下具体准则。

1.严格执法。

法律是公正或正义的体现。严格执法正是法律的公正的体现。检察官作为执法者，应当保证这种公正，坚持在对任何人适用法律上的平等。任何人只要触犯了刑律，都应追究刑事责任。

2.文明办案。

(1)犯罪嫌疑人的人格尊严应得到尊重。犯罪嫌疑人是涉嫌触犯了刑法构成

犯罪的人，但其在未被法院审判确定为有罪之前，检察官在办案中应尊重其作为公民的起码的人格尊严。尊重人格尊严是社会主义法律的时代特征。在奴隶社会和封建制时代，一般人尚不被看作人，犯罪人的地位更是可想而知，在"纠问式"诉讼方式里，仅为拷打对象，毫无权利和尊严可言。现代社会越来越进步，越来越文明，而进步和文明的标志体现在司法领域里，则透射出人文关怀，检察官执法中尊重犯罪嫌疑人人格权，正是符合这一社会进步和文明的趋势。"尊重犯罪嫌疑人人格尊严"有以下几个方面的具体要求。

①不准在办案过程中实施有伤风化的侦查措施。尊重人格尊严与一般风俗习惯和禁忌相关联，法律不可能对这些琐碎的事务进行规范，但是，检察官职业道德必须也应该尊重这些禁忌和尽量避免有伤风化的举动。尤其是在侦查过程中，对于包括侦查实验、侦查的措施，在适用时须以审慎之态度，严肃对待，待谨慎评判后再行事。

②避免不恰当的时间采用强制措施。作为现代文明的要求之一，尊重人权、敬畏民意是基本标志。

③不准在询问犯罪嫌疑人时使用羞辱的方法。用刑讯逼供方法办案是法律禁止的，而一般的体罚、打骂、羞辱，使犯罪嫌疑人产生痛苦的办法尽管不构成犯罪，不触及法律，但也应被检察官职业道德禁止。

必须指出，尊重犯罪嫌疑人人格尊严与办案谋略运用是两个不同问题，二者是不矛盾的。问题的关键是，谋略的运用应以不违反法律规定为前提；同时，也要以不牺牲道德规范为原则。

(2)关于尊重法官和律师问题。作为检察官职业道德之一的"文明办案"，其内容不但包括上述对犯罪嫌疑人时的行为举止，也包括对待法官和律师的态度问题和行为举止问题。对待法官应有起码的尊重。不能因为检察官是法律监督者，法官是其监督对象而产生职业的优越感，尊重应表现为在法庭上要尊重法庭纪律要求，听从法官审判活动的指挥，与法官的对话有起码的礼貌等。对待律师，不能在心理上将其打入另类，不能以执法者自居，不能因为律师是对手而产生对对手的职业歧视，也不能怠慢律师执行活动，更不能由于工作分歧，将职业过程中的矛盾演变为"职业报复"。

(3)关于弱势群体的保护。在现实生活中，有一部分人属于社会上的弱势群体，如智力缺陷、身体残疾、精神缺陷等人。对这一部分人的态度和行为也能反映出检察官的职业道德水准。对待被害人，检察官应以一种同情心通过办案抚慰其受创伤的身体和心灵，通过办案活动伸张正义，保护弱者的合法利益。当弱势群体因犯罪走入歧途时，检察官在办案过程中应当以此对付一般常人的同情心对待他们，分析其犯罪原因，找出解决的对策。在办案中，尽量采用礼貌的态度、行为、言语，不刺激其脆弱的自尊心。

(4)摒弃非法手段和非法证据问题。"严明"准则排斥非法证据和非法手段的使用，因此，应当特别注重非法证据和非法手段的问题。检察官办案中有可能在两种情况下面对这种问题：一是当以公诉人身份出现和监督者身份出现时，面对公安等侦查机关和法院及执法部门所收集的非法证据问题；二是自己在自侦案件中，用非法手段收集证据问题。对前一种情况，检察官应当本着尊重法律的原则，以履行检察监督职责为己任，摒弃非法证据，并在其构成犯罪时，不袒护、不隐瞒，追究其法律责任。而当遇有后一种情况时，检察官应时刻牢记自己的工作职责，不知法犯法，不图一时之快，为追求一种正当结果去尝试进入非法的"误区"。

3. 刚正不阿。

刚正不阿作为一项道德准则，具有以下基本内容。

(1)不畏权势。即不怕权力压制，不怕恶势力威胁。检察官在履行法律监督职责过程中，必须注意到，由于执法环境、人文素质、社会机制转轨等情况，加之传统的旧意识影响，必然对检察官的执法设置重重的障碍、干扰。有的人可能利用权力直接或间接干预，有的人则恫吓、威胁，检察官工作可能会面临诸多困难。对每一位检察官来说，都面临一个抉择：是不畏权威，勇往直前，还是被权势压倒。刚正的内容要求检察官不能为权势所吓倒，也不能面对威胁而不战自降。

从实质上看，检察官执法是代表国家社会公益和人民的利益，是以法律做后盾和依托，行使的是正当的国家权力，因此，检察官应通过自己的行为，使非法干预者感到任何非法干预和威胁都是与国家权力相对抗，是注定要失败的，因而也是徒劳的。

(2)铁面无私。"刚正"还体现在工作中一身正气，不徇私情，坚持原则，毫不妥协。检察官是法律工作者，是公益的代表，是社会正义的化身，理应秉公执法，不徇私情，原则问题毫不退让。不构成犯罪的，就不能按犯罪来处理；反之，已构成犯罪的，就不能袒护和照顾。这是对检察官的基本要求。之所以如此，是因为这牵涉到宪法和法律的正确实施，关系到自己职责是否履行。

"铁面无私"落实到具体工作中，需要解决法律和亲情的关系问题。与人情不同，亲情具有天然性、持久性及难以割舍性等特征，它最能触动检察官的神经。因而对每一个检察官来说都是十分棘手的问题。解决这一问题的关键是将法律放在第一位，亲情放于第二位。

(3)敢于斗争。在检察官履行职务过程中，要敢于碰硬，有"舍得一身剐，敢把皇帝拉下马"的劲头，对于案件，不论涉及谁，也不管后台有多硬，一定一查到底，决不半途而废，以真正维护法律的尊严。

敢于斗争既是一种精神状态，也是一种行为状态。敢于斗争在司法实践中的

具体运用就是不怕牺牲，不怕吃苦、流汗，不怕得罪人，将犯罪视作邪恶，必欲除之而后快。

敢于斗争还必须注重法律规定。敢于斗争并不意味着仅凭自己的一时性起，头脑发热，可以对经手处理的案件及当事人任意处置，为所欲为；也不意味着工作原则、制度和程序可以弃之不顾；更不能图一时之快，采用非法手段去从事法律活动。而是依法律行事，时刻把法律作为"生命线"。

敢于斗争还必须讲究艺术和策略。刚正要求检察官有一种铮铮铁骨的精神，但也并非要检察官不讲究斗争艺术及方法。社会生活的复杂性，决定在案件处理过程中，要求检察官在保持斗争勇气和风格的同时，把握斗争的艺术方法。具体说来，在目前我国国情下，检察官处理检察事务，须注重以下几个方面：①依靠党的力量支持，党的性质决定党组织能保持其先进性、正确性，并能以其自身非凡的力量排除干扰，使检察官顺利履行职务。②依靠群众，人民群众是国家的主人，是一切公平和正义力量的源泉所在。依靠群众的配合和支持，检察官就能排除干扰，取得主动性，直至获取胜利。③依靠传媒舆论支持。传媒"舆论"在国外"三权分立"框架中被称作"第四权力"，在我国，它也发挥着不可替代的独特作用，检察官履行职务时，可以借助这一力量，达到胜利的目的。

第三节　我国检察官职业道德规范的完善

我国检察官职业道德规范的出台适应新时期检察官职业道德建设需要，填补了检察官道德规范的空白点，是"依法治国"战略在检察队伍建设中的具体体现。规范的实施，必将对改善检察机关和检察官的形象，发挥法律监督职能起到积极作用。但是，检察官职业道德规范还存在一定的缺陷和不足。找出其缺陷和不足，并加以完善，是新时期检察职业道德建设的重要任务。

一、我国检察官职业道德规范的缺陷

(一)关于内容体系完整性问题

有比较才有鉴别。与国际社会通行的检察官职业行为准则相比，我国检察官职业道德规范还存在一定缺陷。由于国情和社会性质的不同，检察官行为准则可能有些差异，但是，1990年9月7日，联合国预防犯罪和罪犯待遇大会审议通过的《关于检察官作用的准则》仍然是不同社会制度的国家之间达成的共识，并成为各国检察官共同遵循的基本准则，因而也是对检察官职业道德准则进行比较的依据，将两者相比，可以看出差别点在于：①国际上通用的"保证公共利益，适当考虑犯罪嫌疑人和被害人"的立场在我国现行检察官职业道德规范体系中并未

明确列出；②保守职业秘密问题，在我国检察官职业道德体系中并无显示。

与我国法官职业道德相比，检察官职业道德也有一些不足之处。诚然，法官和检察官职业不同，其道德规范不能相互代替，也正因为如此，我国分别制定并出台了各自的职业道德规则内容，但是，法官与检察官又是具有某种相同属性的职业，例如，都是国家司法人员，都在国家的政治生活中占有特殊位置，因此其职业道德内容也具有相互借鉴和参考性。两者相比，可以看出在法官职业道德中作为独立的一个内容的"效率"问题在我国检察官职业道德中并没有得到反映。这与"效率"在检察官职业中的重要性有很大差距。

与律师职业道德相比，检察官职业道德内容体系显示出更多的不足。在我国，与检察官职业道德规范建设相比，律师职业道德规范建设起步较早，当然，不能将两种职业道德简单地类比，从而得出厚此薄彼的结论，但是，就其反映行业最低操行守则这一点上看，律师职业道德内容体系更加全面和完善。相比之下，检察官职业道德则显得单薄。

(二)关于现有规范的科学性问题

检察官道德规范内容体系不够完整，就每种具体规范而言，也还有不严谨、不科学的方面，最高人民检察院发布的检察官职业道德规范分两个层次：①总体要求：忠诚、公正、清廉、严明；②具体内容：忠诚即忠于党、忠于国家、忠于人民、忠于事实与法律、忠于人民检察事业、恪尽职守、乐于奉献；公正即崇尚法治，客观求实，依法独立行使检察权，坚持法律面前人人平等，自觉维护程序公正和实体公正；清廉即模范遵守法纪，保持清正廉洁，淡泊名利，不徇私情，自尊自重，接受监督；严明即严格执法，文明办案，刚正不阿，敢于监督，勇于纠错，捍卫宪法和法律尊严。现有检察官职业道德规范存在的问题是：①道德规范缺乏细化。按照常规，道德规范应当便于执行，但是，现行的道德规范有些抽象和概括，使人不易理解把握，也不利于执行。②道德规范缺乏广度和深度。例如，国外司法行为准则中规定了行为人能干什么？不能干什么？同时对行为人亲属及助手等应该做和不应当做的行为也有相应规定。

(三)关于惩戒规范(处罚规则)问题

检察官职业道德规范是一种特殊的道德规范，与一般的道德规范相比，它除了具有自律性、规范性、约束性等共同性特征外，还具有强制性的特征。因此，惩戒性是其必不可少的内容。如果缺乏这些内容规定，则检察官职业道德规范就有缺陷。而现行检察官职业道德并无违犯职业道德规范的处理规定，因而导致检察官职业道德规范在检察实际部门不被重视，甚至漠视。

二、我国检察官职业道德规范重构的依据

检察官职业道德准则的完善问题应建立在检察官职业道德的合理性的基础之上，即应确定检察机关职业道德的依据是什么？然后才能确立哪些应该是检察官职业道德？哪些不是检察官职业道德？

确立检察官职业道德的依据何在？应从以下三个方面来思考。

1. 法律职业道德的特殊性。这就是"身份荣誉意识"。韦伯在《学术与政治》一书中写道："近代官吏团体已发展成为一支专业劳动力，经过长期的预备性训练后有专长。并且近代官僚集团出于廉洁正派考虑，发展出一种高度的身份荣誉意识，若是没有这种意识，可怕的腐败和丑陋的市侩习气，将给这个团体造成致命的威胁。"这是大众道德与包括法律职业道德在内的职业道德的分界点。大众道德无"身份荣誉"可言，因为大众无"身份"。而法律职业是一个群体，是一个被公众尊崇的职业共同体，因而"身份"使其与大众分界，而荣誉感正是职业道德的内容。

2. 检察官的职业属性。确立某一群体的伦理规则，即自我约束，自我评价的道德规则，除考虑职业道德的特殊性外，还必须考虑某一特定职业的定位，也就是说，它是干什么的？它应该干什么？这是确立这一职业道德规范的重要依瑕，不如此，就会张冠李戴，文不对题。

3. 与法律的界限。职业道德如同一般道德一样，与法律有共通性。凡是法律要求的，都符合道德要求，当然也符合职业道德要求。但职业道德与法律是两个不同性质的问题。因此，职业道德内容不应该跟在法律后面亦步亦趋。它不能仅仅重复或描绘法律规范确定的内容，而应该表现为不同于法律规范的内容；否则，就是道德与法律规范不清。

三、完善我国检察官职业道德规范的若干设想

完善我国检察官职业道德规范，需要弄清楚以下几个问题。

(一)"公益"的含义

"公益"是公共利益的简称。公益原则是世界各国检察机关共同遵循的行为准则(既是法律原则，也是道德原则)。在大陆法系国家，公益一直被视为与对国家负有共同责任的一样地对社会共存的单位负有共同利益的责任，或者作为公共利益被公职官员寻求时的某一私人利益；而在英美法系国家，公共利益被视为与国家利益相分离的一种利益，甚至是一种经常与政府所代表的直接冲突的利益。在这一原则指导下，国外检察机关充当公共利益的代表，参加刑事诉讼活动，干预民事诉讼和行政诉讼活动。例如，日本《检察厅法》第四条规定"检察官

除从事刑事诉讼活动外，并作为公益的代表者，进行其他法令权限内的事务。"英国在《皇家检察官准则》中规定，起诉案件必须坚持"公益原则"。只有起诉案件符合公共利益时，他才应该起诉。

(二)确立"维护公益"为检察官职业道德的必要性及其意义

在司法从业的三种人中，律师职业道德中没有公益内容。律师定位于社会法律工作者，他不是国家工作人员，也不是公职人员，而是自由职业者，当然不需要，也不应该将维护公共利益作为自己道德准则，例如，在一起公众愤恨不已、皆曰可杀的刑事案件中，律师替一个他明知有罪的人辩护是完全妥当的。非但如此，他还可以心安理得地收取费用，一句话，他可以出庭替一个他明知有罪的人辩护并接受酬劳而不感到良心的谴责。可见，律师并不把维护公共利益作为自己的专门职责。

法官职业道德中也没有公益内容。在我国，法官是依法行使国家审判权的审判人员。法官虽为公职人员，但又与其他公职人员不同：法官以收取诉讼费为工作前提。在国外，刑事、民事、行政案件均要收费进行裁判。我国除刑事诉讼外，也以收诉讼费方式履行公务。无论是国家利益或是个人利益都打上了经济的烙印，这种情况下，维护公益也不是法官的专门职责。

相比较而言，检察官既不像律师收入归己，也不像法官那样以收诉讼费为从事公务的前提。因此，检察官应是公共利益的代表，否则，就没有任何一个职业能担当此重任。

在检察官职业道德规范体系中确立公益原则有如下意义。

1.强化角色定位意识。在理论和实践中，检察官作为国家的代表，这一意识是根深蒂固的，是公民的利益守护者，这是毋庸置疑的，但是，作为公益的代表意识却是一片空白。随着我国市场经济体制的建立，利益多元化已经成定论，而诸多的利益中，除国家和公民个人利益外，公共利益包含有独立的内容。而且时常因无人照管而成"弃儿"，例如，大气污染、垄断行业巧取豪夺公共资源等，受害者显然不是某个人，而是个人的集合体。这种情况下，让检察官由国家和公民利益的守护者转为"公共利益"代表，是很有必要的。而强化这一角色意识方面，设定道德规范自然是顺理成章的事。

2.规范检察官自身行为。有了"公益"道德准则，既可以弥补法律规定的不足，又可以将它作为自觉行动，这有益于检察官依此履行法律职务。

3.填补"公共利益"无人管理和维护的真空地带。这是现实生活中亟待解决的问题。

(三)维护公益的具体内容

1.平等地对待国家利益、个人利益和公共利益，处理好公共利益与国家利益

和个人利益的关系问题。国家利益、个人利益和公共利益，这三种不同的利益会重合，有时又各自独立。具体说，广义的国家利益包括公共利益，但是，公共利益又不同于国家利益，它是介于个人和国家利益之间的一种利益。与两者相比具有特殊性：①它是利益主体性的有限性，它是众人利益的集合。既非一个个单个人的利益，主体单一性，也非国家层面主体单一性。②地域的局限性。这一区域既非个人所拥有，也不是国家所拥有。③具有可变性。公共利益可以由个人利益或国家利益转化而来，也可以由此向两者转化，前提是通过合法方式进行转移。当遇到三种利益发生冲突或不一致时，不能片面强调牺牲一种利益保全另一种利益，而应该三种权益兼顾。要牢固树立公益意识，把维护公共利益放在与维护国家利益、公民个人利益同等重要的位置上。不能在强调国家利益和个人利益时，忽视或放弃对公共利益的保护。具体来说，一是倾听公众呼声，尽可能多地借助办案活动或通过公共媒体了解公众利益受损的事实及其想法，必要时主动上门提供法律上的服务和帮助。划分清公共利益与非公共利益的界限，以便适时介入。二是关注公共利益的运行动态。例如，在相关的工程建设中，在规划设计中，在抽象和具体行政措施出台过程中；在人们司空见惯的诸多领域中，公共利益是否被保护都是检察官关注的焦点。

2."公共利益"也是进行刑事诉讼时必须考虑的因素。

（1）犯罪与否的判定中，根据刑法学的理论，行为的社会危害性，应该考虑引进公共利益的内容，即以损害公共利益的大小、强弱来决定犯罪是否构成及情节轻重。

（2）犯罪起诉与否的要件中，也须增加公共利益的内容。凡是起诉的案件，如果损害公共利益严重就决定起诉；反之，则考虑作为不起诉的情形之一。

（3）被害人利益的保护和公共利益保护问题。这是刑事诉讼中必然涉及的一个不容回避的问题。对于被害人来说，其利益有与公共利益相通之处或相吻合之处，因为对犯罪人的处理，就既考虑了公共利益，又考虑了被害人利益，但是，被害人在刑事诉讼中还有独立的利益存在，例如，被害人因为被害，其名誉权需要恢复，精神需要抚慰，经济损失需要追索和补偿，这些都不是公共利益能囊括和代替的，因此，刑事诉讼中，检察机关不可忽视被害人利益的保护。检察官应在刑事诉讼中关注被害人利益的保护问题，告知其权益通过法律解决；通过程序使被害人被害事实完整准确地呈现于法官面前，以促使对犯罪人罚当其罪。而对被害人民事权益应促使法庭作出裁判，从而获得赔偿或补偿。

3.民事行政诉讼案件中，具有"公共利益"受损害的应直接起诉或支持起诉。

根据国际通则，检察官对损害公共利益的，可以直接起诉或支持起诉。直接起诉是指检察官以公益代表人资格，以侵害公共利益者为被告向法院提起诉讼，要求追究违法者的民事责任，以保护公共利益不受损失。支持起诉是指在并非由

检察官提起的民事行政诉讼程序开始后，检察官参与诉讼活动，以保护公共利益。这实质上是检察官履行法律监督权的一种体现。关于法律监督，尤其是民事行政诉讼法律监督，法律上有一个致命的缺陷：一方面，法律规定检察官有对民事行政诉讼案件的法律监督权；但另一方面，又没有具体程序加以保证。致使检察官履行民事行政诉讼法律监督时步履艰难。但是就"公共利益"保护而论，除了前述刑事诉讼领域外，大量地集中于民事行政诉讼中，如许多已生效的裁判属漠视公共利益枉法裁判。还有，社会生活中大量的侵犯公共利益的案件无人起诉。要维护公共利益，民事行政诉讼是不能忽视的领域。

本章思考题

1. 如何理解检察官职业道德的概念？
2. 我国检察官职业道德有哪些主要内容？
3. 我国检察官职业道德规范有哪些缺陷？

第六章　律师职业道德

律师是国家法制队伍的重要组成部分。律师通过为社会提供法律服务，维护法律的公平公正，维护当事人的合法权益，维护社会的安全稳定。律师职业道德是法律职业道德的有机组成部分。由于律师在国家政治、经济和社会生活中日益发挥着重要作用，其执业行为本身对各种社会主体的权利义务关系的变更有着重要的影响，律师职业道德水平和状况直接影响着律师行业的健康发展。本章重点介绍我国律师职业道德的内容。

第一节　律师职业道德概述

律师职业道德，是指律师在执行职务、履行职责时应当遵循的职业行为规范。律师职业道德具有以下两个特点：首先，律师职业道德的适用对象具有广泛性。律师职业道德的适用对象不仅包括取得执业证书的律师，还包括在律师职业行为中发挥着重要辅助作用的其他人员。《律师职业道德和执业纪律规范》第二条规定："律师在执业活动中应当遵守本规范。"第四十六条规定："实习律师、律师助理参照本规范执行。"因此，律师职业道德的适用对象包括律师以及在律师事务所中辅助律师开展业务活动的实习律师和律师助理人员。其次，律师职业道德是明确的规范性要求。也就是说，律师职业道德通过法律、法规、律师协会规范性文件等形式，对律师的职业行为作出明确的调整。这种调整并不是一种纯粹的劝诫式的教化，而是包含各种形式的强制性。违反这些规定，会受到各种形式的处罚。

经过 20 多年的建设，我国关于律师职业行为的规范形成了多层次的规范体系。这些规范性文件既包括法律、司法解释、规章类，也包括律师协会的行业规范，如《律师职业道德和执业纪律规范》《律师执业行为规范(试行)》《律师办理刑事案件规范》《律师协会会员处分规则》等，此类规范属于行业自律性规范，虽然不属于法律规范，但是对于本协会的会员仍然具有很强的拘束力。在这些规范中，集中体现律师职业道德要求的是中华全国律师协会制定的《律师职业道德和执业纪律规范》《律师执业行为规范(试行)》。

我国律师执业行为规范的制定存在以下几个问题。

1.律师职业行为规范的立法层次较多，且具有浓厚的行政色彩。在《律师

法》颁布之前，有关律师执业行为规范都是由司法行政机关制定并监督实施的。这是由我国律师业以行政管理为主的特征决定的。《律师法》颁布之后，中华全国律师协会根据《律师法》，在司法部制定的《律师职业道德和执业纪律规范》基础之上，制定了新的《律师职业道德和执业纪律规范》，这在一定程度上反映了我国律师行业管理职能的加强，反映了律师管理工作的进步。但由于长期以来律师工作行政管理的惯性，在制定包括监督律师执业行为规范实施方面依然具有浓厚的行政化色彩，存在多头立法、多头管理的问题，也给有关规范的实施带来了很大的麻烦。比如，关于律师同业竞争问题的规范，本应由律师协会制定，但司法行政机关却制定了《关于反对律师行业不正当竞争行为的若干规定》，再比如中华全国律师协会虽然制定了《律师职业道德和执业纪律规范》，但却没有对违反该法的处罚权，而有关违反律师执业行为规范的处罚权却由司法行政机关行使等。这些都反映了我国律师业在由行政管理向行业管理过渡阶段的特征。

2. 律师职业行为规范总体比较原则，很多内容过于抽象，有的仅是宣言式的罗列，在现实中很难操作。无论是《律师暂行条例》《律师十要十不准》，还是《律师法》《律师职业道德和执业纪律规范》，以至于一些地方规范性文件中关于律师执行为规范的规定都比较原则。比如，《十要十不准》实际上是宣言式、口号式的要求。《律师法》中关于执业行为规范的规定比《律师暂行条例》和《律师十要十不准》要具体些，但条文也有些笼统，内在逻辑层次不够清楚。2001年中华全国律师协会修订了《律师执业道德和执业纪律规范》，对律师执业行为规范既有原则性规定，如关于律师职业道德的规定，又有具体的规范性要求，如律师执业的纪律规范。就具体的纪律而言，虽然其规定较详尽，但相比复杂的律师执业过程来说，仍然显得笼统。如利益冲突问题，在律师执业中经常要遇到，对这类问题该怎么界定，律师应如何操作，在现行的律师执业行为规范中常要遇到，对这类问题该怎么界定，律师应如何操作，在现行的律师执业行为规范中就很难找到具体的操作性规范。我国律师执业行为规范相对原则性的特点的方面反映了我国在制定规范性文件方面的传统思维定式，也反映了我国律师管理部门及理论研究部门对执业行为规范规律性问题缺乏深入的研究与揭示。值得注意的是，2004年3月中华全国律师协会发布了《律师执业行为规范(试行)》(下称《规范》)，这部规范共13章，190个条文。应该说这部规范的出台，在很大程度上改变了过去律师执业行为规范过于粗疏的问题，反映出律师行业在规范制定方面的进步。

3. 律师职业行为规范没有形成体系，缺乏整体规划。由于在律师管理上采取两结合的管理，在有关律师管理的分工上难免有交叉重叠部分，容易各行其道，各行其是。由于律师职业行为规范没有同律师职业行为的惩戒规范统一于一体，由于律师执业行为规范的制定权和监督实施权分立，严重影响了律师职业行为规范的实施。在我国，不仅地方律师协会没有对律师的处罚权，就是中华全国律师

协会也没有对律师的处罚权，根据《律师法》，对律师违反执业行为规范惩戒的权力全部由司法行政部门行使。律师协会制定的行为规范只是示范性规范。1999年12月18日，中华全国律师协会通过的《律师协会会员处分规则》为试图解决这一问题作出了努力。根据该规则，律师协会的会员，违反《律师法》《律师协会章程》《律师职业道德和执业纪律规范》的有关规定，应受律师协会处分的，适用本规则。但是在司法行政机关的处罚权没有取消的情况下，这种规则的规定在现实中也是很苍白的。再比如最新发布的《律师执业行为规范（试行）》中多数内容与原来发布实施的《律师职业道德和执业纪律规范》中有很多内容都是重复的，其二者之间是什么关系并不明确。因此可以说，目前律师执业行为规范还没有形成统一的体系。

第二节　律师职业道德的内容

一、律师职业道德的基本准则

按照《律师法》总则关于律师职责的规定，要求律师维护当事人的合法权益和维护法律的正确实施。同时要求律师执业必须遵守宪法和法律，恪守律师职业道德和执业纪律；必须以事实为根据，以法律为准绳。因此，律师职业道德的基本准则也必然要反映这一要求。关于律师职业道德，《律师职业道德和执业纪律规范》就律师职业道德基本准则作出了原则规定，概括起来包括以下几个方面。

1. 忠于宪法和法律，维护国家的法律与社会正义。我国的律师是社会主义国家的律师，律师制度是国家法律制度建设的有机组成部分，因此其性质要求律师必然要忠于宪法，坚持以事实为根据，以法律为准绳，做到依法执业，依法维护当事人的权益，努力做到维护法律的正确实施与维护当事人的合法权益相统一。

2. 诚实守信，勤勉尽责，维护委托人的合法利益。律师的工作价值很大程度上反映在为当事人提供的法律服务上，因此律师与当事人的关系问题是律师职业的核心问题，相关的职业道德问题绝大多数与此相关。近年来，律师界加强律师诚信制度建设实际上就是要求律师与当事人建立基本的信任关系，律师提供的法律服务要能够在法律规定的范围内满足维护当事人合法的利益要求。目前律师行业出现的诸如办关系案、金钱案；虚假宣传，贬低同行；说大话，作虚假承诺，误导当事人等，这些问题的存在与律师自身的对诚信的态度有很大关系。因此，加强律师行业的诚信建设是非常必要的。

3. 严守国家秘密，保守委托人的商业秘密以及委托人的隐私。国家秘密涉及国家利益，因此律师有义务严守国家秘密。委托人的商业秘密以及委托人的隐私事涉委托人的切身利益，律师保守委托人的秘密事项属于律师对于委托人忠诚的

范围。由于律师职业本身的特殊性以及法律赋予律师的特殊权利，律师在执业过程中接触的各种秘密的可能性很大。保守职业秘密在西方律师职业中甚至被认为是律师行为的最基本的准则。《律师职业道德和执业纪律规范》重申了《律师法》的有关规定。

4. 敬业勤业，尽职尽责。律师代表委托人处理法律事务必须站在维护委托人的合法权益的角度，采取一切合法的合乎道德的方式，尽最大努力为委托人的利益提供法律服务。这就要求律师恪尽职守，不能有任何的疏忽大意。尽职尽责还要求律师在处理法律事务方面要讲究效率。美国律师协会制定的行为示范准则中就有对律师法律服务的迅速与及时的要求。我国相关的律师职业行为规范中也有类似的规定。《律师职业道德和执业纪律规范》第三十一条就有规定。

5. 公平竞争，同业互助。我国律师是我国法治建设的一支重要力量。律师之间的团结协作不仅是法律服务的要求，也是提高律师行业凝聚力的要求。由于律师服务具有盈利性的一面，在实践中有的律师在获得案源方面不择手段，采取违反基本职业操守甚至违法的行为争夺案件的代理，在律师行业时有发生，这实际上严重损害了律师行业的内部公平竞争的秩序，同时也破坏了律师内部的团结，因此对这种行为必须坚决予以制止。

6. 注重学习，提高素养。随着市场经济的发展和法治建设的不断推进，律师法律服务的领域也在不断扩大，法律服务的专业化、国际化程度也越来越高，因此一个高素质的律师应当通过不断学习，更新知识结构，提高自身素质。实践表明，只有那些不断提高业务知识和技能的律师，才可以使法律服务工作在更大范围内和更深层次上开拓和发展。律师在提高知识水平的同时，也应当加强自身内在修养与外在修养的结合，律师的举止文明、言谈规范、着装得体都从一个侧面反映了律师的修养水平。从加强律师职业道德的角度对律师提出提高修养的要求，其基本目的就是要在公众心目中树立律师的良好形象。

二、律师职业道德基本规范

(一)一般禁止性规范

1. 禁止跨所执业。《律师法》明确规定律师不得在两个或两个以上律师事务所执业。《律师职业道德和执业纪律规范》进一步规定："同时在一个律师事务所和一个其他法律服务机构执业的视同在两个律师事务所执业"。这里的法律服务机构主要指的是我国在乡镇和城市街道建立的法律服务所，法律服务所也可以在一定范围向社会提供法律服务。《律师执业行为规范》做出了例外的规定，即"因涉及专业领域问题而邀请另一律师事务所参与办理，且该律师所在的律师事务所与被邀请的律师事务所之间以书面形式约定法律后果由前者承担并告知委托人

的"，不违背跨所执业的规定。

2.禁止虚假承诺。律师的虚假承诺行为主要发生在接受案件前，为了获得当事人的信任，而不顾案件的客观情况对当事人所作出的脱离法律和事实要求的承诺，客观上误导当事人。这种做法明显是违背律师诚信的基本要求。为此，《律师执业行为规范（试行）》规定："律师不得向委托人就某一案件的判决结果作出承诺。律师在依据事实和法律对某一案件作出某种判断时，应向委托人表明作出的判断仅是个人意见。"

3.禁止从事或代理欺诈行为。律师的法律服务必须是合法的法律服务，律师不能利用律师的身份或所具有的法律专业知识的特殊优势帮助或主动从事欺骗或欺诈的行为。

4.禁止从事妨碍国家司法、行政机关依法行使权力的行为。律师是法律职业共同体中的一种职业，国家法律需要多种法律职业的协同，才能有效地实施。律师不能利用与其他法律职业人员的关系，比如同学、同事等影响或试图影响国家权力机关或准权力机关进行违法的行为。《律师执业行为规范（试行）》就规定："律师不得明示或暗示具有某种能力，可能不恰当地影响国家司法、行政机关改变既定意见的行为；协助或怂恿司法、行政人员或仲裁人员进行违反法律的行为。"

5.禁止私自接受委托。律师不得私自接受委托承办法律事务，不得私自向委托人收取费用、额外报酬、财物或可能产生的其他利益。《律师法》第二十三条规定："律师承办业务，由律师事务所统一接受委托，与委托人签订书面委托合同，按照国家规定向当事人统一收取费用并如实入账。"《律师职业道德和执业纪律规范》第十四条规定："律师不得私自接受委托承办法律事务，不得私自向委托人收取费用、额外报酬或财物。"

6.禁止变相提供法律服务。变相提供法律服务在实践中主要是基于利益关系而产生的。比如有的律师以公民身份从事代理或辩护业务。还有的是律师事务所指派非律师人员以律师身份或以其他变相方式提供法律服务。这种做法实际上破坏了律师职业的整体上的严肃性，也会损害律师职业的社会形象。

7.律师因过去特殊身份的代理禁止。《律师法》和《法官法》以及《检察官法》对此都有明确的规定。《律师法》第三十六条规定："曾担任法官、检察官的律师，从人民法院、人民检察院离任后两年内，不得担任诉讼代理人或者辩护人。"

（二）律师与委托人的关系规范

1.代理关系建立规则。在我国，律师的执业机构是律师事务所，律师事务所是对外提供法律服务的合法主体，律师不能撇开律师事务所单独与委托人签署委托代理合同，建立代理关系。律师应当与委托人就委托事项的代理范围、代理内

容、代理权限、代理费用、代理期限等进行讨论，经协商达成一致后，由律师事务所与委托人签署委托代理协议或者取得委托人的确认。律师应当在授权范围内从事代理或辩护活动。如需特别授权，应事先取得委托人的书面确认。

2.独立规则。独立提供法律服务是法律职业的共同的特点，虽然律师是接受当事人的委托代理法律服务，但是并不意味着律师就完全服从或听命于委托人的意志从事法律服务。比如律师接受刑事案件中被告人的委托担任辩护人，律师通过调查，发现被告人确实有罪，自己只能进行有罪辩护，而被告人却执意不顾法律与事实，要求律师做无罪辩护，这时候律师是坚持自己的观点还是迁就作为委托人的被告人的意见，很显然，律师作为法律职业人员首先应当对法律负责，律师的辩护也就是必须严格根据有关法律的规定进行，而不能超越法律规定范围去行使。美国律师协会制定的《美国律师协会职业行为标准规则》中就有这样的规定："律师代理客户，包括被指定代理，并不意味着建立起一种对客户政治、经济、社会道德观点和活动的认可。"

3.诚信规则。律师应当谨慎、诚实、客观地告知委托人拟委托事项可能出现的法律风险。律师应当充分运用自己的专业知识，根据法律的规定完成委托事项，维护委托人的利益。接受委托后，律师只能在委托权限内开展执业活动，不得擅自超越委托权限。律师在进行受托的法律事务时，如发现委托人所授权限不能适应需要时，应及时告知委托人，在未经委托人同意或办理有关的授权委托手续之前，律师只能在授权范围内办理法律事务。律师接受委托时必须与委托人明确规定包括程序法和实体法两方面的委托权限。委托权限不明确的，律师应主动提示。律师在委托权限内完成了受托的法律事务，应及时告知委托人。律师与委托人明确解除委托关系后，律师不得再以被委托人的名义进行活动。律师接受委托后，无正当理由不得拒绝履行协议约定的职责，不得无故拒绝辩护或代理。律师不得为建立委托代理关系而对委托人进行误导。律师不得为谋取代理业务或辩护业务而向委托人作出虚假承诺，接受委托后也不得违背事实和法律规定作出承诺。律师在接受刑事辩护委托后，应当依据事实和法律提出无罪、罪轻或减轻、免除其刑事责任的辩护意见；刑事辩护证据不足以否认有罪指控，不得承诺经过辩护必然获得无罪的结果。律师根据委托人提供的事实和证据，依据法律规定对案件进行分析后，应向委托人提出预见性、分析性的结论意见，但应当注意避免虚假承诺。律师依法辩护、代理案件提出的正确意见未被采纳或因枉法裁判，使律师的预先分析意见没有实现，不能认为律师的意见是虚假承诺。委托人拟委托事项或者要求属于法律或者律师执业规范所禁止时，律师应当告知委托人，并提出修改建议或者予以拒绝。

4.效率规则。律师在代理案件过程中应勤奋和迅速，提高办事的效率。如果律师代理的是诉讼案件，律师应努力并合理加速诉讼，当然这种加速应当与其委

托人的利益保持一致。律师应当严格按照法律规定的期间、时效以及与委托人约定的时间，办理委托事项。律师对委托人了解委托事项情况的要求，应当及时给予答复。

5. 保密规则。律师应严格遵守国家保密法律和相关规定，无论在执业过程中还是在执业之外获悉的国家秘密，律师都有义务严格保守。律师在执业中对于需要向境外当事人提供文件资料和咨询意见时，必须严格甄别其中是否有涉及国家秘密的内容，以杜绝因工作疏忽而发生泄露国家秘密的行为。律师对在执业过程中获得的委托人以及相关当事人的商业秘密以及未公开的商业信息，负有保密义务。律师对在执业中获悉的当事人隐私，应当保密。个人隐私的范围包括当事人住宅、通信、情感、健康、个人癖好、家庭成员和家庭财产等相关信息。律师应当建立律师业务档案，保存完整的业务工作记录。律师应当谨慎保管委托人提供的证据和其他法律文件，保证其不遭灭失。律师事务所、律师及其辅助人员不得泄露委托人的商业秘密、隐私，以及通过办理委托人的法律事务所了解的委托人的其他信息。但是律师认为保密可能会导致无法及时阻止发生人身伤亡等严重犯罪，以及可能导致国家利益受到严重损害的除外。律师可以公开委托人授权同意披露的信息。律师在代理过程中可能无辜地被牵涉到委托人的犯罪行为时，律师可以为保护自己的合法权益而公开委托人的相关信息。律师代理工作结束后，仍有保密义务。

6. 利益冲突规则。利益冲突是指同一律师事务所代理的委托事项与该所其他委托事项的委托人之间有利益上的冲突，继续代理会直接影响到相关委托人的利益的情形。根据《律师执业行为规范（试行）》，利益冲突的一般规则包括：在接受委托之前，律师及其所属律师事务所应当进行利益冲突查证。只有在委托人之间没有利益冲突的情况下才可以建立委托代理关系。拟接受委托人委托的律师已经明知诉讼相对方或利益冲突方已委聘的律师是自己的近亲属或其他利害关系人的，应当予以回避，但双方委托人签发豁免函的除外。律师在接受委托后得知诉讼相对方或利益冲突方委聘的律师是自己的近亲属或其他利害关系人；应及时将这种关系明确告诉委托人。委托人提出异议的，律师应当予以回避。律师在接受委托后知道诉讼相对方或利益冲突方已委聘同一律师事务所其他律师的，应由双方律师协商解除一方的委托关系，协商不成的，应与后签订委托合同的一方或尚没有支付律师费的一方解除委托关系。曾经在前一法律事务中代理一方法律事务的律师，即使在解除或终止代理关系后，亦不能再接受与前任委托人具有利益冲突的相对方委托，办理相同法律事务，除非前任委托人作出书面同意。曾经在前一法律事务中代理一方法律事务的律师，不得在以后相同或相似法律事务中运用来自该前一法律事务中不利前任委托人的相关信息，除非经该前任委托人许可，或有足够证据证明这些信息已为人所共知。委托人拟聘请律师处理的法律事务，

是该律师从事律师职业之前曾以政府官员或司法人员、仲裁人员身份经办过的事务，律师和其律师事务所应当回避。

7. 转委托规则。未经委托人同意，律师不得将委托人委托的法律事务转委托他人办理。律师在接受委托后出现突患疾病、工作调动等情况，需要更换律师的，应当及时告知委托人。委托人同意更换律师的，律师之间要及时移交材料，并通过律师事务所办理相关手续。非经委托人的同意，律师不能因为转委托而增加委托人的经济负担。

8. 收费规则。1997年3月司法部与国家计划委员会联合发布的《律师服务收费管理暂行办法》规定了律师收费的基本原则等内容。2004年3月司法部发布的《律师事务所收费程序规则》对律师事务所收费的程序作出了具体的规定。而《律师执业行为规范(试行)》对律师收费问题从行业规范的角度作出了原则的规定。

《律师执业行为规范(试行)》吸收了美国律师协会制定的《美国律师协会职业行为标准规则》中关于律师费用的收取应当合理并应当考虑的因素。律师收费应当考虑的合理因素包括：从事法律服务所需工作时间、难度、包含的新意和需要的技巧等；接受这一聘请会明显妨碍律师开展其他工作的风险；同一区域相似法律服务通常的收费数额；委托事项涉及的金额和预期的合理结果；由委托人提出的或由客观环境所施加的法律服务时间限制；律师的经验、声誉、专业水平和能力；费用标准及支付方式是否固定，是否附有条件；合理的成本。律师收费方式依照国家规定或由律师事务所与委托人协商确定，可以采用计时收费、固定收费、按标的比例收费。在一个委托事项中可以同时使用前列几种方式，也可使用法律不禁止的其他方式。采用计时收费的，律师应当根据委托人的要求提供工作记录清单。律师事务所应当在委托代理合同中约定收费方式、标准、支付方法等收费事项。以诉讼结果或其他法律服务结果作为律师收费依据的，该项收费的支付数额及支付方式应当以协议形式确定，应当明确计付收费的法律服务内容、计付费用的标准、方式，包括和解、调解或审判不同结果对计付费用的影响，以及诉讼中的必要开支是否已经包含于风险代理酬金中等。律师和律师事务所不能以任何理由和方式向赡养费、扶养费、抚养费以及刑事案件中的委托人提出采用根据诉讼结果协议收取费用，但当事人提出的除外。

律师不得私自收案、收费。委托人所支付的费用应当直接交付律师所在的律师事务所，律师不得直接向委托人收取费用。委托人委托律师代交费用的，律师应将代收的费用及时交付律师事务所。

律师不得索要或获取除依照规定收取的法律服务费用之外的额外报酬或利益。律师事务所收取的法律服务费用，应当在计入会计账簿后才可以按规定项目和开支范围使用。律师事务所不得向委托人开具非正式的律师收费凭证。律师对需要由委托人承担的律师费以外的费用，应本着节俭的原则合理使用。律师事务

所因合理原因终止委托代理协议的，有权收取已完成部分的费用。委托人因合理原因终止委托代理协议的，律师事务所有权收取已完成部分的费用。委托人单方终止委托代理协议的，应按约定支付律师费。

9. 禁止谋取不当利益规则。禁止谋取不当利益，是因为律师与当事人之间在法律知识和专业技能方面明显处于不对称状态，律师不能利用自身的优势谋取正常的法律服务费用以外的利益。根据《律师执业行为规范（试行）》的规定，律师和律师事务所不得利用提供法律服务的便利，非法谋取委托人的利益。除依照相关规定收取法律服务费用之外，律师不得与委托人争议的权益产生经济上的联系，不得与委托人约定胜诉后将争议标的物出售给自己，不得委托他人为自己或为自己的亲属收购、租赁委托人与他人发生争议的诉讼标的物。律师不得向委托人索取财物，不得获取其他不利于委托人的经济利益。非经委托人同意，律师不得运用来自向委托人提供法律服务时所得到的信息谋取对委托人有损害的利益。

律师在保管委托人的财产时不能借保管的便利条件损害委托人的财产利益。律师应当妥善保管与委托事项有关的财物，不得挪用或者侵占。律师事务所受委托保管委托人财物时，应将委托人财产与律师事务所的财产严格分离。委托人的资金应保存在律师事务所所在地信用良好的金融机构的独立账号内，或保存在委托人指定的独立开设的银行账号内。委托人其他财物的保管方法应当经其书面确认。委托人要求交还律师事务所受委托保管的委托人财物，律师事务所应向委托人索取书面的接收财物的证明，并将委托保管协议及委托人提交的接收财物证明一并存档。律师事务所受委托保管委托人或第三人不断交付的资金或者其他财物时，律师应当及时书面告知委托人，即使委托人出具书面声明免除律师的及时告知义务，律师仍然应定期向委托人发出保管财物清单。

10. 代理关系终止规则。律师在办理委托事项过程中出现下列情况，律师事务所应终止其代理工作：委托人协商终止；被取消或者中止执业资格；发现不可克服的利益冲突；律师的健康状况不适合继续代理；继续代理将违反法律或者律师执业规范。

终止代理，律师事务所应当尽量不使委托人的合法利益受到影响。终止代理，律师应当尽可能提前向委托人发出通知。律师事务所在征得委托人同意后，可另行指定律师继续承办委托事项，否则应终止委托代理协议。出现下列情况时，律师可以拒绝辩护、代理：委托人利用律师提供的法律服务从事犯罪活动的；委托人坚持要求律师认为无法实现的或不合理的目标的；委托人在相当程度上没有履行委托合同义务，并且已经合理催告的；在事先无法预见的前提下，律师向委托人提供法律服务将会给律师带来不合理的费用负担，或给律师造成难以承受的、不合理的困难的；委托人提供的证据材料不具有客观真实性、关联性与合法性，或经司法机关审查认为存在伪证嫌疑的其他合法的缘由。律师在接受委

托后发生可以拒绝辩护或代理的情况，但应当向委托人说明理由，促使委托人接受律师的劝告，纠正导致律师拒绝辩护或代理的事由。在解除委托关系前，律师必须采取合理可行的措施保护委托人利益，如及时通知委托人，使其有充分时间再委聘其他律师、收回文件的原件以及返还提前支付的费用等。

(三)律师在诉讼与仲裁中的行为规范

1. 调查取证规则。律师不得伪造证据，不能为了诉讼意图或目的，非法改变证据的内容、形式或属性。律师在收集证据过程中，应当以客观求实的态度对待证据材料，不得以自己对案件相关人员的好恶选择证据，不得以自己的主观想象去改变证据原有的形态及内容。律师不得威胁、利诱他人提供虚假证据；不得利用他人的隐私及违法行为，胁迫他人提供与实际情况不符的证据材料；不得利用物质或各种非物质利益引诱他人提供虚假证据。律师不得向司法机关和仲裁机构提交已明知是由他人提供的虚假证据。律师在已了解事实真相的情况下，不得为获得支持委托人诉讼主张或否定对方诉讼主张的司法裁判和仲裁而暗示委托人或有关人员出具无事实依据的证据。律师作为必要证人出庭做证的，不得再接受委托担任该案的辩护人或代理人出庭。

2. 庭审仪表规则。律师担任辩护人、代理人参加法庭审理，必须按照规定穿着律师出庭服装，注重律师职业形象。律师出庭服装应当保持洁净、平整、不破损。在出庭时，男律师不留披肩长发，女律师不施浓妆，面容清洁，头发齐整，不佩戴过分醒目的饰物。

3. 体态语言规则。律师的庭审发言用词应当文明、得体，表达意见应当使用规范语言，尽可能使用普通话，不得使用脏话等不规范语言。律师庭审发言时应当举止庄重大方，可以辅以必要的手势，避免过于强烈的形体动作。

4. 言论规则。律师不得在公共场合或向传媒散布、提供与司法人员及仲裁人员的任职资格和品行有关的轻率言论。在诉讼或仲裁案件终审前，承办律师不得通过传媒或在公开场合发布任何可能被合理地认为损害司法公正的言论。

5. 庭审以及与司法人员、仲裁员规则。2004 年 3 月 19 日，最高人民法院、司法部颁布了《关于规范法官和律师相互关系维护司法公正的若干规定》(简称《规定》)。《规定》对律师与法官的关系作出了一系列具体规定。包括法官不得私自单方面会见律师，不得为当事人介绍律师等；律师不得与法官建立各种不正当的利益关系影响案件的处理；等等。《律师执业行为规范(试行)》规定：律师应当遵守法庭、仲裁庭纪律，遵守出庭时间、举证时限、提交法律文书期限及其他程序性规定。在开庭审理过程中，律师应当尊重法庭、仲裁庭，服从审判长、首席仲裁员主持，不能当庭评论(包括批评和颂扬)审判人员、仲裁人员言论。对于庭审中存在的问题，可以在休庭后向法官、仲裁员个人或其主管部门口头或书

面提出。律师在执业过程中，因对事实真假、证据真伪及法律适用是否正确而与诉讼相对方意见不一致的，或为了向案件承办人提交新证据的，可以与案件承办人在司法机关内指定场所接触和交换意见。律师不得以不正当动机与司法、仲裁人员接触。律师不得向司法机关和仲裁机构人员馈赠财物，更不得以许诺回报或提供其他便利(包括物质利益和非物质形态的利益)等方式，与承办案件的司法或仲裁人员进行交易。

(四)律师执业推广规则

《律师职业道德和执业纪律规范》在第六章"律师与同行之间的纪律"规定了律师在公平竞争方面的规则。《律师执业行为规范(试行)》对律师执业推广方面作出了一系列更加具体的规定。主要包括以下内容。

1. 尊重与合作规则。律师和律师事务所不得阻挠或者拒绝委托人再委托其他律师和律师事务所参与同一事由的法律服务。就同一事由提供法律服务的律师之间应明确分工，相互协作，意见不一致时应当及时通报委托人决定。律师和律师事务所不得在公众场合及传媒上发表贬低、诋毁、损害同行声誉的言论。在庭审或谈判过程中各方律师应互相尊重，不得使用挖苦、讽刺或者侮辱性的语言。

2. 禁止不正当竞争规则。律师执业不正当竞争行为是指律师和律师事务所为了推广律师业务，违反自愿、平等、诚信原则，采用不正当手段与同行进行业务竞争，损害其他律师及律师事务所合法权益的行为。

律师和律师事务所在与委托人及其他人员接触中，不得采用下列不正当手段与同行进行业务竞争，包括：故意诋毁、诽谤其他律师或律师事务所信誉、声誉；无正当理由，以在同行业收费水平以下收费为条件吸引客户，或采用承诺给予客户、中介人、推荐人回扣，馈赠金钱、财物方式争揽业务；故意在委托人与其代理律师之间制造纠纷；向委托人明示或暗示律师或律师事务所与司法机关、政府机关、社会团体及其工作人员具有特殊关系，排斥其他律师或律师事务所；就法律服务结果或司法诉讼的结果作出任何没有事实及法律根据的承诺；明示或暗示可以帮助委托人达到不正当目的，或以不正当的方式、手段达到委托人的目的。

律师或律师事务所在与行政机关或行业管理部门接触中，不得采用下列不正当手段与同行进行业务竞争，包括：借助行政机关或行业管理部门的权力，或通过与某机关、某部门、某行业对某一类的法律服务事务进行垄断的方式争揽业务；没有法律依据地要求行政机关超越行政职权，限定委托人接受其指定的律师或律师事务所提供的法律服务，限制其他律师正当的业务竞争。律师和律师事务所在与司法机关及司法人员接触中，不得采用下列不正当手段与同行进行业务竞争，包括利用律师兼有的其他身份影响所承办业务正常处理和审理；在司法机关

内及附近 200 米范围内设立律师广告牌和其他宣传媒介；向司法机关和司法人员散发附带律师广告内容的物品。依照有关规定取得从事特定范围法律服务的执业律师和律师事务所不得采取下列不正当竞争的行为，包括限制委托人接受经过法定机构认可的其他律师或律师事务所提供法律服务；强制委托人接受其提供的或者由其指定的其他律师提供的法律服务；对抵制上述行为的委托人拒绝、中断、拖延、削减必要的法律服务或者滥收费用。律师和律师事务所相互之间不得采用下列手段排挤竞争对手的公平竞争，损害委托人的利益或者社会公共利益，包括串通抬高或者压低收费；为低价收费、不正当获取其他律师和律师事务所收费报价或者其他提供法律服务的条件；非法泄露收费报价或者其他提供法律服务的条件等暂未公开的信息，损害所属律师事务所合法权益。

律师和律师事务所不得擅自或非法使用社会特有名称或知名度较高的名称以及代表其名称的标志、图形文字、代号以混淆，误导委托人。

社会特有名称或知名度较高的名称是指：有关政党、国家行政机关、行业协会名称；具有较高社会知名度的高等法学院校名称；为社会公众共知、具有较高知名度的非律师公众人物名称；知名律师以及律师事务所名称。律师和律师事务所不得伪造或者冒用法律服务质量名优标志、荣誉称号。使用已获得的律师以及律师事务所法律服务质量名优标志、荣誉称号的，应当注明获得时间和期限。

(五) 律师与律师行业管理或行政管理机构关系中的行为规范

我国《律师法》规定，国务院司法行政部门依照本法对律师、律师事务所和律师协会进行监督、指导，原则规定了我国律师与司法行政机关的关系。《律师执业行为规范(试行)》做出了更加具体的规定。

律师和律师事务所应当遵守司法行政管理机构制定的有关律师管理的规定、律师协会制定的律师行业规范和规则。律师和律师事务所享有律师协会章程规定的权利，承担律师协会章程规定的义务。律师和律师事务所应当办理入会登记手续和年度登记手续。律师和律师事务所应当参加、完成律师协会组织的律师业务学习及考核。

律师和律师事务所参加国际性律师组织或者其他组织并成为会员的，应当提前报律师协会批准。律师以中国律师身份参加境外国际性组织的，应当报律师协会备案，在上述会议做交流发言的，其发言内容亦应当报律师协会备案。

律师和律师事务所因执业成为民事被告或被确定为犯罪嫌疑人或受到行政机关调查、处罚，应当向律师协会作出书面报告。

律师和律师事务所应当参加律师协会组织的律师业务研究活动，完成律师协会布置的业务研究任务，参加律师协会布置的公益活动。

律师和律师事务所应当妥善处理律师执业中发生的各类纠纷，自觉接受律师

协会及其相关机构的调解处理。律师和律师事务所应当认真履行律师协会就律师执业纠纷作出的裁决。律师和律师事务所应当按时缴纳会费。

第三节　律师职业道德的实施机制

一、我国律师职业道德实施机制

在我国，由于律师承担法律、纪律责任形式的不同，有关律师职业责任的追究机构和程序也不同。

1.律师刑事责任的追究机构及其程序。

律师违反法律，构成犯罪的，应当按照刑事诉讼法关于立案管辖范围分工的规定，由有管辖权的司法机关依照法定的程序立案、查处。

这里有必要对《中华人民共和国刑法》第三百零六条关于辩护人、诉讼代理人刑事责任问题加以简单分析。这个问题在司法实践中存在很大的争议。

我国《中华人民共和国刑法》第三百零六条规定了辩护人和诉讼代理人在刑事诉讼中刑事法律责任问题。原来修改《中华人民共和国刑法(草案)》中辩护人和诉讼代理人就是律师，后来在有关方面的呼吁下，才改为现在的规定。但很明显，在刑事诉讼中，辩护人和诉讼代理人绝大多数情况下指的就是执业律师。这条规定直接指向律师是不言而喻的。

根据最高人民法院和最高人民检察院有关《中华人民共和国刑法》的《罪名意见》和《罪名规定》，《中华人民共和国刑法》第三百零六条指向的罪名有毁灭罪证罪、伪造证据罪和妨害做证罪。这条规定立法本意是防止辩护人或诉讼代理人利用辩护和代理的便利，妨害或干扰国家的正常司法活动。立法本意是好的，但实际的效果却走向了另一面。实践中，《中华人民共和国刑法》第三百零六条却成了律师刑事辩护和代理的陷阱。修改后的《中华人民共和国刑法》出台后，不少律师涉嫌《中华人民共和国刑法》第三百零六条而被司法机关追诉。如1998年7月，南京某律师为一起受贿案辩护时，被控引诱证人违背事实改变证言，涉嫌辩护人妨害做证罪被判刑。

那么到底是个别律师的个人因素还是立法本身存在问题。客观地说，两个方面都有问题。如果律师确实有主观上的故意而且具体组织实施了《中华人民共和国刑法》第三百零六条的有关行为，从维护国家法制尊严的角度出发，律师应当受到处罚。但问题在于该条的规定极易被司法机关滥用。在该条规定中，实践中所谓"引诱证人改变言"确实难以认定和区分。律师介入刑事诉讼后进行必要调查取证，重新核实有关证据，这是律师的正常履行职务行为。律师通过重新调查证人，全面掌握案件的事实和有关证据，配合和帮助法院在审理案件时能够做到兼听则明、公正司法。但是在这一过程中，不可避免的是律师通过调查获得的证据和国家侦查机关掌握的证据有时会产生不一致的地方，这是非常正常的现象。但是有的公诉机关却将此简单地推论为律师从中做的手脚，于是将矛头转向律师，而有关证人在国家司法机关的威慑下又否定了原先给律师提供的证据，甚至将责任完全推向律师。因此，这对于律师来说无疑是一个陷阱。虽然《中华人民共和国刑半》第三百零六条的例外条款规定："辩护人、诉讼代理人提供、出示、引用的证人证言或者其他证据失实，不是有意伪造的，不属于伪造证据。"但也无法解决实际中的问题，因为，是否"有意"很难作出准确判断。据此，理论界和律师界不少人士呼吁通过修改《中华人民共和国刑法》取消《中华人民共和国刑法》第三百零六条的规定。笔者认为，完全取消目前可能性不大。但鉴于实践中的问题，可以考虑从立法技术上做一下处理，将此条加以修改，应在该条中明确对于律师在刑事诉讼中只要取证程序合法就享有取证上的刑事豁免权。

2.律师民事责任的处理方式及其程序。

律师违法执业或者因过错给当事人造成损失的，由其所在的律师事务所承担赔偿责任。当事人可以选择追究律师民事责任的方式。包括：当事人与律师事务所协商处理；当事人与律师事务所请求有关机构调解；依照法律服务协议约定仲裁或违法执业事实、执业过错事实发生后双方达成的仲裁协议向仲裁机构申请仲裁；当事人按照民事诉讼法的规定，向法院提起民事诉讼。

关于律师民事责任制度问题有几个相关问题需要研究和探讨。

(1)律师民事责任的构成和举证责任问题。一般地，律师承担民事责任的条件主要有：律师主观上有过错；律师主观上的过错与委托人的损害结果之间有因果关系；律师负赔偿责任的行为应是执行律师职务过程中的行为。律师民事责任属于违约责任还是属于侵权责任，理论界看法很不一致，实践中也较难区分。既然律师责任被看成是专家责任，那么律师与委托人之间的关系上就存在一定的差异，这就是律师在法律专业知识方面具有比当事人明显的优势，因此对于律师在执业中给当事人的利益造成损害就应该承担更严格的民事责任。因此从理论上讲，当赔偿请求权人提出赔偿后，被认为有过错的律师应负有主要的举证责任。

(2)关于律师民事责任承担的主体。我国《律师法》规定，在我国律师民事责任的赔偿主体是律师所在的律师事务所。律师事务所赔偿后有权向有故意或重大过失行为的律师追偿。有人认为律师事务所实际上是代位承担律师赔偿责任，真正承担赔偿责任的还是造成损失的律师本人。这种观点值得商榷。首先，在我国，由于律师事务所统一收案、统一对外，律师事务所和当事人之间直接产生合同关系，律师本人并不和当事人之间签订委托代理合同，律师只是受律师事务所的指派而对外提供法律服务。因此律师事务所对于自己所指派的律师的过错给当事人造成损害的就理所应当承担法律责任。至于律师事务所对于有过错的律师的

追偿则是发生在律师事务所与律师之间，严格地说，律师是律师事务所的职员，这种关系和平等民事主体关系有明显的差别，是分属于不同的法律关系，因此律师事务所对于有过错的律师的追偿同受损害的当事人对于律师事务所的请求赔偿是不能等量齐观的。应该说，我国《律师法》关于律师民事责任赔偿的设计符合我国现阶段律师业发展的实际的。有人主张在《律师法》中应直接规定由律师来承担赔偿责任。这是西方国家流行的做法，一方面由于西方国家律师执业大多以合伙人或个人执业形式体现，另一方面律师行业强制执业保险制度较完善，因此律师的责任赔偿主要由个人来承担。由于我国律师业起步较晚，绝大多数律师个人财富的积累还很薄弱，抵御风险能力较差，加上我国目前还没有建立完备的律师执业保险制度，《律师法》规定先由律师事务所承担民事赔偿责任对于律师个人来说是实际上起到一个缓冲的作用，而对于受损害的当事人来说可以有更好的保障。

（3）关于律师执业责任赔偿的认定机构。律师职业属于专家职业，律师行业属于自律行业。为了更好地保护当事人的利益，对于律师在执业中给当事人利益造成损失的应先由律师行业成立的律师执业责任赔偿委员会来认定和处理。赔偿请求人对于律师执业责任赔偿委员会的认定不服的可申请复议或直接到人民法院起诉或根据达成的仲裁协议到选择的仲裁机构申请仲裁。目前，我国律师行业管理部门还没有这样的机构。笔者认为，可以考虑在全国律师协会设置类似机构，其委员人选可吸收法院、学者等参加。

（4）关于律师责任保险制度。在国外，律师投保职业责任保险已经非常普及。1978 年美国律师协会（ABA）成立了全国律师不当执业数据信息中心，专门收集有关举报律师不当执业的信息。20 世纪 80 年代后，对律师不当执业的指控越来越多，律师职业责任保险费已经逐步提高，一些城市的律师一年用于购买责任保险的费用达 6 000 美元。虽然如此，但购买保险的律师的人数仍在迅速增加。其主要原因在于，随着律师业的发展，律师的商业化气息变得越来越浓厚，律师和当事人的关系比以前要淡薄，委托人用于支付的律师费也在增加，人们对于律师的期望值越来越高，律师的执业风险也随之增大。

我国的一些律师事务所已经注意到律师行业高风险的特点，在律师事务所执业责任保险方面做了积极有益的探索。如 1995 年武汉某律师事务所和中国平安保险公司武汉分公司签订了律师责任保险合同。该合同规定，因律师过错责任造成委托人的经济损失的，将由保险公司承担赔偿责任。每一案件赔偿的金额在 25 万元以内，保险期限内累计赔偿限额为 200 万元。此外，全国还有不少律师事务所与当地的保险公司签订了保险合同。这些做法都是积极和有益的，对于规范律师执业，提高律师工作的责任心，更好地为当事人服务具有十分重要的作用。

另外，我国地方的律师协会也在这方面作出了积极探索。国家律师管理部门

的有关的规范性文件中对律师执业责任保险也有一些规定。如司法部律师司、国家科委政策法规与体制改革司、国家国有资产管理局政策法规司《关于律师从事集体科技企业产权界定法律业务的通知》中规定，具有从事产权界定法律业务资格的律师事务所，必须根据规定提取执业责任风险准备金或者购买执业责任保险。执业责任风险准备金的年度提取比例不低于从事产权界定法律业务净收入的10%。另外，财政部、司法部办公厅、国家计划委员会政策研究室《关于律师从事基本建设大中型项目招标投标法律业务的通知》也规定从事基本建设大中型项目招标投标法律业务的律师事务所，必须根据规定提取职业责任风险准备金或者购买执业责任保险。职业责任风险准备金的年度提取比例不低于从事招标投标法律业务净收入的10%。但是，这些规定，在实践中执行得并不如人意，一方面是一些律师事务所对律师执业责任保险不重视，另一方面是律师执业强制保险制度没有建立起来。

3.律师行政责任的追究机构及其程序。

关于警告处分；给予停止执业3个月以上1年以下的处罚；以及没收违法所得的处分应当由省、自治区、直辖市司法厅（局）或设区的市司法局作出；吊销律师执业证书的处罚权，应当由省、自治区、直辖市人民政府司法行政部门行使；必要时，由国务院司法行政部门行使。对律师事务所违纪的处罚权，应当由省、自治区、直辖市人民政府行政部门行使；必要时，由国务院司法行政部门行使。

根据我国《律师法》规定，律师违反《律师法》的有关规定应受到处罚，处罚机关为司法行政机关，所以我国律师的行业责任表现为行政责任。为了落实《律师法》有关处罚的规定，司法部专门制定和发布了《律师违法行为处罚办法》，具体处理程序适用《司法机关行政处罚程序规定》《司法行政机关行政处罚听证程序规定》。对现行的这种制度上的设计存在的弊端，笔者在本书第四章已有论及。鉴于我国律师业发展必须逐步与国际接轨的要求和中华全国律师协会的地位的上升，以及司法行政机关在律师行业管理中的实际作用，笔者认为对这一制度在现存的基础上做一些调整和改进是完全必要的，也是有其可能性的。

在目前司法行政部门对律师行业进行实质管理的情况下，完全取消律师和律师事务所的行政法律责任是不现实的。可以对目前的处罚权限作出新的界定。对于律师和律师事务所在执业中违反律师职业道德和执业纪律规范的一般行为应由中华全国律师协会行使行业处罚权，惩戒方式分为训诫、警告、暂停执业、停业检查、返还酬金等。对于律师违法触犯刑律应吊销律师执业证书的，对于律师违反执业管理规定，如同时在两个以上律师事务所执业的，对于律师事务所在设立、变更、登记、设立分所等方面的违反法律规定的由司法行政机关给予行政处罚。通过这样的调整，一方面，解决了律师协会在律师行业自律管理方面的缺

陷，强化了律师行业协会的职能，和国际上通行的做法保持一致。另一方面，通过这样的调整，司法行政机关表面上让渡出一部分权力，但实际上并没有降低司法行政机关在律师管理中的地位，相反可以使司法行政机关更好地行使宏观管理职能，提高管理的效率。

关于律师行业责任的认定和处罚的机构设置问题，是关系到律师职业道德规范能否有效实施的重要问题。在西方，一般采取在律师协会成立律师惩戒委员会的方式来处理有关对律师或律师事务所的投诉问题，而有的国家则是由独立的律师纪律惩戒法庭来处罚，如美国、意大利等。我国可以考虑借鉴国外的一些先进做法，并结合中国的国情，在律师协会内部建立律师行业惩戒委员会，以加强律师行业管理职能。实际上，早在《律师法（草案）》中曾对律师惩戒委员会作出了专门规定。1995 年 10 月八届全国人大常委会第 16 次会议对《律师法（草案）》作出第一次审议，时任司法部部长肖飏就《律师法（草案）》在该次会议上对律师惩戒委员会做了专门说明，他指出"为了加强对律师的监督管理，促使律师恪守职业道德和执业纪律，草案借鉴许多国家好的做法，规定：'律师协会设律师惩戒委员会。律师惩戒委员会由执业律师和律师协会聘请的人民法院、人民检察院、司法行政等部门的人员组成，对律师违反职业道德和执业纪律的行为予以惩戒。'（草案第四十三条）规定聘请法院、检察院和司法行政等部门的人员参加律师惩戒委员会，主要考虑是这些单位对律师活动有直接了解，也熟悉法律，有他们参与对律师的监督管理，比单纯由律师组成的委员会对违反职业道德和执业纪律的律师实施惩戒，更为切实有效。"但是，对于律师协会设立律师惩戒委员会，1996 年 5 月"全国人大宪法和法律委员会关于《中华人民共和国律师法（草案）》审议结果的报告"指出，"有些常委委员和地方提出，《律师法》可以规定律师协会按照章程对律师违反职业道德和执业纪律的行为予以处分。不必具体规定律师协会设立律师惩戒委员会。建议删去这一规定。"

4.律师行业会员纪律责任的追究机构及其程序。

中华全国律师协会及地方各级律师协会设立纪律委员会负责对律师纪律责任的追究。接到投诉人投诉后，律师协会纪律委员会要作出立案或不予立案的决定。对立案的投诉，应立即展开调查。调查终结，律师协会纪律委员会根据事实和行业规范作出处分决定。作出决定前，被处分律师、律师事务所有陈述、申辩的权利，对取消会员资格的处分，应事前告知当事人，当事人有要求举行听证的权利。

二、国外律师职业责任追究机制

从内在结构看，律师职业责任制度主要包括四个方面的内容：律师执业责任的范围；律师执业责任认定的机构；律师责任方式；律师执业责任认定的程序。

1.关于律师执业责任范围。以美国为例，美国对律师违法行为进行处罚主要有以下几种情况。第一类是违反国家法律规定的义务的行为。律师作为专业法律人员，不得违反国家规定的法定义务，如律师不得制造或使用伪证，或对有关事实作虚假陈述等。职业律师如果违反这些义务规定，就会被指控为严重犯罪或严重危害社会，法院就可以立即宣布对其停职处理，这里被认定的严重犯罪行为是指，作虚假宣誓、与当事人串通欺骗法院、威胁利诱证人做假证，威胁陪审员作出有利于自己当事人的决定，和陪审员私下就案件做交易等情况。第二类是违反职业义务的行为。美国职业律师必须遵守律师当地律师协会制定的律师职业行为规范和职业纪律，这类律师职业行为规范包括律师与当事人关系规范，律师对法官的义务，律师对外宣传得规范、律师收费规范等。对于律师违反这些义务规范的要求，比如，律师泄露当事人的隐私、为有利益冲突的当事人代理、不当收费等，律师协会有权对违规的行为进行调查，视情节给予纪律处分。第三类是律师对当事人没有尽勤勉之责而使当事人应得到法律保护的权益由于律师的原因而受到不应有的损害。如律师超越委托权限进行代理活动，律师因工作疏忽而延误了当事人行使权利的法定有效时间等，律师就应该对其当事人负赔偿责任。

2.关于律师执业责任认定的机构。由于各国的司法制度、历史传统、道德观念及其他社会背景的不同，律师违反执业道德和执业纪律规范的，有的国家是由律师行业协会给予处罚，有的是由法院给予处罚，有的则是由司法行政部门给予处罚。对于律师因违反律师职业规范而触犯刑律的，各国无一例外地由法院作为律师承担刑事责任的认定机构。至于律师违反职业规范，比如违反律师广告宣传规则的，这方面的处罚权从世界各国规定看主要在律师协会。英国、日本、意大利、加拿大、比利时等国家由律师协会内设机构对律师行使惩戒权。在德国，对律师进行惩戒是由专门设立的三级名誉法庭，其中最高审级是联邦法院，该法院受理有关对除名等事关重大问题的律师所提出的投诉。另外德国的司法部部长对律师也有一定的惩戒权，但受到严格的限制。在美国，对律师的惩戒权掌握在法院，但律师协会并不是无所作为，一般对律师的惩戒先由地方律师协会有关律师纪律专门委员会对违纪律师的行为进行调查、举行听证会，然后根据调查的结果对律师的行为后果作出建议性决定，最后提交法院，由法院作出是否对律师进行惩戒以及对律师适用的惩戒形式。还有的国家比如丹麦，是由几个机构对律师行使惩戒权，律师协会可以对违纪律师处以 5 000 丹麦克朗以下的罚金，司法部部长对违纪律师可以给予停业 1 年的处罚权，而更重的处分，如剥夺律师资格，则需法院来裁决。

3.关于律师责任方式。限于篇幅，此处简单介绍律师的行业责任，即律师行业惩戒形式。美国对律师的惩戒是由法院和律师协会作出的，惩戒方式包括罚款、拘禁、谴责、暂停营业或取消律师资格。法国律师协会具体处理惩戒事件的

权限属于理事会，惩戒处分的种类为，警告、谴责、3 年以内暂停业务及除名等。日本律师违反法律或者律师会会则，或有丧失品格的不当行为，无论是在职务内或职务外，都将受到惩戒。律师的惩戒处分的种类为警告、2 年以上停止业务、命令退回、取消律师资格四种。韩国律师违反职业道德或法律的，可取消律师资格、停止执业、罚款。

4. 关于律师执业责任认定的程序。根据日本《律师法》的规定，惩戒的程序是：提出惩戒请求，由律师会纲纪委员会调查，报送惩戒委员会审查，最后由日本律师联合会根据惩戒委员会的决议作出裁决。请求惩戒者如果对所属律师会的处置不服，可以向联合会提出异议。受到惩戒的律师也可向联合会提出审查请求，或进一步对联合会的处罚向东京等法院起诉。韩国对违纪律师的处理由律师惩戒委员会负责，委员会主席由司法部部长担任，6 名委员和 6 名候补委员会分别由法院在法官中推举出委员 2 名、候补委员 2 名，由律师协会会长在检察官和律师中各推荐出委员 2 名、候补委员 2 名。

本章思考题

1. 律师在处理与委托人关系时应遵循哪些基本规则？

2. 通过实例分析利益冲突问题在律师执业中的表现，以及律师如何正确处理执业中的利益冲突问题？

3. 简述律师执业保密规则的基本内容。

4. 律师如何正确处理与法官、检察官等其他法律职业人员的关系？有哪些基本准则？

第七章　警察职业道德

人民警察是人民民主专政的重要工具之一，是国家政权的重要组成部分，人民警察担负着同危害国家安全和社会秩序的敌对势力和犯罪分子作斗争的重要使命，维护着人民群众的利益，全心全意地为人民服务是人民警察的宗旨。人民警察职业道德规范是每个人民警察在实践工作中以及社会生活中必须遵循的最根本的行为准则，为了更好地完成党和人民交给的任务，规范人民警察职业活动，人民警察不但要严格依法办事，更应该努力学习遵守人民警察职业道德规范，培养良好的职业情感，磨炼出坚强的职业意志，形成良好的职业习惯。本章从人民警察的含义、人民警察职业道德规范的基本理论和人民警察职业道德规范的具体内容对人民警察职业道德规范的内容进行了介绍，并对如何进一步完善人民警察职业道德规范做了有益的探讨。

第一节　警察职业道德概述

一、警察的含义

(一) 警察的概念和特征

警察是以维护国家安全和社会治安秩序，保护公民人身自由和财产安全为目的，依靠国家强制力并应用法律赋予的特殊手段，实施社会管理的国家行政力量。警察主要有以下特征。

1. 阶级性。警察是随着国家的产生而产生的，而国家是维护一个阶级对另一个阶级统治的机器，它是阶级矛盾不可调和的产物。任何一个统治阶级都是依靠国家机器来维护自己的统治的。警察是国家的重要组成部分，是统治阶级建立和依靠的社会强制力量，更是其实施阶级专政的重要工具。因此，警察具有鲜明的阶级性。这是警察在国家政治生活中的根本属性。

2. 武装性。警察是统治阶级意志的忠实维护者和执法者，其主要任务之一，就是同危害国家安全和社会治安秩序敌对势力和犯罪分子作斗争。因为这种斗争往往表现为激烈的暴力冲突，所以，警察在履行职责过程中具有明显的对抗性，警察的武装性实质上表现了警察的暴力作用。其武装性表现为：①警察属于组织

严密的战斗组织，按照国家法律规定配备武器和警械，统一着制式服装；②实行军事化或准军事化管理和训练，具备良好的警体素质，并开展具有警察特色点的业务训练；③具有集中统一的指挥系统和机动快速反应能力的战斗体制，并拥有一定的武装斗争手段。这是警察区别于一般国家行政机关和工作人员的重要属性。

3.强制性。警察所担负的维护国家安全和社会治安秩序的职能，要求警察除了武装性质以外还需要其他的强制手段。国家通过法律赋予警察与其履行职责相适应的各项强制手段，以使警察有足够的强制力去制止违法犯罪活动，维护国家的安全和社会治安秩序。警察通过武装性质和其他强制手段所体现的强制性，是一般国家行政机关所不具有的。

4.管理性。社会治安秩序的稳定是统治阶级借以巩固自己统治维护本阶级利益的重要保证和基本条件。警察在以暴力维护国家安全、打击各种破坏和颠覆活动的同时，对内还有保障统治阶级所维护的生产、工作、科研，以及公民生活秩序安定的重要职能，而这一职能最终体现在对社会治安有效的行政管理方面。这一职能是其他国家行政部门无法代替的。

5.服务性。在现代警察的历史演变中，警察除了其专政的职能进一步增强外，统治阶级出于维护本阶级统治的需要，通过一些法律规定，增加了警察为民服务的职能，如规定警察扶弱济贫、社会服务、义务劳动、为公民排忧解难、参加抢险救灾等。这一职能的进一步强化，也说明了现代警察在社会管理方面朝着利民、便民方向转变，其实质还是在新的历史条件和社会发展环境中，更好地维护统治阶级的统治，保证其阶级意志的顺利实现。

(二)人民警察的范围和警种

1.人民警察的范围。

《中华人民共和国人民警察法》第二条第二款规定："人民警察包括公安机关、国家安全机关、监狱管理机关的人民警察和人民法院、人民检察院的司法警察。"这是根据国家规定的现行管理体制，对人民警察范围所做的界定。

1957年制定《人民警察条例》时，根据当时的管理体制，明确规定"人民警察受中华人民共和国公安部和地方各级公安机关的领导。"1983年在实行政法体制改革中，经党中央、国务院批准，将公安机关主管的对间谍特务的侦查工作移交国家安全机关，同时将公安机关主管的监狱和劳教管理工作划归司法行政机关。人民法院、人民检察院依据《人民法院组织法》和《人民检察院组织法》规定，分别设有司法警察。从此人民警察范围扩大了，管理体制也随之发生了大变化，即从过去由公安机关统一领导和管理，变成分别由公安机关、国家安全机关、司法行政机关和人民法院、人民检察院各自领导和管理。此外，根据工作需要，经国务院批准，设在铁道、交通、民航、林业部门的公安机构，由公安机关和所在部门共同领导，公安保卫工作则以公安机关领导为主。这些公安机构户的人民警察，也属于公安机关人民警察之列。

需要指出的是，在公安机关、国家安全机关、监狱、劳教管理机关和人民法院、人民检察院不担任人民警察职务、不授予警衔的人员，不属于人民警察范围。

2. 人民警察的警种。

警种是指按照人民警察承担的具体任务和业务性质划分的不同种类。我国警务人员的警种主要有以下种类。

从事治安管理的治安警察。治安警察的任务是维护公共场所秩序的安全，查治安案件，进行治安巡逻，维护治安秩序，保护公共财产和公民合法权益不受侵犯。

从事户籍管理的户籍警察。其任务是专门依法管理户籍和居民身份证；发现违法犯罪线索，预防、制止违法犯罪活动；维护社会治安和公共秩序。

负责维护交通秩序，保障交通安全，管理有关交通事务的交通警察。交通警察负责对道路、车辆、行人、驾驶人员进行管理，其主要职责是对车辆进行登记、检验，对驾驶人员进行考核、审验、发放牌证；对行车、行人秩序进行管理，纠正违章，处理事故；负责交通警卫，进行交通宣传教育。

从事刑事犯罪侦查、预审、执行刑罚的刑事警察。刑事警察包括专门从事刑事侦查、预审、执行刑罚等工作的人员，以及专门从事痕迹、文件、法医检验、刑事化验等刑事科学技术工作的人员。其主要任务是预防、揭露、打击刑事犯罪活动；侦破刑事案件，执行刑罚，从而保护公民人身财产安全、保卫社会主义制度和社会主义经济建设的顺利进行。

负责管理外国人在我国定居、居留、旅游和中国公民因私出境等事务的外事警察。外事警察代表国家，对在中国境内的外国人行使管理权。其主要任务是依法对外国人入境、出境、居留、旅行进行管理，保护外国人的合法权益，发现、制止和处理在华外国人的违法活动，保卫国家安全，以及处理有关国籍事务。

对监狱等场所的罪犯和劳教人员负责执行劳动改造和教育管理的狱政警察。狱政警察也可划入刑事警察范畴。其主要任务是维护监管场所秩序，教育和改造违法犯罪分子。

司法警察是指在审判、检察机关的警察组织中从事司法诉讼事务活动的警务人员。其主要职责是警卫法庭、维护法庭秩序，押解人犯，执行判决和裁定，送达法律文书，对拒不执行已发生法律效力的判决和裁定的人依法采取强制措施；协助司法检察人员进行侦查，对自侦案件执行逮捕犯罪嫌疑人等。

行业警察是指在铁路、航空、航运、林业、海关等行业从事警务活动的人民

警察。我国的行业警察有以下几种：①铁路警察；②民航警察；③林业警察；④航运警察；⑤缉私警察。

另外，还有实行兵役制的武装警察有以下几种：①内卫武装警察是指按照武装部队建制实行兵役制的人民警察。武装警察既是警务人员，也是军事人员。内卫武警的主要职责是担负着国家首脑机关、重点单位、主要设施和要害部位的警卫，负责重要桥梁、隧道、铁路的守护和警戒，看守、警戒监狱、劳改劳教场所，以及在紧急情况下实施围剿、追捕逃犯、制止骚乱、平叛等任务。②消防警察是专门负责消防监督、灭火救灾的警务人员。消防警察实行兵役制属于武装警察的范畴，隶属于公安机关。其主要任务是组织、实施消防监督管理，进行防火宣传教育，对消防设施和防火安全进行监督检查，负责管理检查易燃物品，实施组织火灾的扑救等。③边防警察是专门负责维护边境秩序，进行边境防卫管理的警务人员。边防警察实行兵役制，属于武装警察的范畴，隶属于公安机关管理。其主要任务是维护国（边）境地区的治安秩序，保卫边境地区和边防口岸的安全，进行边防巡逻，实施边防检查，对出入境人员和交通工具进行检查、监督等。

对人民警察的范围及警种进行划分，其目的是使人民警察的工作性质和任务更加具体明确，不论从事哪一项工作，每一名人民警察都应严格依法履行自己的职责，维护国家和社会的稳定，保护人民的生命和财产的安全，完成党和人民交给的光荣使命。但是，不同警种的警察因其职责或任务的差别，其职业道德要求也会有所不同，本章是从各警种的职业共性角度介绍警察的职业道德。

（三）人民警察的任务

《中华人民共和国人民警察法》第二条规定："人民警察的任务是维护国家的安全，维护社会治安秩序，保护公民人身安全，人身自由和合法财产，保护公共财产，预防、制止和惩治违法犯罪活动。"这一规定表明，人民警察的任务有以下三个方面。

1. 维护国家安全，维护社会治安秩序。人民警察是人民民主专政的重要工具，应当把维护国家安全和社会治安秩序作为自己的首要任务。这两个"维护"，关系到国家的领土完整、主权独立和社会制度的巩固，关系到国家的长治久安和人民安居乐业，关系到改革、发展、稳定的大局，历来是我们党和政府十分关心的重大问题。在发展社会主义市场经济的条件下，全面实现现代化建设的奋斗目标，搞好社会主义现代化建设，除了争取国际和平环境外，在国内还必须有一个长期稳定的政治局面和正常有序的社会治安环境。否则什么都搞不成，已经取得的成果也会失掉，甚至会断送我们社会主义事业。我们有过"文化大革命"十年内乱的悲惨教训，绝不能让这种悲剧重演。人民警察必须竭尽全力来保证国家安全，维护社会稳定。

2. 保护人民的人身安全、人身自由和合法财产，保护公共财产。我国公民享有宪法和法律规定的权利。人民警察的任务，主要是保护公民的人身权利和财产权利。而公民的权利中尤以人身安全和人身自由为重要。如果一个公民的人身安全和自由得不到应有的保障，那么其他的权利也就无从谈起。

3. 预防、制止和惩罚违法犯罪活动。预防、制止和惩罚违法犯罪活动，是人民警察的基本职能之一，也是维护国家安全，维护社会治安秩序，保护公民的人身安全、人身自由和合法财产，保护公共财产的必不可少的重要措施和手段。在阶级斗争、霸权主义、强权政治存在的条件下，国内外的敌对势力和敌对分子从未停止危害我国国家安全活动，隐蔽战线的斗争历来是紧张、激烈的。社会治安状况也不容乐观。在建立社会主义市场经济体制的进程中，在世界范围内各种思想文化力量的相互激荡的影响下，拜金主义、享乐主义、极端民族主义、极端个人主义等腐朽思想蔓延、各种丑恶的东西死灰复燃，诱发犯罪的东西很多，治安形式依然相当严峻。违法犯罪活动是一种不利于社会安定的行为，严重危害社会的稳定和经济发展，危害国家的利益。同违法犯罪作斗争，是人民警察的一项长期而艰苦的任务。

警察的特征、不同警种的职责以及人民警察的共同任务，是制定人民警察职业道德规范的基础。

三、警察职业道德的含义

(一) 警察职业道德的含义

警察职业道德是调节警察职业活动的特殊行为规范，是对警察特殊本质的简明概括。人民警察职业道德是指人民警察在警察工作及社会生活中应该遵循的与自身职业相适应的行为规范。

警察职业道德作为上层建筑和社会意识形态，具有受社会经济关系决定的一般本质，而从上层建筑和社会意识形态内部来考察，特别是把警察职业道德与政治、法律、纪律等规范进行比较考察，着重分析警察职业道德规范与政治规范、法律规范、纪律规范的区别，便可以发现警察职业道德的特殊本质，主要可以归结为如下两个方面。

1. 警察职业道德规范的非强制性。政治规范、法律规范、纪律规范都是具有强制性的行为规范。其中政治规范直接运用国家机器或以国家机器作为后盾来实现自己的功能。法律规范凭借的是有组织的惩罚机关和系统的惩罚措施来发挥自身的效力。纪律规范依靠其所制定的社会组织或团体的惩处措施来保证作用的发挥。如果违背了这些规范，必然要受到相应的惩处。警察职业道德规范则不同，在对警察行为进行调节时较少地运用强制力量，主要是凭借教育、社会舆论、内

心自省和群众监督来起作用，与主要靠强制力作保证的以上规范有着本质的不同。根据警察职业道德规范具有非强制性的特点，也可以说它是一种非强制性的行为规范。

2.警察职业道德的自律性。具有强制约束力的政治规范、法律规范、纪律规范都是属于他律性的行为规范，无论是否真正认同、自愿遵守这些行为规范，都必须接受它们对自己行为的调节，必须在行动中落实执行。而警察职业道德规范则不同，它是一种自律性的行为规范，警察职业道德必须被警察内心认同，自愿接受，并转化为自己的情感和信念，才能发挥调节警察行为的行为规范的作用。警察职业道德是警察自律精神的集中体现。

（二）警察职业道德的特征

警察职业道德是一种特殊的道德规范，它具有一般社会道德的共同特征，又有区别于一般道德和其他职业道德的显著特点。

1.政治性。警察职业道德的政治性，是指警察职业道德与政治有着极为密切的关系，这主要是由警察职业性质所决定的。警察是国家政权的重要组成部分，这决定了它与政治密切联系的必然性，警察作为上层建筑的一部分，是作为阶级统治的工具而存在的，国家政权有赖于警察来巩固，统治阶级的意志有相当一部分要由警察来实现，由此决定了警察职业道德规范必然更多地体现统治阶级的政治意志和意愿要求，以便为警察完成巩固政权、维护统治阶级的统治地位提供可靠的保证。而且我国公安机关是人民民主专政的工具，其职业活动从根本上说是社会主义政治在公安方面的具体体现，这就要求人民警察具有鲜明的政治立场，坚决维护党和国家的尊严，忠于祖国，维护宪法，听党指挥，通过提高人民警察执法的公正性，促进社会主义法治建设；通过提高人民警察职业道德素质，增强公安队伍的战斗力，为广大人民群众服务，为改革开放和社会主义现代化建设服务。

2.自觉性。警察职业道德的自觉性直接反映了警察职业道德的特殊本质，主要是指警察职业道德是警察自律精神的集中体现。警察职业道德只有被警察心悦诚服地自觉接受，并转化为他们的情感和信念时，才能发挥调节警察行为的作用，而警察职业道德一旦被警察从内心深处接受，就会化作巨大的精神力量，特别是在塑造警察的人格、陶冶警察情操等方面起到政治、法律和纪律等强制性规范无法达到的作用。

3.示范性。警察职业道德的示范性，主要是指警察遵守警察职业道德在社会上所起的表率作用，对其他行业和群众的影响感染作用。在社会生活中所有的从业人员的职业道德行为都会对他人产生一定的影响，起到一定的示范作用。但这种示范作用的大小是不一样的，相对而言，警察职业道德的示范性特征表现得更

为突出和鲜明。之所以这样，主要是因为警察代表国家行使职权，执行法律。警察的职业活动、警察形象往往最直接体现国家的意志，代表国家的形象，因而警察的道德风貌对其他部门的道德风貌、对社会成员的精神状态有着更为重要的影响。人民警察的工作是党和政府的一个重要窗口，是党和政府联系人民群众的桥梁和纽带。人民警察遍及祖国各地，与人民群众生活在一起，与各行各业有着十分密切的联系，人民警察的道德状况对其他行业、对广大人民群众的影响是十分广泛的。人民警察能够通过言行举止、服务态度、清廉形象等，使广大人民群众感知人民警察的高尚情操和可贵品质，在熏陶中实现心灵的净化并融于自己的言行中，进而树立了社会正气，推进社会主义精神文明建设。

4.职业性。警察职业道德的职业性，主要是指警察职业道德是一种职业道德，它的基本原则和主要规范是由警察的职业性质、主要职责和特征直接决定的。警察的职业活动是社会活动的一个特殊领域，与其他社会职业活动不同，有自己特殊的社会性质、职能、特征，担负着特殊的职责和使命。由此决定了警察必须遵守一些特殊的道德规范，以培养出特殊的道德品质。警察职业特征是警察职业道德规范的基本依据，是区别其他职业道德和一般社会道德的根本标志。在《人民警察职业道德规范》中就充分体现了警察职业道德的职业性特点。例如，第一条规定："对党忠诚，坚定信念，听党指挥，维护宪法，忠于祖国"，这就是人民警察职业性质的体现。第二条提出："服务人民，热爱人民，甘当公仆，爱憎分明，除害安良"，体现了人民警察全心全意为人民服务的职业宗旨。第三条规定："秉公执法，不徇私情，不畏权势，严禁逼供，不枉不纵"，是人民警察职业责任的反映。第四条规定："清正廉明，艰苦奋斗，克己奉公，防腐拒贿，不沾不染"，是人民警察职业作风的体现。其他几条，则分别为人民警察的职业态度、职业纪律、职业形象的反映和要求。正是因为警察职业道德具有职业性的特点，是一种特殊的职业道德，这也就规定了警察职业道德的作用范围。特定社会的警察道德只适用于该社会的从警者，警察职业道德只对该社会的警察具有约束力，超出了警察职业范围，则这种职业道德就不具备调节人们行为的作用。

也正是因为人民警察职业道德是具有职业特征的特殊职业道德，警察职业道德的建设、警察职业道德规范的落实要紧紧围绕人民警察的职业活动来进行。通过具体的职业活动来树立警察的形象，并从职业活动的情况和结果来对警察实践其职业道德规范情况进行综合评价，而且还要依据警察职业活动的变化，提出人民警察职业道德规范的新要求。

(三)警察职业道德的作用

警察职业道德的作用主要是指警察职业道德的功能，以及通过警察职业道德功能的发挥而对社会产生的影响。一般而言，警察职业道德的功能主要表现在三个方面：①调节功能。主要是指警察职业道德通过社会舆论、内心反省等评价方式来指导警察的行为和言论，引导警察强化积极、正确的行为，纠正消极、错误的行为，协调警察内部关系和警民关系的作用。②教育功能。主要是指警察职业道德通过说明、讲解、评论、奖惩等方式，在警察中形成群体舆论，养成一定风气，树立道德榜样，塑造理想人格，培养道德观念和道德品质的功用。这有助于警察了解社会所需要的道德内容，从而自觉地适应社会的要求，依据一定的善恶标准而调节自己的言行。③认识功能。主要是指警察职业道德以警察职业道德标准、道德理想等为结果，反映出警察同他人和社会的利益关系，从而为警察提供了正确处理内外关系的道德判断标准。由此我们可以归纳出警察职业道德的主要作用如下。

1. 有助于提高人民警察队伍的素质。警察的素质，是指警察履行职责、完成任务、做好工作必须具备的素养和能力。人民警察队伍的素质是指人民警察履行职责、完成公安工作任务的素养和能力，包括政治素质、业务素质、心理素质、能力素质等。这几方面的素质相互影响、相互促进、相互制约、相互作用，共同构成人民警察队伍的素质。为了更好地完成公安工作任务，必须提高人民警察的素质，这已经成为人们的共识。人民警察具备良好的职业道德素质，有助于提高人民警察队伍的全面素质。

加强警察职业道德建设对促进警察素质的全面提高有着重要的意义，尤其是对提高警察的政治、业务素质有着积极的作用。人民警察必须具有坚定、正确的政治立场，具有正确的政治方向，认真贯彻执行党和国家的路线、方针、政策，热爱祖国，热爱人民，热爱社会主义，秉公执法，清正廉洁，严守纪律等政治素质。遵守人民警察职业道德规范要求，也就满足了人民警察政治素质的要求。人民警察必须具备热爱公安事业，认真钻研警察业务工作，正确领会和掌握公安工作的政策、方法和手段，依法正确使用警械设施，具有较高的口头表达能力和文字表达能力，讲究工作策略和艺术等业务素质。人民警察应忠于职守、业精技强、机智勇敢，这对于激发人民警察的事业心和责任感，督促人民警察学习和掌握公安工作所需要的现代科学知识，苦练过硬的业务基本功，熟练地掌握专业技术、技能，都有着非常积极的作用。

2. 有助于人民警察履行职责。人民警察要很好地履行自己的职责，完成公工作任务，必须依靠较高的业务素质和良好的思想政治素质，而人民警察队伍的职业道德建设不仅能够促进人民警察队伍业务素质的提高，而且能够促进人民警察队伍政治素质的提高，这与人民警察履行职责密切相关。警民关系关系到警察工作的成效，创造良好的警民关系的一个重要条件就是人民警察的职业道德素养。我们开展的警民共建文明单位的活动之所以能够起到密切警民关系、推动社会主义精神文明建设的作用，一个重要的条件就是人民警察具备良好的职业道德素

质，在"警民共建"活动中，向人民群众展现了人民警察良好的道德品质。《人民警察职业道德规范》明确提出在对待人民群众问题上，人民警察应该严格执法、除害安良、热爱人民、甘当公仆、礼貌待人，使人民警察正确确立自己与人民群众之间的公仆与主人、服务与被服务的关系，协调公安机关和其部门的关系，优化人民警察的形象，得到人民群众的理解和支持，从而赢得人民群众对公安工作的理解和支持，这就有助于人民警察职责的履行，推动公安工作向前发展。

3. 有助于树立党和政府的威信。公安机关作为国家一个重要的司法行政部门，是国家的重要窗口，代表党和国家来履行职责，并与广大人民群众直接接触，从而成为党和政府联系人民群众的桥梁和纽带。公安机关和人民警察代表党和国家来行使人民民主专政的职能，人民群众就会从人民警察的言行中来认识党和国家，从警民关系上来认识党和国家与群众的关系。因此，人民警察的形象就直接关系到党和政府的形象，加强人民警察职业道德建设，使广大人民警察在工作中模范遵守法纪和警察职业道德，严格执法，热情服务，人民群众就会由爱戴人民警察而信赖和拥护我们的党和政府；反之，如果人民警察违背了职业道德规范要求，就会由败坏自身的形象而损害党群关系、干群关系和警民关系，损害党和国家的形象。几十年的实践也证明了这一点，当人民群众遇到自然灾害或遇到严重危及生命财产安全的时候，人民警察挺身而出，抢险救灾，救助群众，人民群众就会由衷地感谢党和国家，更加热爱党和国家；相反，人民警察如果对人民群众的生命财产漠然视之或保护、救助不利，人民群众就会因对人民警察行为的不满而抱怨党和国家领导不利，使党和国家的威信受到不良影响。同样，如果人民警察能够以良好的职业道德风尚和精湛的工作能力打击犯罪，保护人民，确保一方平安，人民群众就会增加对党和国家的信赖和热爱。反之，如果人民警察作风散漫、工作不利，造成社会秩序混乱，致使群众失去安全感，就会使一些群众失去对党和国家、政府的信任。

4. 有助于促进社会主义精神文明建设。公安机关和人民警察代表国家执法，与人民群众的接触面极为广泛，从而决定了人民警察职业道德建设的好坏，对整治社会道德风气较其他人员有更加巨大的影响。社会道德风气是党风、政风、职业道德风貌、家庭风尚等多因素的总和，是多种道德因素的综合表现。在社会风气问题上，党风是关键，是社会风气的核心，影响和制约着社会风气中的其他因素。除党风之外，职业道德风气在整个社会风气问题上也是极为重要的。因为从现实生活看，人们的道德实践领域，主要是在各个特定的职业活动中，而且职业道德又直接与社会物质文明建设和社会精神文明建设联系在一起，与人民群众的利益联系在一起，这决定了职业道德风气状况直接影响社会风气的状况。一方面，人民警察代表党和国家行使职权，使得人民警察职业道德风气直接体现着党风；另一方面，人民警察同人民群众有着最为广泛和直接的联系，人民警察职能

作用的发挥直接关系到千家万户的利益，关系到广大人民群众生命财产的安全，使得人民警察职业道德风气较其他行业和人员的职业道德风气的影响力度更大。如果每一位人民警察都模范履行人民警察职业道德规范，具备高尚的道德情操，克服特权思想，消除行业不正之风，那么，必将对纯洁、优化整个社会风气产生良好的影响。

人民警察职业道德对于整个社会风气的影响作用，还表现在它对人际关系和社会风气有一种特殊的道德情感的传递作用，这一点是与警察职业道德具有示范性的特点相联系的。人民警察的职业活动的特点决定了人民警察涉及的人际关系广泛、深刻而且持久，人民警察要与社会上各行各业打交道，要对广大人民群众的实际生活产生影响。如果人民警察能够自觉按照道德要求去规范自己的行为，就会对社会上其他行业产生广泛的感染作用，也会把良好的道德情感传递给自己的服务对象，使人与人之间友好、文明相处，带来社会风气的好转。

除上述四个方面以外，人民警察职业道德还有其他方面的社会作用，如人民警察道德对建立和发展社会主义新型社会关系具有重要作用。人民警察职业道德始终贯穿着为别人、为集体、为社会服务的精神和思想，倡导顾全大局、通力协作、谦虚谨慎、服从领导等。每一位人民警察如果能真正按照这些思想办事，就会在履行本职工作的实践活动中，很好地协调同他人、同集体的关系，很好地协调上下级之间、同志之间的关系，促进新型社会关系的形成和发展。人民警察职业道德还具有帮助警察实现自我完善的作用。只要每位人民警察能严格按照人民警察职业道德要求严格要求自己，就能在自己的工作岗位上勤勤恳恳、刻苦钻研，不断提高自己的思想水平和业务能力，培养良好的职业情感，磨炼坚强的职业意志，形成良好的职业习惯，在工作中施展才华，建功立业也就是说在为人民服务的过程中使自己的思想得到充实，成为"有理想、有道德、有文化、有纪律"的合格的人民警察，从而完成党和人民赋予人民警察的光荣使命。

三、警察职业道德与警察权力

人民警察拥有国家赋予的特殊权力和相应的义务，为了保证警察能够正确行使自己的权力和认真履行自己的义务，我们还必须分析和了解人民警察职业道德与警察权力、义务和纪律之间的密切关系。

（一）警察权力的概念和特征

1.警察权力的概念。

警察权力是警察职业生命的构成要素，是一种特殊的支配力和影响力。警察权力是指国家法律、法规赋予警察的职业权力，即我国法律、法规赋予人民警察在职责范围内的支配力和影响力的总称。

警察权就其性质而言是一种特殊的国家权力，它属于行政权，同时兼有武装性、司法性；它又是一种身份权，即与警察职业共存亡，只有拥有警察身份的人才能使用它。警察权既是阶级镇压的工具，又是缓和社会冲突、稳定社会秩序的调节器，是国家制度的重要组成部分，属于上层建筑的范畴。它与权力和权利不同，它们之间的区别是：权力属于国家机关，具有政治权威性，要求对象服从，谋求的利益属于国家和人民，而不是属于执行者个人。权利属于公民或者法人的利益范畴，依赖国家权威的保障，要求对象承担义务，谋求的利益属于权利的享有者。

2. 警察权力的基本特征。

警察权力是一种特殊的国家权力，它与其他社会权力有许多相同之处，但也有如下几方面的特征。

（1）法律性。人民警察权力是人民警察完成国家赋予任务、保卫国家和人民利益的重要保证，也是保障人民警察在法律规定的职责范围内完成各项任务的重要手段。人民警察职责和权限由《中华人民共和国人民警察法》做出明确规定，人民警察行使职权时必须依照法律规定，在法律允许的范围内进行，人民警察依法行使警察权力，受到法律的保护，这些都反映出人民警察权力具有法律性特征。由于警察权在国家权力中的重要作用，所以各国都非常重视警察立法，把警察的权力明确规定在国家法律中。在现代社会的警察法中，不但明确规定警察有什么权力，而且规定在什么情况下才能行使这些权力，同时还明确规定行使这些权力的必经程序。

（2）主体特定性。这是指人民警察权力作为一种特殊的国家权力，只能由人民警察作为警察权的主体，一般情况下，人民警察权只能以人民警察作为权力的执行者，其他机关、团体和个人都不得行使人民警察权力。对人民警察权限的规定，是人民警察法的核心内容。人民警察的权力可以分为人民警察个人行使的权力和人民警察机关行使的权力；还可以分为公安机关的人民警察，国家安全机关、监狱管理机关的人民警察和人民法院、人民检察院的司法警察行使的权力。如果不加以区分地只作笼统的规定，将会给执行职务带来困难，甚至会产生执法中的问题。因此，人民警察法以公安机关的人民警察为主体，规定人民警察的权力，同时《中华人民共和国人民警察法》第十八条规定："国家安全机关、监狱管理机关的人民警察，人民法院、人民检察院的司法警察，分别依照有关法律、行政法规的规定履行职权。"

（3）强制性。任何权力都具有一定的强制性，但人民警察权力强制性特点更为突出，主要表现为警察权力中的措施和手段具有特殊的强制性。人民警察权力不仅包括一般行政部门所具有的许可、取缔、警告、罚款、责令赔偿等权力，而且包括拘留、搜查、逮捕等人身强制权力。在发生紧急突发事件时，还有紧急处

置权，可采取封锁地域、管制交通、武装围剿等手段。这些具有鲜明强制性的权力依法行使时，任何人都必须服从。警察权力的强制性是国家强制力的体现，同时又构成了其他国家权力行使的保障。

(4)广泛性。人民警察权力内容十分广泛，而且人民警察权力的行使，对社会带来的影响也是十分广泛的。警察的职业活动涉及社会方方面面，人民警察与社会上各行各业、各种各样的人发生着联系，在预防、制止、侦查各种违法犯罪活动、维护社会治安秩序和公共安全的广阔领域内，警察权力的影响力辐射到政治、经济、文化等各个方面，并且还影响着人们的日常生活。

(5)层次性。人民警察权力内容十分广泛，但又因警种的不同、职级的不同而呈现出差异性。每一警种的警察只能行使其特定范围内的权力，一定职位的警察也只能行使其所在职位的权力，不得超越自己的权限。这样，也就使得人民警察权力呈现出层次性。如我国对外国人违反入出境管理法规的行为，警告、罚款、拘留权由县以上公安机关行使，限期出境、驱逐出境权只有公安部才能作出决定。

(6)效应的双重性。人民警察权力既可以表现为正效应，也可以表现为负效应。人民警察权力是社会主义社会的权力，从根本上限制了权力负效应的发生，但是，由于权力制约机制还不健全和其他一些主客观原因，一些警察滥用手中的权力，以权谋私，违背警察权力规范，产生警察权力负效应的情况也有出现。

(二)警察权力的基本内密

对于人民警察的权力，《中华人民共和国人民警察法》做出了明确具体的规定。

1.行政强制措施权和行政处罚权。行政强制措施、行政处罚，是指国家行政机关依照国家行政法规对违反行政管理人的人身或财产予以限制或处罚的手段。《中华人民共和国人民警察法》第七条规定："公安机关的人民警察对违反治安管理或者其他公安行政管理法律、法规的个人或者组织，依法可以实施行政强制措施、行政处罚。"行政强制措施，包括对人身的行政强制措施和对财产的行政强制措施。对人身的行政强制措施主要有强制戒毒、强制遣送等；对财产的行政强制措施主要有没收、查封、扣押等。除此以外还有其他一些行政强制措施，如公安机关依照《治安管理处罚条例》和《公共娱乐场所消防安全管理规定》等关规定，对违反规定的单位可以采取责令停业、限期整改等行政强制措施。行政处罚包括对人身的处罚和对财产的处罚两种。对人身的处罚主要指行政拘留，对财产的处罚主要指治安罚款。

2.强行带离现场、依法拘留和采取法律规定的其他措施权。《中华人民共和国人民警察法》第八条规定："公安机关的人民警察对严重危害社会治安秩序或

者威胁公共安全的人员，可以强行带离现场、依法予以拘留、或者采取法律规定的其他措施。"这就规定了公安机关的人民警察具有依法行使强行带离现场、拘留和采用其他措的权力。强行带离现场是指公安机关根据有关法规的规定，对违反社会管理秩序的行为人，将其强行带离现场的一种行政强制措施。刑事拘留是指公安机关在办理刑事案件中的侦查阶段，遇有紧急情况而依法临时限制犯罪嫌疑人人身自由的一种强制措施。法律规定的其他措施权是指公安机关的人民警察对严重威胁、危害社会治安秩序的人员，可以采取刑事拘留、强行带离现场以外的其他法律规定的措施，主要有传唤、训诫、命令解散、强行遣回原地等措施。

3. 盘查权。《中华人民共和国人民警察法》第九条规定："为维护社会治安秩序，公安机关的人民警察对有违法犯罪嫌疑的人员，经出示相应证件，可以当场盘问、检查。"盘查是指公安机关的人民警察在执行维护社会治安秩序的职务时，对有违法犯罪嫌疑的人进行盘问检查的行为。

4. 使用武器、警械权。《中华人民共和国人民警察法》第十条和第十一条规定："遇到拒捕、暴乱、越狱、抢夺枪支或者其他暴力行为的紧急情况，公安机关的人民警察依照国家有关规定可以使用武器"，"为制止严重违法犯罪活动的需要，公安机关的人民警察依照国家有关规定可以使用警械"。这里的武器是指枪支。警械是指警棍、警笛、手铐、警绳等。

5. 搜查权、执行逮捕权和其他刑事强制措施权。搜查是公安机关侦查措施的一种，是公安机关的侦查人员依照有关规定，对被告人、犯罪嫌疑人、犯罪人和可能隐藏罪犯、犯罪证据的人的身体、物品、住处以及其他公共场所，进行搜寻和检查的强制性侦查措施。逮捕是指将犯罪嫌疑人、被告人关押起来，完全剥夺其人身自由的一种最严厉的刑事强制措施。《中华人民共和国人民警察法》第十二条规定："为侦查犯罪活动的需要，公安机关的人民警察可以依法执行拘留、搜查、逮捕或者他强制措施。"这里的其他强制措施主要是指公安机关的人民警察依照有关规定可以对被告人采取拘传、取保候审、监视居住等强制措施。

6. 优先乘坐公共交通工具权、有限使用单位或个人的交通工具、通信工具、场地、建筑物权和有优先通行权。《中华人民共和国人民警察法》第十三条规定："公安机关的人民警察因履行职责的紧急需要，经出示相应证件，可以优先乘坐公共交通，遇交通阻碍时，优先通行。公安机关因侦查犯罪的需要，必要时，按照国家有关规，可以优先使用机关、团体、企业事业组织和个人的交通工具、通信工具、场地和建筑物。"

7. 约束权。约束是指公安机关的人民警察对严重危害公共安全或者他人人身安全的精神病人的行为加以控制的活动，是一种保护性的约束。《中华人民共和国人民警察法》第十四条规定："公安机关的人民警察对严重危害公共安全或者他人人身安全的精神病人，可以采取保护性约束措施，需要送往指定的单位、场

所加以监护的人，应当报请县级以上人民政府公安机关批准，并及时通知其监护人"。

8. 交通管制权。《中华人民共和国人民警察法》第十五条规定："县级以上人民政府公安机，为预防和制止严重危害社会的治安秩序的行为，可以在一定的区域和时间，限制人员、车辆的通行或者停留，必要时可以实行交通管制"。这就授予了人民察交通管制权。

9. 技术侦查措施权。侦查措施是指采用物理的、化学的等科学技术方法取犯罪信息、犯罪证据的手段。《中华人民共和国人民警察法》第十六条规定："公安机关因侦犯罪的需要，根据国家有关规定，经过严格的批准手续，可以采取技术侦查措施。"

10. 现场管制权。《中华人民共和国人民警察法》第十七条规定："县级以上人民政府公安机关，经上级公安机关和同级人民政府批准，对严重危害社会治安秩序的突发事件，可以根据情况实行现场管制。"

11. 其他权限。这里的其他权限是指除了上述权限外，人民警察依法拥有的其他权限。

(三) 警察职业道德与警察权力的关系

国家依法授予人民警察广泛的权力，而人民警察能否正确行使这些权力，与人民警察的职业道德状况密切相关。

1. 警察职业道德与警察权力都是警察履行自己职责的必要条件。

警察职业道德作为调节警察行为的特殊规范，对警察执法活动起着保障作用。它要求人民警察对党忠诚，服务人民，刚正不阿，执法如山，无私无畏，切实完成维护国家安全，维护社会治安秩序，保护公民的人身安全、人身自由和合法财产，保护公共财产，预防、制止和惩治违法犯罪活动的任务。如果人民警察违背了警察职业道德的要求，势必影响公安工作任务的完成。因此，警察职业道德是警察完成自己职责的保证，从某种上意义上说，警察职业道德是警察完成自己职责的必要条件。

警察权力也是警察实现职责的保证。有职责，就必须要有相应权力，职责是权力的前提和基础，权力是实现职责的保证。警察是国家机器的重要组成部，担负着人民民主专政的职能，因而必须依法授予警察相应的权力。人民警察如果没有必要的职权，是无法完成自己的职责的。因此，警察权力是警察完成自己职责的必要条件。警察职业道德与警察权力同为人民警察完成自己职责的必要条件，这体现了警察职业道德与警察权力的共同点。

2. 警察职业道德在警行使察权力中发挥着重要作用。

警察职业道德对警察能否正确行使手中的权力，发挥着重要的影响作用。

(1)道德自律是警察正确行使职权的能动因素。确保人民警察正确实施国家赋予的职权，需要法律、纪律等严格的、强制性的规范作保证；同时，也需要警察职业道德作保证，特别是需要依靠人民警察内在的道德自觉。加强人民警察职业道德建设，人民警察就能把国家赋予自己的职权与社会道德规范、社会责任、社会理想联系在一起，并把权力作为履行社会责任、实现社会理想的重要手段，自觉地利用手中的权力为巩固人民民主专政服务，坚持全心全意为人民服务的宗旨，在权力的行使过程中不受个人利益、好恶的影响，坚持秉公执法，实现人民警察权力的正效应。

(2)优良的道德品质是提高警察感召力的重要因素。权力本身就是一种支配能力或影响能力，因此，一般情况下，权力能够带来一定的感召力。但是，这种感召力的大小、强弱却与权力执行者的素质，特别是道德素质密切相关，优良的道德品质能够提高权力执行者的感召力。人民警察的感召力也是如此。警察的影响力是由权力影响力和非权力影响力两方面构成的，而且这两个方面是相互影响、相互促进的。人民警察的非权力影响力由警察的品德、知识、心理素质组成，其中品德要素是非权力影响力的基础，也是关键因素。加强人民警察职业道德建设，培养优良的道德品质，人民群众就会受到人民警察高尚的道德精神的感染，从而自觉地接受人民警察权力的影响，并自愿协助人民警察完成职责。这样，人民警察的权力感召力，就会因为人民警察具备良好的职业道德品质而得到加强和提高；相反，如果违反职业道德规范要求，行为卑劣，那么其权力感召力也会受到影响而被减弱。

(3)道德约束是保证警察正确行使权力的制约因素。人民警察权力也具有正效应和负效应双重性，而且由于人民警察在职业活动中受到的消极影响多，容易失去监督等因素的影响，致使人民警察权力呈现出易腐性，存在着出现负效应的潜在可能性。而警察权力的负效应一旦出现就会给公安工作，乃至整个社会带来损失和影响。因此，必须特别强调建立和完善人民警察权力的约束机制，其中加强职业道德约束是十分重要的。加强人民警察职业道德建设，使每一位警察按照人民警察职业道德的要求规范自己的行动，有助于克服特权思想，坚持人民的利益高于一切，防止权力滥用，合法、准确、及时、适度地行使职权。

四、警察职业道德与警察义务

国家依法授予警察广泛的警察权力，同时也明确规定了警察应尽的义务。

(一)警察义务的概念

义务通常是指公民或法人按照法律规定应尽的责任，它是一个法律概念，与权力相对应。在法律上，一般赋予某公民或法人什么样的权利，便要求该公民或

法人履行与权利相对应的义务。警察义务是指国家依法规定的警察应尽的义务。在这里特指我国人民警察义务，也就是国家依法规定的人民警察在警务活动中应尽的责任。警察义务也是法律概念，同警察权力相对应，由国家制定的法律、法作出明确的规定。

(二)警察义务的内容

《中华人民共和国人民警察法》和其他一些警察法规对人民警察的义务做了明确规定，归纳起来主要有如下几个方面。

1.立即救助公民的危难。《中华人民共和国人民警察法》第二十一条规定："人民警察遇到公民人身、财产安全受到侵犯或者处于其他危难情形，应当立即救助。"这里主要是指当公民的人身安全和财产受到或将要受到违法犯罪分子的侵犯或侵袭时，人民警察无论是否正在执勤，无论受害公民是否要求救助，都应及时予以救助；当公民遇到其他危难时，如遇到重大自然灾害或其他灾难时，人民警察也应当迅速予以救助，不能视而不见。

2.帮助公民解决纠纷。纠纷是指在社会生活中，人们之间因政治、经济、宗教、习惯、社会交往以及权利义务等原因而发生的争执。纠纷处理不及时或不当，往往会引起打架斗殴或者造成人财物的损失，影响到社会治安秩序和人民生命财产的安全。人民警察及时帮助公民解决纠纷，能够消除矛盾，及时发现可能引起矛盾激化的原因，采取措施，防患于未然，有利于维护社会的稳定和人民群众的生命财产安全。因此，《中华人民共和国人民警察法》第二十一条规定："对公民提出解决纠纷的要求，应当给予帮助。"《治安管理处罚条例》第五条也规定："对于因民间纠纷引起的打架斗殴或者损毁他人财物等违反治安管理的行为，情节轻微的，公安机关可以调解处理。"

3.及时查处公民的报警案件。报警案件是指公民个人或他人的人身、财产安全或公共财产、公共安全受到犯罪分子的侵害或即将受到侵害时向人民警察机关设立的报警站，或向人民警察直接举报的治安案件和刑事案件。《中华人民共和国人民警察法》第二十一条规定："对公民的报警案件，应当及时查处。"这是人民警察义不容辞的责任。一旦接到公民的报案，人民警察必须迅速进行查处，及时制止违法犯罪的活动，查获违法犯罪人员，依法追究其法律责任。

4.积极参加抢险救灾。《中华人民共和国人民警察法》第二十一条规定："人民警察必须积极参加抢险救灾。"这里的灾害，主要是指地震、洪水、台风、冰雹等自然灾害以及火灾和重大的车船交通事故、飞机失事等。人民警察在履行抢险救灾的义务时，应当做到：向群众传达自然灾害的预报，积极协助有关部门动员群众采取预防和消灭灾害的措施；当灾情发生时，立即派人赶赴现场，抢救国家、集体的财产和公民的生命、财产，保护国家和人民的利益；当发现趁火打劫

的违法犯罪分子时，立即依法采取强制措施，依法追究法律责任，维护社会治安秩序。

5. 积极参加社会公益工作。《中华人民共和国人民警察法》第二十三条规定："人民警察应当积极参加社会公益工作。"社会公益工作是指有关社会公共利益的工作，主要包括有关卫生、救济等群众福利性事业的工作。人民警察积极参加社会公益工作，是全心全意为人民服务宗旨的体现。《中华人民共和国人民警察法》第三条明确规定："人民警察必须依靠人民的支持，保持同人民的密切联系，倾听人民的意见和建议，接受人民的监督，维护人民的利益，全心全意为人民服务。"要真正做到这一点，就必须视人民群众的利益为自己的最大利益，一切想着群众，一切为群众、关心人民群众的生活，对于人民群众的公益活动，应当积极参加。

除上述几点外，《中华人民共和国人民警察法》第二十条规定："人民警察必须做到：秉公执法，办事公道；模范遵守社会公德；礼貌待人，文明执勤；尊重人民群众的风俗习惯。"这些都是人民警察必须履行的义务。

(三) 警察职业道德与警察义务的关系

警察职业道德与警察义务是密切相关的，二者既互相区别，又互相联系。

1. 警察职业道德与警察义务的区别。

警察职业道德与反映警察法律关系的警察义务存在着明显的区别。

(1) 警察职业道德与警察义务是不同层次的概念。警察职业道德作为调节警察行为的特殊规范，与警察纪律、警察法律是相对应的，警察职业道德、警察纪律、警察法律共同构成调节警察行为的规范体系。而警察义务则属警察法律内部的范畴，是警察法律的内容之一，与警察权力相对应。可见警察职业道德与警察义务是不同层次的概念。

(2) 警察职业道德义务与警察义务的区别。警察职业道德与警察的使命、职责、职能是分不开的，具有同等的意义。它不以获得某种相应的权利为前提，相反，它常常以或多或少地牺牲自己的个人利益为前提。因为在道德上尽义务，就要做出利他的行为，做出有利于社会的行为。人民警察履行道德义务，也不应是为了获得个人的某种权利，或得到某种报偿，而是通过牺牲自己的一些个人利益，甚至牺牲生命来维护国家、集体和人民群众的利益。如果说人民警察通过履行自己的道德义务也能够得到某种报偿的话，那种报偿只能是人民警察实现了自己的道德义务，出色地完成了自己的使命、职责和任务后，得到的社会舆论赞，或社会给予的权利和他人给予的报偿。对于人民警察本人来说，履行道德义务不是以获得这些报偿为动机和目的的。而且，人民警察道德义务是一种自觉履行的义务，它的实现不依靠外在的强制力作保证，是由人民警察在正确认识和理解了

自己的使命、职责的基础上，把完成自己的使命、职责作为一种内心信念，从而自觉地履行的。

警察义务作为一种法律义务，它与权力是密切相关的，是直接与警察权力相对应的，人民警察依法享有一定的权力，但也必须依法尽到与之相应的义务。反过来，人民警察依法履行自己的义务，也就可以得到相应的权力。人民警察在履行警察义务中包含着拥有警察权力，在行使警察权力中包含着应尽的警察义务。而且警察义务往往依靠国家的强制力来保证其得以履行。如果警察未能切实履行自己的警察义务，就应依法受到一定的处理。

2. 警察职业道德与警察义务的联系。警察职业道德与警察义务虽然不属于同一层次的概念，二者之间存在着明显的区别，但是警察职业道德与警察义务也存在着一定的联系，二者相互影响、相互作用。

(1) 警察职业道德与警察义务的作用。警察义务作为警察法律关系的内容，其切实履行必须依靠国家强制力的保证。但同时，也有赖于人民警察对警察义务的理解认识。加强人民警察职业道德建设，使人民警察的职业道德水平得到提高，就有助于人民警察增强知法、遵法、守法的自觉性，从而激发其履行警察义务的自觉性、主动性和积极性。每一位人民警察都能以高尚的道德精神严格规范自己的行动，就能够避免或减少失职行为，尽职尽责地完成本职工作。从某种意义上讲，人民警察职业道德是警察义务得以履行的保证因素。

(2) 警察义务对警察职业道德的影响。警察义务对警察职业道德也有一定的影响作用。这主要表现在警察义务与警察职业道德在内容上是一致的。警察义务必须体现警察职业道德的要求。例如，人民警察义务中必须立即救助公民的危难、积极参加抢险救灾、积极参加社会公益工作等要求，与人民警察职业道德规范中热情为人民群众服务是一致的，警察义务中及时查处公民的报警案件、秉公执法等内容，又与人民警察道德规范中的严格执法相一致的。因此，警察义务的履行，实际上也就是对警察职业道德要求的实行。放弃警察义务也就是对警察职业道德要求的违背。

五、警察职业道德与警察纪律的关系

警察纪律是警察完成各项任务的重要条件和保障，它与警察法律法规、警察职业道德一起，构成警察行为的规范体系。

(一) 人民警察纪律的概念和特征

1. 人民警察纪律的概念。

纪律，通常是指一定的社会组织或团体制定的要求其所属成员必须遵守的行为规范总和。纪律的内容一般包括履行自己的职责、执行上级的命令和组织决

议，遵守组织的各项规章制度，保守组织秘密等，以巩固组织，维护工作秩序，完成工作任务，实现组织目标。人民警察纪律，是指公安机关为正确履行党和国家赋予的职责，保证各项任务的完成，根据国家法律和职业特点制定的、要求其所属成员必须遵守的行为规范总和。我们这里所说的人民警察纪律，主要是指公安机关人民警察的纪律，也就是公安机关制定的、要求公安机关的人民警察必须遵守的行为规范的总和。

2. 人民警察纪律的特征。

人民警察纪律主要有以下基本特征。

（1）阶级性。警察是阶级和阶级斗争的产物，是国家机器的重要组成部分。警察本身的阶级性，决定了警察纪律具有鲜明的阶级性。人民警察纪律也是如此。我国人民警察是人民民主专政的工具，这决定了人民警察纪律具有鲜明的阶级性。人民警察遵守的所有纪律都是广大人民群众根本利益的体现，都是阶级坚强意志和革命坚定性的体现。在我国社会主义条件下，人民警察是为巩固社会主义制度、保护人民群众的合法权益服务的，所以，热爱社会主义国家、热爱人民、秉公执法、不搞特权等便成为人民警察纪律的重要内容。

（2）规范性。规范性在这里是指明文规定的标准，它是与严格性密切相关的。人民警察是武装性质的治安行政力量，担负着维护国家安全、维护社会治安秩序、保护公民的安全，预防、制止和惩治违法犯罪活动等重大使命，因而，必须有严格的、规范的警察纪律来约束每一位警察的行为，以实现统一指挥、统一行动、统一步调，形成强大的组织合力，产生强大的整体凝聚力和战斗力。

（3）强制性。强制性是指人民警察纪律一经制定颁布实施，每一位人民警察就必须无条件地遵守和服从。任何一位人民警察，无论其职位高低，都不得以任何借口违背纪律要求，否则，将受到相应的惩罚和制裁。这里的基本含义有两个：一是人民警察必须无条件地服从人民警察纪律；二是在人民警察纪律面前人人平等，人民警察纪律对任何一位人民警察都有约束力。人民警察纪律之所以具有强制性，成为一种铁的纪律，这是由人民警察的性质和所承担的任务决定的。只有坚持铁的纪律，才能把人民警察队伍建设成为一支政治思想可靠、业务过硬、纪律严明、作风优良、能够听从指挥、快速反应、具有强大战斗力的队伍，才能保证完成公安工作任务。

（4）自觉性。自觉性是指人民警察纪律是建立在高度的自觉的基础之上的律，是靠人民警察自觉遵守的纪律。人民警察纪律具有强制性，但是这并不排斥人民警察纪律具有自觉性。相反，人民警察纪律的强制性与自觉性是相辅相成的，强制性必须以自觉性为前提和基础，自觉性在一定的意义上有赖于强制性而形成和发展。离开人民警察纪律的自觉性，即使人民警察纪律再具有强制性，也难以得到全面的执行。由于人民警察具有高度的思想政治觉悟，对自己的工作和

党的事业有着深刻的理解，懂得人民警察纪律代表了人民的利益，是完成公安工作任务的保证，因而人民警察自愿遵守人民警察的纪律。

（二）人民警察纪律的内容

公安机关根据党和国家对人民警察的要求及人民警察的职业特点，制定了人警察必须遵守的纪律要求，对此，《中华人民共和国人民警察法》和其他一些纪律规范性文件作出了明确的规定。从内容方面来看，主要可以归结为如下几个方面。

1. 政治纪律。

人民警察的政治纪律，是指公安机关制定的调节人民警察政治言论和政治行为的规范，是调整人民警察同党和国家关系的行为准则。主要包括以下内容。

（1）始终不渝地坚持党的领导，与党中央保持高度一致。坚持党对人民警察队伍的绝对领导，是人民警察队伍建设的一条根本性原则，也是人民警察队伍建设的优良传统，它是保护人民警察队伍本质的根本保证。只有始终不渝地坚持党的领导，才能真正做到"严格执法，热情服务"，有效地惩治犯罪，保护公民权益，完成党和人民交给的任务。决不允许人民警察有脱离、削弱、摆脱、损害党的领导的言论和行为。

（2）不得散布有损国家声誉的言论，不得参加非法组织，不得参加旨在反对国家的集会、游行、示威等活动，不得参加罢工。人民警察作为国家法律和路线、方针、政策的执行者，代表着国家的形象，维护的是国家的利益，这就决定了他们必须维护国家的荣誉，不能散布有损国家声誉的言论；决定了他们必须在法律规定的范围内活动，不得参加非法组织；决定了他们必须维护国家的安全和社会的秩序，而不得参加反对国家的任务活动。否则，就与他们承担的职责和义务相违背，并会产生极为恶劣的影响。

（3）严格遵守宪法和法律。我国的宪法和法律是由国家的最高权力机关全国人民代表大会制定和通过的，体现的是全党和全国人民的意志，遵守不遵守国家的宪法和法律，实际是一个按不按党和人民的意志办事的大问题。人民警察作为执法者，更应该无条件地严格地遵守国家的宪法和法律，成为守法、执法、护法的模范，从一定意义上说，这是一个严肃的政治问题，必然是人民警察政治纪律的重要内容。

2. 组织纪律。

人民警察的组织纪律，是指调整人民警察个人与集体、个人与组织、与人与领导、组织与组织关系的行为准则。组织纪律主要包括以下几点。

（1）必须服从全局。公安机关和人民警察是一个整体，由不同的职能部门和不同的警种所组成。他们虽然有不同的职能分工，有不同的具体任务，但依然是

公安机关和人民警察整体中的一部分。因此，必须树立整个公安机关和人民警察队伍一盘棋的观念，必须坚持顾全大局，正确处理局部利益和全局利益的关系，克服小团体思想，反对本位主义。

（2）坚决服从领导。服从领导，实际上就是服从指挥，服从命令，这是人民警察个人对国家、集体、组织、领导负责，也是对自己负责。坚决服从领导，这是由人民警察职业具有战斗性、军事性和分散性的特点所决定的。只有坚持服从领导，才能保证人民警察队伍的合力，真正形成人民警察队伍强大的战斗力，实现快速反应，更有效地打击犯罪，保护公民安全。

（3）坚持步调一致。步调一致与服从领导、服从全局是一致的。只有服从统一指挥，实现步调一致，才能真正发挥人民警察队伍整体的战斗力，实现不同部门、不同警种之间团结一致、通力协作、互相配合，完成艰巨的公安工作任务。否则，如果各个部门、各个警种，自作主张，各行其是，势必减弱人民警察整体作战能力，很难实现公安工作全面的胜利。特别是在完成重大的公安工作任务，如严厉打击刑事犯罪活动的斗争中，更需要全体人民警察步调一致，统一指挥，统一行动。

（4）不得从事盈利性的经营活动或受雇于任何个人或者组织。人民警察是国家公务员，作为人民民主专政的工具，是为国家和人民服务的，而不是为哪一个人或哪一个组织服务的。况且，为了保障人民警察完成工作任务，国家依法授予人民警察广泛的权力，如果人民警察从事盈利性的经营活动或受雇于个人与组织，就可能利用手中的权力谋取私利，损害国家和人民的利益，这是与人民警察的性质不相符的，也是组织纪律不容许的。

3.工作纪律。

人民警察的工作纪律，是指调整人民警察与工作对象之间关系的行为准则。主要包括以下方面。

（1）注重调查研究，坚持实事求是。人民警察要在复杂的斗争环境中，分清是非，弄清真相，不冤枉一个好人，也不放过一个坏人，就必须注重调查研究，坚持以客观事实为根据，这是坚持秉公执法的保证。

（2）不得弄虚作假、隐瞒案情、包庇纵容违法犯罪活动。弄虚作假是指人民警察利用职权，制造虚假的事实陷害好人或者包庇犯罪分子；隐瞒案情是指人民警察在办案中，对于涉及违法犯罪人的情况故意隐瞒不报，掩盖违法犯罪行为，帮助其逃避法律制裁；包庇、纵容犯罪活动是指人民警察明知是违法犯罪分子而装作不知，或者为违法犯罪分子通风报信、作假证，帮助其掩盖犯罪行为。这些行为会给国家带来严重危害，使人民群众的利益受到损害，必须坚决禁止。

（3）不得刑讯逼供或者体罚、虐待犯人。刑讯逼供是指在审讯犯罪嫌疑人、被告人或询问证人时，采取肉刑或变相肉刑逼取口供的行为。实践证明，刑讯逼

供是产生冤假错案的重要根源，因此，公安机关制定纪律规范，严禁刑讯逼供。虐待犯人会造成犯人的肉体伤害和精神损害，是侵犯公民人身权利的行为，是我国法律所不允许的。

（4）不得非法剥夺、限制他人人身自由，不得非法搜查他人的身体、物品、住所或者场所。我国宪法明确规定，中华人民共和国公民的人身自由不受侵犯，禁止非法拘禁和以其他方法非法剥夺或者限制公民的人身自由，禁止非法搜查公民的身体。人民警察如有违反这些规定的行为，必须要受到相应法律的追究。

（5）不得敲诈勒索或者索取、收受贿赂。人民警察是全心全意为人民服务的，他们的一切职业行为，都是为了更好地维护人民群众的利益，而不是为了谋取个人的私利。利用职务之便和手中的权力敲诈勒索或者索取、收受贿赂，与人民警察的宗旨相违背，会严重败坏人民警察的形象，是一种违法行为，必须坚决杜绝。

（6）不得殴打他人或者唆使他人打人。殴打他人或者唆使他人打人，都是伤害他人的行为，侵害了公民的合法权益，是违法行为，与我国的法律要求是不相符合的。因此，公安机关制定纪律规范，严禁殴打他人或者唆使他人打人。

（7）不得违法实施处罚或者收取费用。违法实施处罚或者收取费用，是指人民警察在警务活动中，不遵守国家有关法律、法规所实施的收费、处罚行为。这种行为的后果，直接侵害人民群众的利益，助长警察队伍中不良习气和作风，影响人民警察在人民群众中的威望，破坏警民关系，必须加以制止。

（8）不得玩忽职守，不得不履行法定义务。玩忽职守是指严重不负责任、疏于职责的行为，这种行为及不履行法定义务的行为的后果，都会导致公共财产、国家和人民利益遭受重大损失，甚至会使人民群众的生命得不到及时的救助。因此，必须严禁这种行为的发生。

4. 群众纪律。

人民警察的群众纪律是指调整人民警察与人民群众关系的行为准则。主要包括以下方面。

（1）热情为人民群众服务。在我们社会主义国家，人民群众是国家的主人，人民警察是人民的勤务员，是人民的公仆。所以，人民警察必须坚持全心全意为人民服务的宗旨，一切职业行为都要维护人民群众的利益。

（2）不搞特权，不谋私利。坚持全心全意为人民服务的宗旨，就决定了人民警察不能运用职权为自己或小团体谋取私利。这会败坏人民警察的形象，破坏人民警察与人民群众的关系。

（3）不滥用职权，不刁难、欺压群众。这些行为是与人民警察的性质和宗旨不相符合的。它的后果必然是伤害人民群众的感情，降低人民警察在人民群众中的威信，必须制止这种行为。

（4）自觉接受群众的监督。人民警察享有国家赋予的广泛的权力，如不对其权力进行监督就会导致腐败。人民警察的力量来自人民，其工作成效如何，权力使用是否得当，也要由人民群众来检验和评判。因此，人民警察必须接受群众的监督。群众对人民警察的监督是对人民警察的关心和爱护，是对公安工作的热情支持和帮助。

5. 保密纪律。

人民警察的保密纪律是指人民警察严格保守党和国家机密以及工作机密的行为规范。主要包括以下方面。

（1）不得泄露党和国家的秘密。党和国家的秘密是指关系到党和国家安全和利益，依照法定程序的规定，在一定时间内只限一定范围的人员知悉的事项。《中华人民共和国保守国家秘密法》明确规定："一切国家机关、武装力量、政党、社会团体、企业事业单位和公民都有保守国家秘密的义务。"人民警察作为人民民主专政的工具，接触党和国家的秘密较多，因此，更应该牢固树立保守党和国家秘密的观念。

（2）不得泄露警务工作的秘密。警务工作的秘密是指人民警察在日常业务工作和履行职权时，涉及的一定时间内只限特定人员知悉的事项。警务工作秘密常常涉及国家的安全和利益，涉及公民的人身、财产安全，涉及公安工作任务能否完成，一旦泄露，就可能给党、国家和人民群众的利益造成重大损失，给犯罪分子带来可乘之机。

（三）警察职业道德与警察纪律的关系

警察职业道德与警察纪律都是调节警察行为的规范，二者既有差别，又密不可分，相互影响，相互补充。

1. 警察职业道德与警察纪律的区别。警察职业道德与警察纪律虽然都是调节警察行为的规范，但也存在着明显的差别，主要表现在以下两个方面。

（1）保证实施所依靠的力量和方式不同。警察纪律是由公安机关依据国家法律制定的，要求人民警察必须遵守的行为规范，是有一定的强制力保证实施。如公安机关根据《中华人民共和国人民警察法》的规定建立督察制度，对公安机关的人民警察遵守纪律情况进行监督。如果人民警察违反了警察纪律，就会受到严肃的查处。它对警察行为的规范主要是依靠他律的作用。警察职业道德则不同，这主要是依靠社会舆论的力量，依靠人民警察的信念、习惯、传统和教育的力量来维持的，是一种非强制性的行为规范，对于不遵守警察职业道德要求的警察，不会受到纪律检查监督机关的查处，而只受到社会舆论的批评和自己良心的责备。它是依靠人民警察的自律精神来调节人民警察的行为的。

（2）调节的范围不同。警察纪律具有规范性特点，只有当警察的行为直接违

背了人民警察纪律规范要求的时候，才会受到警察纪律的惩处。而警察职业道德比警察纪律对人民警察态度和行为的干预范围要广泛得多。例如，有些关于警察生活中的某些不文明行为，警察纪律不加干涉，但是警察职业道德却要进行谴责。反过来说，警察职业道德对人民警察的态度和行为进行干涉和谴责的，警察纪律不一定进行查处和制裁的，警察职业道德一般都要干涉和谴责。

2. 警察职业道德与警察纪律的关系。警察职业道德与警察纪律有明显的区别，同时又有密切的联系。这主要表现为如下几个方面。

(1)根本目的和使命相同。人民警察职业道德与人民警察纪律都是调节人民警察的行为规范，都是人民警察完成党和人民赋予的各项任务的重要条件和保证。加强人民警察职业道德建设和加强人民警察纪律建设是为了提高人民警察的素质，培养合格的人民警察，也是保证人民警察正确执行党的路线、方针、政策，统一人民警察意志，密切警民关系，提高人民警察战斗力，确保公安工作任务完成的需要。遵守警察职业道德要求与遵守警察纪律要求都是人民警察队伍精神文明建设的重要内容。

(2)基本内容一致。人民警察职业道德规范和人民警察纪律规范在内容上往往重合。不少的人民警察职业道德规范同时又是人民警察的纪律规范，如《公安人员八大纪律十项注意》《公安人员五条禁令》等，既是人民警察纪律建设的一个基本规范性文件，又是人民警察职业道德建设的一个基本规范性文件。

(3)相辅相成，互为补充。人民警察职业道德与人民警察纪律相辅相成、互为补充。具体表现为人民警察职业道德是人民警察纪律的前提和先导，人民警察纪律是人民警察职业道德的发展和完善。遵守人民警察职业道德规范，对于预防和减少违反人民警察纪律行为起着积极的作用，没有一个浓厚的遵守警察职业道德的氛围和强有力的人民警察职业道德舆论的支持，很难保证警察纪律规范的全面贯彻落实；而用人民警察纪律的形式，把人民警察职业道德的基本规范加以固定，可以使警察职业道德精神的贯彻更加有保障。

由于人民警察职业道德与人民警察纪律既有区别又有联系，所以，我们必须在加强人民警察职业道德建设的同时，切实加强人民警察纪律建设，二者不能偏废。只有这样，才能把人民警察培养成为真正"有理想、有道德、有文化、有纪律"的合格人才。

第二节　警察职业道德规范的主要内容

人民警察职业道德规范，是指人民警察在职业活动中应该遵循的行为准则。它是人民警察职业道德关系的概括和总结，也是社会道德关系反映，是对人民警察职业道德行为的总结，也是社会主义道德的基本原则在人民警察职业活动的具

体体现。它一经产生和形成，就成为人民警察从事职业活动的行为准则，以及判断其行为善恶、美丑、荣辱的标准。在长期的公安工作实践中，人民警察道德规范的内容不断丰富和完善。在建设有中国特色社会主义理论的指导下，按照新时期党和国家对人民警察职业道德的要求，总结我国公安机关优良的道德传统，1994年1月公安部制定颁布了《人民警察职业道德规范》。本节根据《人民警察职业道德规范》，结合《中华人民共和国人民警察法》从以下八个方面介绍人民警察职业道德规范，即对党忠诚、服务人民、秉公执法、清正廉明、团结协作、勇于献身、严守纪律、文明执勤。

一、对党忠诚

中国共产党是我们一切事业的领导核心，对党忠诚是人民警察首要的职业道德规范和必备的政治素质。公安机关的性质决定了人民警察必须对党忠诚。对党忠诚就必须要坚定共产主义信念，坚持四项基本原则，自觉维护宪法和法律的尊严。这是人民警察职业道德最基本的要求。

对党忠诚必须做到以下几个方面：坚定信念，听党指挥，维护宪法，忠于祖国。

(一) 坚定信念

坚定信念就是要确立社会主义理想，坚信社会主义一定会战胜资本主义，共产主义一定会实现。人民警察是党的忠诚卫士，对党忠诚首先要做到坚定信念。我们党的最高理想是建立各尽所能、按需分配的共产主义社会。而建设有中国特色的社会主义，则是实现党的最高理想的必经阶段；为建设有中国特色的社会主义而奋斗，也就是为党的最高理想而奋斗。如果在这个现实斗争中不忠诚、不热情，那就会有意无意地背离党的最高理想，就不可能成为一个自觉的党的忠诚战士。人民警察要在党的领导下，坚定走建设有中国特色社会主义道路。为捍卫社会主义制度和社会主义现代化建设而努力奋斗。其次，坚定信念必须把共同理想和信念，同实现和完成本系统、本部门、本单位的发展目标和工作任务结合起来，同每个人民警察的岗位职责和人生追求结合起来，艰苦奋斗，努力工作，尽职尽责，以自己的实际行动在平凡的工作实践中，建功立业、做出贡献。再次，坚定信念还必须有效的抵制拜金主义、利己主义、极端个人主义和形形色色腐朽思想的侵袭。在改革开放和市场经济的大潮中，人民警察要做到"富贵不能淫，贫贱不能移，威武不能屈"。

(二) 听党指挥

听党指挥就是牢固树立党的领导观念，坚持党在政治上、思想上、组织上和

工作上的领导。这是对党忠诚的具体表现。听党指挥，首先，对党要有深厚的阶级感情，热爱党。要时刻以党的利益为重，自觉地为党的事业奋斗终身，勇于为党的利益牺牲个人利益。其次，要坚持党的基本路线、方针和政策，听从党中央的统一指挥，并把听从党中央的指挥同自觉接受基层党委的具体领导统一起来。在复杂的对敌斗争和社会综合治理中，只有党中央和各级党委才能制定出正确的方针、政策和策略，动员和组织广大人民群众去夺取斗争的胜利。再次，要坚决反对所谓"警察非政治化""警察非党派化"等错误观点，勇于向一切企图脱离、削弱和反对党的领导的资产阶级自由化倾向做坚决斗争。人民警察无论何时何地，都要自觉地维护党的尊严和党的利益，忠心耿耿为党的公安保卫事业而努力工作。

（三）维护宪法

宪法是国家的根本大法，具有最高的法律效力。它是国家一切立法活动的基础，是制定各项法律法规的依据，是新的历史时期我国治国安邦的总章程，也是建设社会主义强国的重要保证。《宪法》第五条规定："一切国家机关和武装力量、各政党和各社会团体、各企事业组织都必须遵守宪法和法律。一切违反宪法和法律的行为，必须予以追究。""任何组织或者个人都不得有超越宪法和法律的特权。"所以，维护宪法就是维护党和人民的根本利益。党必须在宪法的范围内活动。对党忠诚必须维护宪法的尊严，保证宪法的实施。公安机关是国家重要的执法机关，维护宪法是人民警察的天职。人民警察是人民利益的维护者更行。首先，人民警察必须带头知法、懂法、守法，在公安职业活动中，始终坚持以宪法为根本的活动准则，做遵守宪法的模范。其次，要始终把捍卫社会主义制度和人民民主专政、保护国家的利益和安全、保护公民合法权益放在首要地位，坚决同一切违宪行为作斗争。

（四）忠于祖国

忠于祖国是一种传统道德情操，也是人民警察必须遵守的政治原则。人民警察对党忠诚，必须忠于祖国。忠于祖国，首先，要热爱祖国。爱国主义是动员和鼓舞中国人民团结奋斗的一面旗帜，是推动我国社会历史前进的巨大力量，是各族人民共同的精神支柱。在当代中国，建设有中国特色社会主义是新时期爱国主义的主题。人民警察应该做热爱祖国、忠于祖国的模范，坚定不移地走有中国特色社会主义道路。其次，要坚持祖国利益高于一切，自觉地把个人的前途命运和祖国的前途命运联系在一起。当个人利益和祖国利益发生矛盾时，要无条件地服从祖国利益。为此，人民警察必须以自己的鲜血和生命捍卫国家主权和领土完整，与一切危害国家安全的犯罪分子作顽强斗争，挫败他们企图颠覆、分裂祖国

和破坏社会主义建设的阴谋，保持国家的统一和长治久安。再次，要树立强烈的民族自尊心和自信心，不崇洋媚外，卑躬屈膝。

二、服务人民

全心全意为人民服务是中国共产党的根本宗旨，也是人民警察的根本职业宗旨和职业责任，是人民警察职业道德的核心。是否为人民服务，既是人民警察区别于旧警察和资本主义国家警察的主要标志，也是衡量人民警察政治立场和道德行为的根本标准。

服务人民必须做到以下几个方面：热爱人民，甘当公仆，爱憎分明，除害良。

(一) 热爱人民

服务人民必须要热爱人民，即以深厚的无产阶级感情对待人民群众，以饱满的工作热情对待人民事业。热爱人民要求人民警察首先必须确立全心全意为人民服务的宗旨，牢固树立"一切为了人民群众，一切依靠人民群众"的观点，视人民为父母，为了人民的公安保卫事业贡献自己的全部才智和毕生精力。其次，维护人民的正当权利，关心人民群众的疾苦，为人民排忧解难。凡有利于人民的事情，我们要尽心尽责全力去办；凡有损于人民利益的言行，我们要尽力避免和制止。因过失而发生有损于人民利益的行为，要做自我批评，尽快改正；要勇于同一切危害人民利益的行为作坚决斗争，永远做人民的忠实卫士。再次，尊重人民群众的首创精神，认真从群众中汲取营养，总结经验，虚心听取群众的意见和呼声，接受群众的批评和监督。每个公安民警要以自己的实际行动，为建立"人民警察人民爱，人民警察爱人民"的新型警民关系而努力。

(二) 甘当公仆

甘当公仆就是要求人民警察正确对待和处理与人民群众的关系，在思想上和行动上，真正把人民群众作为主人，心甘情愿当人民的勤务员和社会的公仆。甘当公仆要求人民警察首先要加强服务意识。公仆意识主要是指服务意识。要一切从人民利益出发，自觉坚持为民、利民、便民和卫民的道德要求，当好人民勤务员。而以管人者自居，对群众"冷""硬""横"的态度，贪图安逸、不深入实际的作风，都是与公仆身份和要求格格不入的，必须坚决克服。其次，要提倡无私奉献，把人们的根本利益看作是高于一切的，一言一行对人民负责，甘愿为人民的利益牺牲个人利益，甚至自己的生命。

(三) 爱憎分明

爱憎分明是人民警察立场坚定的基本要求和体现。一方面对广大人民群众要

满腔热情，无限热爱，全心全意为人民服务；另一方面对一切反对、破坏社会主义制度的敌对势力，对敌对分子、各种严重犯罪分子，要冷酷无情，无比仇恨、坚决打击。爱憎分明要求人民警察首先必须严格区分和正确处理两类不同性质的矛盾，学会运用不同的方式、手段和政策，正确解决敌我之间和人民内部之间的矛盾与冲突，防止矛盾的激化和向不利方面转化，确保公安机关"保护人民、打击敌人"基本任务的圆满完成，其次，要做到对敌狠，以大无畏的精神与敌人作斗争；对己亲，以浓厚的感情和满腔的热情对待同志、对待群众。像雷锋同志那样，对人民、对同志"像春天般的温暖"，对敌人、对恶势力"像严冬般的冷酷"，做一个让人民喜爱、让敌人惧怕的人民警察。

（四）除害安良

除害安良就是坚决铲除一切危害人民利益的邪恶势力，安抚一切遇到不法侵害、天灾人祸和各种困难的善良的人们。除害安良是服务人民的本质要求，也是人民警察正义感的具体表现。①人民警察要嫉恶如仇，坚决依法打击各种严重犯罪，除恶务尽，毫不留情；惩治一切违法犯罪分子，确保国家和人民利益不受损害，维护好社会治安秩序。②要积极同各种自然灾害作斗争，拯救危难之中的人民群众，尽一切努力让人民群众安居乐业。③要扶危济困，助人为乐，急人民之所急，想人民之所想，时时处处把人民群众的疾苦放在心上，走到哪里，把好事做到哪里。④要做扶持正义、伸张正义、见义勇为的带头人和模范。要宣传和组织人民同违法犯罪作斗争，在斗争中做群众的排头兵和坚强后盾，确保百姓平安。

三、秉公执法

秉公执法是人民警察最基本的职业道德规范。"公"就是党和国家的利益、人民的利益。秉公执法就是一切以国家和人民的利益为重，公道正派地执行好任务，公平正确的处理好问题。人民警察必须秉公执法，用自己的实际行动，维护社会主义法制的尊严和权威。

秉公执法必须要做到以下几个方面：不徇私情，不畏权势，严禁逼供，不枉不纵。

（一）不徇私情

不徇私情就是人民警察在执法中，不受个人感情、亲情或友情的干扰和影响，不徇私枉法，不搞权情交易。它是秉公执法的重要内容和基本要求。不徇私情要求人民警察在执法活动中，必须坚定地以国家和人民的利益为重，正确对待家庭、亲戚、朋友、老领导、老同学、老熟人等各种关系，严格按照人民警察的职业纪律和职业道德的要求，理智地处理情与法的关系，坚持法大于情，做到依法办案，依法管理，坚决不办"人情案""关系案"。同时，还要正确对待与自己有意见、有分歧、有"私仇"的人，绝不能凭借手中的权力挟私报复、公报私仇。始终坚持法律面前人人平等的原则，秉公执法。对于影响恶劣的严重违法违纪案件不手软，坚决严肃处理。

（二）不畏权势

不畏权势是指人民警察在执法过程中不屈从于任何有权势的人，做到刚直不阿，依法办事。不畏权势要求人民警察在职务活动中，对于任何有权有势的人的违法犯罪活动，都能绳之以法；对于有权有势的人的家属、亲朋好友的违法犯罪活动，都能依法处理；对于公安机关的内部人员非法干预办案活动的行为，都能坚决抵制，依法办事。

（三）严禁逼供

严禁逼供就是指人民警察在办案中，不得以非法手段审讯被告人或嫌疑人，强迫其招供的行为。要求人民警察在职务活动中不得对被告人或嫌疑人采取肉刑或变相肉刑，以逼取口供或采取诱供、指供，使其招供。严禁逼供的核心是在办案中，要坚持重证据、重调查研究而不轻信口供的原则。刑讯逼供不仅是一种严重违反公安工作纪律和人民警察职业道德的行为，也是容易造成无辜伤亡和冤假错案的违法行为。它极大地干扰了秉公执法，败坏公安机关的声誉和人民警察的形象，因此必须严加制止。

（四）不枉不纵

不枉不纵就是不冤枉一个好人，也不放过一个坏人。这是人民警察秉公执法的一项基本要求，也是办理案件的一个重要原则。不枉不纵要求人民警察必须坚持调查研究、实事求是。以事实为根据，以法律为准绳是界定"枉"和"纵"的标准。要以"准"为核心，"稳、准、狠"地打击各类犯罪。坚持"有错必纠"，敢于承认和正视自己工作中的失误和错误。对错误不隐瞒、不坚持、不忌讳，勇于纠偏，有错必改。只有这样，才能防止和纠正冤假错案，赢得人民的信赖，维护人民警察的良好形象。

四、清正廉明

清正廉明是人民警察重要的职业道德规范，是人民警察区别于一切剥削阶级国家警察的又一重要标志，也是保证人民警察秉公执法的重要条件，人民警察必须以国家和人民的利益为重，在执行公务中保持清白、公正、廉洁、自律的本

色，做到为政清廉、为警清廉。

清正廉明必须做到以下几个方面：艰苦奋斗，克己奉公，防腐拒贿，不沾不染。

(一)艰苦奋斗

艰苦奋斗是我党的优良传统，也是人民警察的政治本色。人民警察克服困难，脚踏实地，埋头苦干，百折不挠，为了国家的安危和人民的利益努力拼搏，知难而进，勇于献身。它要求人民警察在新的历史条件下，继续保持战争年代旺盛的革命斗志和艰苦创业精神，在前进的道路上，无论遇到什么艰难险阻，都坚忍不拔，英勇顽强，一不怕苦，二不怕死；谦虚谨慎、不骄不躁，密切联系群众，踏实肯干，保持劳动人民的本色，继续保持和发扬艰苦奋斗的作风。

(二)克己奉公

克己奉公就是指人民警察要严格要求自己，克制私欲，一心为公。这是清正廉明的重要基础，也是人民警察必须具备的思想品德。它要求人民警察在职务活动中，严于律己，克己律己；大公无私，公正廉洁；忠于职守，勇于奉献。不滥用权力，不以权谋私。

(三)防腐拒贿

防腐拒贿就是要求人民警察自觉防止腐朽思想、文化和生活作风的腐蚀，抵制各种不正之风，拒绝各种形式的贿赂。防腐拒贿是清正廉明的重要内容和主要表现。它要求人民警察在职务活动中从维护国家和人民的根本利益出发，忠于职守，廉洁自律，坚决抵制各种形式的贿赂，更不得利用职务之便，索贿受贿。提高防腐拒腐的自觉性，建立健全防腐拒腐的规章制度和法律法规，严肃查处弄权渎职、以权谋私的违法违纪行为，能够从法制上确保人民警察为警清廉。

(四)不沾不染

不沾不染就是自觉地拒绝腐蚀，在物质、金钱、美女等诱惑面前不动摇、不伸手，做到一尘不染，两袖清风。它是人民警察清正廉明的一项基本要求。不沾不染首先要求人民警察不贪钱财，如果一切向钱看，就会走向索贿受贿，搞权钱交易，这是当前腐败现象的主要表现形式，也是产生其他腐败现象的祸根。人民警察一定要对此保持高度警惕。其次，人民警察要不谋私利，人民警察在职务活动中，经常会遇到单位和个人给予的某种方便或赠与。如果我们不能自觉抵制小的诱惑，就可能由接受到索取，变得贪婪，走向堕落。人民警察应做到见钱不动心，见利不伸手，见色不动情，做一名信念坚定的人民卫士，永远保持"一身正

气、两袖清风"的本色。

五、团结协作

团结协作是指人民警察在党的统一领导下，在公安机关内部和公安机关与其他部门之间，团结一致、相互配合，共同完成保证社会主义现代化顺利进行的任务。它是加强社会主义法治建设的要求，是打击敌人和各类刑事犯罪、维护国家政治稳定和社会安宁的需要，也是每个公安民警必备的职业道德品质。

团结协作必须做到以下几个方面：顾全大局，通力协作，相互尊重，相互支持。

(一)顾全大局

顾全大局就是时时处处以全局利益为重，一切从全局利益出发，以局部利益或个人利益服从全局利益，必要时为了全局和集体利益不惜牺牲局部利益和个人利益。

1992年河南开封市公安局侦破"9·18"馆藏69件明清宫廷御用文物被盗大案，先后调查上万个单位，走访数十万人，行程十几万千米，跨越多省十几个城市，在全国公安机关、人民群众和港澳司法机关的大力支持下，使罪犯全部落网，国宝完璧归赵，谱写了一曲全国公安一盘棋、通力协作夺胜利的凯歌。

(二)通力协作

通力协作就是工作中要密切合作，主动尽全力给以协作。这是团结协作的核心。人民警察只有在工作中密切配合，主动全力协作，才能形成强大的合力，克服重重困难，达到预期的目的。

(三)相互尊重

相互尊重是团结协作的基础。做到相互尊重，首先要求人民警察尊重他人人格、意见和劳动。人民警察都是为了维护国家安全、保护国家和人民利益、保卫现代化建设这一共同目标而走到一起来的战友和同志。因此在工作和生活中相互间都要尊重对方的人格，尊重彼此在调查研究基础上提出的意见和建议，珍惜和重视别人辛勤工作的成果，注意加强同志之间、上下级之间、部门之间和地区之间的沟通和理解，做尊重他人的模范。

(四)相互支持

相互支持是团结协作的具体表现和主要形式。人民警察在职业活动中相互支持，从对象来说主要有三种：①公安机关、武警部队内部个人之间、各警种、各

部门、各地区之间相互支持和援助。②公、检、法、司等部门之间的支持与配合；③公安机关与社会各单位、各部门以及广大人民群众的相互支持和合作。从方式和内容来说主要有：给予人力的支援和业务的指导；提供工具、仪器、设备等物质帮助；提供情报信息；提出工作意见、建议和表扬、批评等。人民警察要做到相互支持，还必须反对相互抢功拆台、扯皮推诿的行为，以及相互封锁消息、互设障碍的错误做法。

六、勇于献身

勇于献身是指人民警察对工作尽职尽责、兢兢业业、在紧急关头不畏艰难、不怕牺牲，对公安保卫事业无私奉献的精神和品质。勇于献身是人民警察忠于党、忠于祖国、忠于人民的突出表现，也是人民警察本质的反映和履行职责的保证。它是人民警察职业道德的重要规范。金色盾牌，热血铸就。改革开放以来，已有十几万人民警察将鲜血乃至生命献给了光荣的人民公安事业。据统计，仅1981年以来，全国共有7 000多名人民警察为国捐躯，13万多名人民警察光荣负伤。

勇于献身必须做到以下几个方面：忠于职守，业精技强，机智勇敢，不怕牺牲。

(一)忠于职守

忠于职守就是忠实地监守工作岗位，忠心耿耿地完成本职工作。人民警察应该认真履行职责，不敷衍塞责；严守岗位，不消极应付；积极承担任务，不懒惰推诿。安于默默无闻、埋头苦干，做到不图名利，在平凡岗位上创一流业绩。这是人民警察勇于献身最基本的要求。它表明了人民警察同公安事业的关系，指出了人民警察应当具备的工作态度，体现了人民警察工作光荣的使命感、荣誉感和自豪感，表明了国家和人民对人民警察的期望。

(二)业精技强

业精技强就是精通业务，熟练掌握岗位专业技能和技术，具有完成本职工作的过硬本领。这是勇于献身的内在要求和前提，是做好本职工作的保证。人民警察应熟悉业务、精通业务，了解和掌握本职工作的专业知识；能够胜任本职，具有一技之长。近年来，高科技、智能化犯罪案件时有发生，人民警察要瞄准现代科技发展的方向来确定学习提高的内容，不断提高技术水平，充分利用现代科技手段破案，如进行网上追逃。人民警察必须虚心好学，要勤于实践，不断总结经验和教训，在实践中摸索经验，在工作中不断积累。公安工作涉及各行各业，接触形形色色的人和事，要求人民警察应该有丰富的社会知识，才能适应复杂的情况，胜任警察工作，完成党和人民赋予人民警察的光荣使命。

(三)机智勇敢

机智勇敢就是反应敏锐、多谋善断，既有革命的胆略和勇气，也能够随机应变。这是勇于献身的具体表现。要求人民警察在性格、意志上智勇双全，要善于用智谋、谋略去制止违法犯罪行为，反对在工作中鲁莽冲动，急躁蛮干，避免不必要的流血牺牲。应做到斗志昂扬、不畏缩消沉，机动灵活、不粗疏莽撞，坚忍不拔、不急躁蛮干。

(四)不怕牺牲

不怕牺牲是指人民警察为人民公安事业无私奉献的精神和奋勇献身、勇于为党和人民的利益牺牲个人利益甚至宝贵生命的道德行为。它是勇于献身的崇高表现，是人民警察必须具备的高尚品德，反映了人民警察应有的正确的利益观和生死观。要求人民警察敢于压倒一切敌人，而决不被敌人所屈服；不畏任何艰险，一不怕苦，二不怕死，勇往直前，当祖国和人民需要的时候，毫不犹豫地用生命来捍卫祖国和人民的利益。为了维护宪法和法律的尊严，维护社会稳定，保障人民群众安居乐业，数百名民警流尽了最后一滴血，献出了宝贵的生命。

七、严守纪律

纪律是一定组织或集团为维护自己利益和秩序而制定的、要求其成员共同遵守的一种行为准则。严明的纪律是执行党的基本路线、方针、政策的保证，严守纪律是人民警察道德的一条重要规范。在人民警察中加强纪律教育，增强纪律观念，大力提倡严守纪律，对于公安队伍建设和提高干警素质，更好的发挥人民民主专政的职能作用，都具有重要的现实意义。

严守纪律必须做到以下几个方面：服从领导，听从命令，遵守制度，保守机密。

(一)服从领导

服从领导就是要自觉地听从各级领导的指挥，达到步调一致，行动统一。它是严守纪律首要的和基本的要求，是公安机关完成各项工作任务的重要保证。服从领导要求人民警察必须牢固树立和认真坚持"四个服从"的原则，即"个人服从组织，少数服从多数，下级服从上级，全党服从中央"。人民警察实行警衔等级和职务等级相结合的等级服从体制，即警衔高的人民警察对警衔低的人民警察，警衔高的为上级；全体人民警察和各级公安机关都必须服从党中央的领导，维护党中央的权威，不折不扣地贯彻实行党的路线、方针、政策、这是人民警察最重

要的政治纪律。

(二) 听从命令

命令是上级对下级发布的带强制性的指示。听从命令就是要求人民警察无条件地服从指挥，接受并执行上级的决定和指示。这是严守纪律在公安实际工作中的具体表现和重要内容，也是人民警察纪律的显著特征。人民警察必须具备一切行动服从指挥、听从命令的品格。一个人民警察有无听从命令的意识和习惯，不仅是个纪律观念强弱的问题，而是衡量其有无警察道德意识和行为的重要标志。

(三) 遵守制度

制度是要求大家一起遵守的工作规程或行动准则。遵守制度作为人民警察道德规范的一项重要内容，人民警察要努力做到凡是制度要求做的，一定认真落实、照办，凡是制度明令禁止的不得违反。

(四) 保守机密

机密是指关系国家利益或社会利益，在一定时间内只限一定范围人员知晓的事项。机密一旦泄露，就会使国家或社会安全和利益遭受不同程度的损失。公安机关是掌握较多机密的机关。这些机密涉及人民警察职业活动的对象、内容、手段和结果等。保守机密是公安机关取得斗争胜利的必不可少的条件，因此，能否保守机密，是衡量人民警察有无革命警惕性和职业感的重要标志。

八、文明执勤

文明执勤就是以谦虚谨慎、文明礼貌的态度和言行执行警务。它是人民警察精神风貌和道德素养的反映，是人民警察职业道德的一项基本规范。坚持文明值勤，对于树立人民警察良好形象、密切警民关系、完成各项公安保卫任务，具有十分重要的作用。

文明执勤必须做到以下几个方面：谦虚谨慎，不要特权，礼貌待人，警容严整。

(一) 谦虚谨慎

谦虚谨慎就是虚心、不自满，处理问题或说话、办事都能慎重行事。谦虚谨慎是我党的优良传统，也是公安机关的传统美德。人民警察要放下架子，尊重群众，虚心向群众学习，认真听取群众的意见、建议和批评，严格遵守群众纪律，对群众态度要谦和热情，说话要诚恳亲切，尊重群众的风俗习惯，不抖威风。对待同志要平等宽容，严格要求自己，勇于自我批评，在学习和工作中，不满足已

取得的成绩，戒骄戒躁，不断前进。

(二) 不要特权

不要特权就是人民警察不得利用法定权力欺压群众和谋取私利，而要依法正确动用手中权力为人民服务。不要特权既是人民警察服务人民的必然要求，也是人民警察文明值勤的重要内容。人民警察来自人民，把人民赋予的权力用来为人民服务，这是人民警察的天职。人民警察没有任何凌驾于人民群众之上的特殊权力。人民警察对人民群众的利益，一要带头维护，二要秋毫无犯。人民警察绝不能以管人者自居，而应甘当人民公仆。

(三) 礼貌待人

礼貌待人是中华民族的传统美德，是人民警察文明值勤的基本要求。它是人民警察文明素养、道德品质和思想情操的综合反映。它要求人民警察在值勤活动中，做到说话和气，主动热情，耐心周到。对待群众不刁难、不训斥、不挖苦，坚持以理服人，不耍威风，克服某些人对群众或当事人态度冷、硬、横，以及某些单位存在的"门难进，脸难看，话难听，事难办"的现象。

(四) 警容严整

警容严整就是人民警察必须按照警容风纪的有关规定，着装规范，仪表整洁，文明礼貌，举止端庄。警容仪表是人民警察形象的重要标志，人民警察身着制式服装是国家赋予其警察权的象征，是公开执行警务的标志。它不仅反映了公安队伍的精神面貌，还关系到人民警察在群众中、在社会上的形象，而且也体现了国家尊严和法制的权威。因此，警容严整是人民警察文明执法的重要内容，也是公安机关特有的职业道德要求。《中华人民共和国人民警察内务条令》《人民警察警容风纪管理和纠察办法》以及警衔管理有关规定等，都对警容风纪提出明确而又具体的要求。人民警察必须严格执行，以身作则，树立人民警察的良好形象。

第三节　我国警察职业道德规范的完善

人民警察是我国人民民主专政的坚强柱石，是国家重要的执法机关。人民警察身着警服，头戴国徽，代表着国家和人民严格履行自己的职责。人民警察职业道德规范来自警察工作实践，是人民警察工作多年来形成的优良道德传统和作风的总结，它直接服务于人民公安工作，是为人民警察依法履行职责而确立的行为规范。由于警察工作社会性很强，人民警察所承担的责任涉及社会生活的各个领

域，包括对社会行使管理权，维护社会治安，预防、制止和侦查违法犯罪等，与各部门各行业都有联系，与国家的安全，社会的稳定，人民群众生命财产的安全关系极大。作为国家重要的执法力量，人民警察的执法水平与国家法律的有效实施、社会的稳定密切相关。而人民警察的执法水平受到诸多因素的制约，包括警察的业务素质、思想文化水平、道德水平以及社会和广大群众良好的守法意识等，其中警察职业道德水平的高低对其执法质量有着很大的制约作用。因此，认真贯彻执行警察职业道德规范、加强警察职业道德规范建设、提高警察的道德觉悟和水平、培养警察的理想人格、培养警察队伍良好的道德风尚，就成为一项非常重要的工作。法律职业道德既是表明法律职业特殊性的重要方面，也是维护法律职业良好地位和形象的重要因素。从事法律职业首先要接纳、认同和恪守法律职业道德。法律职业道德的内容包括崇尚法律事实、崇尚程序公正和崇尚自律精神。而人民警察职业道德规范的内涵正是使从事警察职业的人形成符合其职业要求的操守，获得职业上的共同尊严、职业态度以及履行职业的责任和义务，使警察符合社会职业要求的道德品质。

警察职业道德教育要努力实现社会的道德规范和警察职业道德规范向警察个人品德的转化，提高警察的道德觉悟和水平，培养警察的理想人格，培养警察队伍良好的道德风尚，从而形成人民警察高尚的职业道德品质。而人民警察良好的道德品质，不是大脑中固有的，是在教育学习和社会实践中锻炼形成的。

目前，我国人民警察职业道德规范主要由 1994 年公安部党委颁布的《人民警察职业道德规范》，1995 年第八届全国人大常委会制定颁布的《中华人民共和国人民警察法》这两部分内容以及一些规范性文件组成①。今天我们已进入 21 世纪，改革开放进一步向深度、广度发展，实行依法治国，建设社会主义法治国家，建立社会主义市场经济，全面建成小康社会已成为党和国家以及全国人民的奋斗目标。司法公正、程序至上、文明执法、保障人权、已成为当前司法改革的热点问题，同时也为人民警察队伍的制度建设和警察职业道德规范的建设提出了新的方向和要求，而这些新的方向和要求，就是指导和促进警察职业道德道德规范进一步提高和完善的基本要求，因此我国人民警察职业道德规范建设应紧跟改革步伐，认真分析总结，不断丰富和完善职业道德规范的内容，使人民警察职业道德规范真正发挥出应有的作用，使我们的人民警察职业道德规范建设发展到一个新的高度。因此，我国警察职业道德规范的完善应从以下几方面考虑。

---

① 根据 2012 年 10 月 26 日十一届全国人大常委会第 29 次会议通过、2012 年 10 月 26 日中华人民共和国主席令第 69 号公布的《全国人民代表大会常务委员会关于修改〈中华人民共和国人民警察法〉的决定》修正。《中华人民共和国人民警察法》分总则、职权、义务和纪律、组织管理、警务保障、执法监督、法律责任、附则 8 章 52 条，自公布之日起施行。

一、从内容上进一步丰富和充实人民警察职业道德规范

我国公安机关的职能包括刑事侦查和大量的行政管理工作，大都是针对违法行为而行使的。但前者构成犯罪，后者不构成犯罪。2003年公安部颁布了"五条禁令"、30条便民措施、《公安机关办理行政案件程序规定》等一系列规范文件，表明公安机关进行深入改革的内容和方向，至此，公安机关办理行政案件、刑事案件、行政复议案件有了完整的办案程序体系。而符合司法活动的公平正义要求，如执法为民、程序至上，尊重、保障人权等正逐步成为公安机关和人民警察工作的最高信条。2004年3月14日，第十届全国人民代表大会第二次会议以2/3绝对多数通过了由第十届全国人大常委会提出的修改宪法草案，"国家尊重和保障人权"；"公民的合法的私有财产不受侵犯"等。这一切都为人民警察改变工作作风，严格执法，进一步充实和完善人民警察职业道德规范提供了良好的社会环境和氛围。因此，我们应及时地将这些内容补充到警察职业道德规范中，以便于更好地指导人民警察职业行为。

二、加强警察业外活动的道德约束

警察业外活动主要是指警察在法定工作时间以外所从事的其本职工作以外的活动。

人民警察担负着维护国家安全，维护社会治安秩序，保护公民的人身和财产安全，保护公共财产，预防、制止和惩罚犯罪活动的重要职责，每一名警察都应认真地履行自己的职责。《中华人民共和国人民警察法》第十九条规定："人民警察在非工作时间，遇有其职责范围内的紧急情况，应当履行职责。"人民警察在危急关头挺身而出，救急解难，这既是人民警察职业责任感和使命感的体现，也是人民警察荣誉感的体现。但是，人民警察作为社会成员，也有休息的时候，也有自己的业余爱好和社会活动等。在法定工作时间之外，警察是否应接受职业道德约束，应遵守怎样的职业道德规范，已引起社会的广泛关注，对此，我国最高人民法院在规范法官业外活动方面已经做了有益的尝试。2001年10月18日最高人民法院颁布了《中华人民共和国法官职业道德基本准则》，在第六章专章对法官业外活动进行了规定。其遵循的基本准则就是"法官从事各种职务外活动，应当避免使公众对法官的公正司法和清正廉洁产生合理怀疑，避免影响法官职责的正常履行，避免对人民法院的公信力产生不良影响。"这一规范内容的出现，对当前进行的司法改革产生了极大的影响。

人民警察作为国家重要的执法力量，与人民群众的接触面极为广泛，人民警察不但通过自己严格执法，秉公办案来维护国家和法律的尊严，维护社会的稳定，同时更通过人民警察的一言一行、一举一动来赢得人民群众的支持和理解。

因此，作为一名人民警察，无论何时何地都应严以律己、严格要求，树立良好的道德风貌为人民群众所信赖。因此，参照法官业外活动的道德约束内容，在人民警察职业道德规范内容中也应对警察业外活动加以约束，应确立以下原则。

1. 人民警察从事各种职务外活动应当避免公众对人民警察的公正执法和清正廉洁产生合理怀疑，避免影响警察职责的正常履行，避免对人民警察的公信力产生不良影响。

2. 人民警察必须杜绝与公共利益、公共秩序、社会公德和良好习惯相违背的，可能影响人民警察形象和公正履行职责的不良嗜好和行为。

3. 人民警察应谨慎出入社交场合，谨慎交友。以免给公众造成不公正或不廉洁的印象而影响工作。

4. 人民警察不得从事盈利性的经营活动，不得从事第二职业，不得以家属、亲友的名义从事盈利性经营活动。

5. 人民警察不得参加非法组织。

三、进一步完善警察职业道德监督机制

人民警察职业道德规范是作为调节警察职业行为的特殊规范，是评价人民警察工作作风、道德风尚的标准。人民警察执行职务的活动与社会组织和公民的合法权益密切相关，尤其是基层公安机关人民警察的活动与各种社会组织和广大人民的联系更为直接。国家赋予警察许多权力，警察个体的执法活动往往被视为整个警察队伍的执法活动，警察个体的形象直接影响着人民警察队伍的整体形象，其社会影响面极大。对这些权力的行使，对于行使这些权力的警察队伍，如果没有严明的纪律并实行严格的管理和监督，就可能导致权力滥用，甚至会产生警察腐败，破坏警民关系，使人民警察脱离人民群众，违背全心全意为人民服务的根本宗旨。《中华人民共和国人民警察法》规定，"人民警察必须依靠人民的支持，保持同人民的密切联系，倾听人民的意见和建议，接受人民的监督，维护人民的利益，全心全意为人民服务。"因此，加强人民警察职业道德的实施，健全监督机制也应是进一步完善人民警察职业道德规范建设的重要内容。

《中华人民共和国人民警察法》第四十七条规定："公安机关建立督察制度，对公安机关的人民警察执行法律、法规、遵守纪律的情况进行监督。"公安机关进行督察工作的目的，是对公安机关和人民警察执行遵守政策、法律纪律的情况进行监督检查，重点是对公安机关和人民警察的执法活动进行监督检查。而对人民警察职业道德的遵守情况的监督就缺乏一个专门机构。因此，完善人民警察职业道德规范建设，健全监督机制，应从以下几方面考虑：①建立一个专门监督人民警察职业道德规范执行情况的机构对警察职业道德遵守情况进行监督，对违反警察职业道德规范的行为进行惩戒。这一专门机构应设立投诉信箱和举报电话并向

社会公开，应将惩处决定向社会公布，以接受人民群众的监督。②建立完整的工作制度，明确对违反警察职业道德行为的处理程序：成立调查组；确定调查的案件；调查取证；作出惩处决定；复议救济。③注重对警察权利的保护，《中华人民共和国人民警察法》第五条规定："人民警察依法执行职务，受法律保护。"警察的工作具有社会性，担负的工作责任大任务重，极易与群众发生矛盾。专门机构对待投诉意见要认真调查了解，对每一位警察都要负责，对他们的合法权益要坚决保护。不能让诬告陷害伤害人民警察的感情、影响他们的工作。

本章思考题

1. 人民警察的性质和任务是什么？
2. 人民警察职业道德规范的含义是什么？
3. 人民警察职业道德规范的内容有哪些？
4. 在现阶段，应如何完善人民警察职业道德规范？

第八章　其他法律职业的职业道德

相对于法官、检察官、律师等典型法律职业而言，公证、仲裁等职业应归属于非典型法律职业，这些职业不像法官、检察官、律师等法律职业具有代表性。此外，还有其他高层，如立法、行政、司法机关及其中具有国家公务员身份的法律专职人员（如基层司法工作人员、行政执法人员），法学家或以法律运作为研究对象或者讲授内容的职业者，比如，法学研究人员和教师，这些职业也应纳入非典型法律职业的行列。由于对法律职业的认定还没有统一标准以及本课程课时的限制，因而我们只能按通常的认识对部分非典型法律职业的职业道德进行简要介绍。

第一节　公证员职业道德概述

公证制度，是国家预防纠纷、维护法制、巩固法律秩序的一种司法行政手段，是国家司法制度的重要组成部分。公证员的职责是通过本职工作为社会主义经济建设服务，为国家长治久安和方便人民群众服务。因此提高公证员职业道德素质和业务素质，对保护国家的利益、保护公民的正当权益和合法利益，具有重要的现实意义。

一、公证制度概况

公证是指国家公证机关按照国家赋予的权力，根据当事人的申请对公民、法人或者其他组织的各种法律行为，以及有法律意义的文书和事实，依照法定程序，证明其真实性、合法性的一种非诉讼活动。

1982 年 4 月 13 日，国务院发布了新中国第一部公证法规——《中华人民共和国公证暂行条例》，这标志着中国的公证制度跨入了新的历史阶段。按照我国的法律规定，公证制度是以保护公民合法权益和公私财产安全、维护社会主义民主和法制为目的，由特定的机关或团体为证明法律行为、某种有意义的法律文书及事实，或为机关单位、人民团体、公民提供法律帮助，而为国家确认保护的一种法律制度。公证具有以下四方面含义：其一，公证是国家公证机关代表国家依法进行的职能活动，其他机关或个人无权利行使公证职能。其二，公证的对象是无纠纷、无争议的法律行为和事实。公证的目的，在于通过国家机关的权威证明，确认清楚的法律行为和事实，以实现"防患于未然"的目的。其三，公证的任务在于预防纠纷、减少诉讼、制止违法、防止犯罪，而不是解决纠纷、惩罚犯罪。其四，公证的法律后果在于只对法律关系和法律事实的真实性、合法性给予确认和证明，并不直接改变法律关系。

公证的性质是一种非诉讼活动。公证不同于诉讼，但又与诉讼密切联系，公证只发生在纠纷之前，它不解决当事人之间的争议，担当着司法辅助职能的角色，即对民事、经济活动进行监督，预防纠纷的产生。不仅如此，公证与诉讼的法律依据和效力也不相同。公证活动亦有别于鉴证、签证、认证。鉴证是工商行政管理部门以及有关的各类业务主管机关，对经济合同进行审理、鉴定和证明的行政监督手段。签证则是指一国国内主管机关或驻外的机构，在本国人或外国人所持的护照或者其他旅行证件上检验、签证和盖印，承认其证件有效，准许为其办理出入境的手续。认证是指外交机关在经公证证明的文书上，证明公证机关的签名和印章属实的一种活动，显然，这四者之间是比较容易区分的。

公证员只有具备一定政治条件和业务条件才能具体办理公证事务。公证员对法律行为或法律事实予以证明的行为称为公证行为。公证员所具备的政治条件代表国家行使公证职能，应具有较高的思想觉悟。公证员须坚持宪法确定的基本原则，遵守法律，品行端正。公证员只有符合一定的政治条件，才能做到办事公正，维护国家公证机关及其公证文书的尊严和信誉。公证员的业务条件是指公证员从事公证工作要求具备相应的法律知识水平和工作能力。根据有关的规定和实践，有选举权和被选举权的公民，符合下列条件之一的，可以被任命为公证员：①经见习合格的高等院校法律专业毕业生，并从事司法工作，法律教学工作或者法学研究工作1年以上的；②在人民法院、人民检察院曾任审判员、检察员职务的；③在司法行政机关从事司法业务工作2年以上，或者在其他国家机关团体、企业事业单位工作5年以上，并具有相当中等法律学校毕业生的法律知识的；④曾任助理公证员职务2年以上的；⑤通过公证员资格考试考核合格并从事公证工作的，由有关司法行政主管部门授予公证员资格。助理公证员的任职条件是：高等院校（系）法律毕业生和中等法律学校毕业生，见习1年期满，经考核合格，初步掌握必要的法律基础知识和公证业务知识，基本了解办证程序，能办理公证业务中的有关事务性工作。

1991年7月30日，司法部下发了举行全国公证员资格统一考试的通知，该通知要求从1992年起举行全国公证员资格统一考试，这种考试原则上每两年举行一次。"考试合格者，由省、自治区、直辖市司法厅（局）颁发由司法部统一制作的《公证员资格考试合格证书》"。"参加全国统考取得《公证员资格考试合格证书》并在公证处工作的人员，经考核合格，由省、自治区、直辖市司法厅（局）任命为公证员"。该通知还规定了可以免试人员的范围与条件，对于符合免试条件

的人员，经省、自治区、直辖市司法厅(局)考核合格后可任命为公证员。公证处按岗位职责设一、二、三、四级公证员和公证员助理，其中一级和二级公证员为中级职务，四级公证员为初级职务，将公证业务人员纳入专业技术人员管理体系。凡实行公证员专业职务的地区，公证员的任免采用评聘的办法进行。

结合公证工作的实践情况，当前公证机关业务主要包括证明法律行为、证明有法律意义的文书、证明有法律意义的事实、证明债权文书有强制执行效力、辅助性业务和其他公证事务六个方面。

党的十四大明确指出我国经济体制改革的目标是建立社会主义市场经济体制。市场经济体制的确立与发展，为我国的其他各项制度的发展带来了机遇与挑战。市场经济的契约性、竞争性、开放性、国际性以及国家调控经济的问题，都要求以法制作为保障。随着我国加入WTO，市场经济体制的逐步深入与发展，为使各级政府部门、公司、企业获取更大的经济和社会效益，做到知法、守法和依法办事，引导、监督其建立符合法律要求的权利义务关系，维护国家利益，保护公民、法人及其他组织的合法权益，提高全社会的法律意识和法治观念，公证具有其他法律活动不可替代的作用。首先，公证制度是保障社会经济活动依法进行的不可缺少的司法证明制度。其次，市场经济的存在和发展需要公证，市场经济是公证制度的经济基础，它决定公证制度存在的真正目的和价值。再次，公证制度的服务重点，是为企业的经济活动提供法律服务和法律保障。在复杂的经济活动交往中，重大经济关系的变动需要公证制度来保障和规范。

总之，公证要与改革开放同步，不断适应市场经济的变化。公证能否发挥出应有的效能，还取决于是否拥有一支高素质的公证员队伍，高素质队伍的形成要靠全体公证员的共同努力。只有不断强化公证员职业道德建设，努力提高公证员业务素质，积极为民服务，公证才能深入民心。

二、公证员职业道德内容

公证员职业道德是指公证员在履行公证职能过程中或者从事与之相关的活动时，在公证员职业范围内逐渐形成的比较稳定的道德观念、行为规范和习俗的总和。公证员职业道德是法律职业道德的重要组成部分，是公证员必须遵循的职业行为准则。

公证员职业道德一直备受关注，1989年12月19日，司法部颁布了《公证人员清廉服务的若干规定》。2002年3月，中国公证员协会三届三次理事会通过了《公证员职业道德基本准则》，公证员的职业道德内容逐渐变得清晰而明朗。具体来说，公证员应切实遵守以下职业道德规范。

(一)坚持为人民服务的宗旨和正确的方向

《公证人员清廉服务的若干规定》第三条规定："公证人员办证要坚持为社会

主义经济建设服务、为国家的民主法治建设服务和国家长治久安服务的方向。"公证人员应当胸怀大局、服从大局、服务大局,才能为人民群众提供优质、高效服务,才能坚决抵制和纠正有悖于服务方向的思想和行为,充分发挥公证的职能作用。

(二)忠于事实、忠于法律

坚持真实合法原则,依法办证是每一位公证人员首要的工作准则。公证员在全部的公证活动中,必须本着重事实、依法规的精神,严肃认真地对受理的公证事项进行调查审核,确保公证内容的真实合法;必须与那些企图用欺诈、伪造文书或者其他不正当手段来骗取公证证明的行为作斗争,忠实地维护法律的尊严,切实保障法律的正确实施和公民权利的平等实现。

(三)清正廉洁、同业互助

《公证人员清廉服务的若干规定》第八条规定:公证人员不得私自办证,不得违法办"人情证""关系证",不得接受当事人的吃请、馈赠,不得向当事人索贿或谋取其他私利。公证员在办证中,能否公正廉洁,诚实信用,秉公执法,不仅关系到公证员个人的执业声誉,直接影响办证质量及服务质量,而且关系到整个公证队伍的形象。根据《公证员职业道德基本准则》的规定,公证员要做到清正廉洁,必须做到三个"不得":①不得经商和从事与公证员职务、身份不相符的活动;②不得利用公证员的身份为自己、家属或他人谋取私人利益;③不得接受当事人及其代理人、利害关系人的答谢款待、馈赠财物和其他利益。

同业互助是指公证员应当与同行保持良好的合作关系,尊重同行,公平竞争,共谋发展。公证员的互助精神强调公证员不得在任何场合损害其他同事的威信和声誉,尤其不得从事以下不正当竞争行为:利用新闻媒体或其他手段炫耀自己,贬损他人,排斥同行,为自己招揽业务;利用与行政机关、社会团体、经济组织的特殊关系进行业务垄断;其他不正当手段的竞争。

(四)爱岗敬业、规范服务

爱岗敬业就是要求公证员珍爱公证事业,努力做到勤勉敬业、恪尽职守,为当事人提供优质的法律服务。规范服务就是要求公证员严格按规定的程序和期限办理公证事务,及时受理、审查、出证,不得因个人原因和其他主观因素拖延推诿。公证员良好的服务意识体现在其执行职务时,能平等、热情地对待当事人、代理人和参加人,充分注意到其民族、种族、国籍、宗教信仰、性别、年龄、健康状况、职业的差别,从而避免言行不慎使对方产生歧义;以及公证员在履行职责的过程中,能准确告知当事人、代理人和参加人的权利和义务,并就权利和义

务的真实意思作出明确解释，从而避免形式上的简单告知。公证员只有爱岗敬业，规范服务，才能确保公证的高效率、高质量，防止和杜绝随心所欲，盲目办证的现象。规范服务亦是文明服务。《公证人员清廉服务的若干规定》要求公证处实行"两公开""一监督"制度，即办证制度公开；公证员实行挂牌服务，自觉接受群众和有关部门的监督。要求公证人员"谦虚谨慎，不卑不亢，讲究文明、礼貌，注意服饰、仪容。"公证员坚持文明服务，就是要求公证人员在工作中做到：语言文明，即公证人员的语言要和气诚恳，有根有据，有理有度；行为文明，即公证人员的行为举止应当端庄、大方、礼貌、正直。

(五)注重修养、提高素质

公证员的职业特点决定了公证员必须具备良好的个人修养和品行才能胜任公证员的职务，公证员的修养首先体现在日常生活中能否严格自律、自觉约束自己的行为，这已成为遵守社会公德和倡导良好社会风尚的楷模是衡量公证员日常修养的具体标准。其次，公证员应切实地在工作中实践忠于职守不徇私情的理念，维护公平，弘扬正义。如《公证员职业道德基本准则》要求公证员不得通过非正常程序或不恰当场合，对其他公证员正在办理的公证事项或处理结果发表不同意见；不得在公众场合或新闻媒体上发表泄私愤、不负责任的有损公证严肃性和权威性的言论。

社会在不断的进步，公证员要保证自己的执业品质和专业技能，能够满足正确履行职责的需要，就必须不断提高自身的道德修养和业务素质，勤勉进取，努力钻研，接受各种教育培训，同时，培养开拓创新意识，积极参与到前沿性学科的研究和探索，成为掌握和运用先进科学技术的自觉实践者。

(六)其他职业道德要求

公证员职业道德散见于公证法的渊源中，即《公证暂行条例》《公证程序规则(试行)》《中华人民共和国民事诉讼法》《中华人民共和国继承法》《中华人民共和国收养法》以及其他涉及公证法规范的法律、法规、地方性法规、决定、命令、通知、规章等法律文件。

经过归纳综合，公证员职业道德不同于其他职业道德的内容还包括以下方面。

1.遵从自愿与必须相结合的原则。

自愿公证是指公证机关办理公证事务，必须根据当事人的自愿申请。必须公证是指法律、法规和规章规定的必须采用公证形式设立、变更的法律行为，或者确认有法律意义的文书和事实，当事人必须申请办理公证，否则不发生法律效力。公证员在办理公证时一定要遵从自愿与必须相结合的原则。

证机关及公证员在正确适用自愿公证与必须公证相结合的原则时，重在落实以下要求。

（1）当事人的自愿申请是公证机关办理公证的先决条件。公证机关受理的公证事项，必须由当事人基于自己的意愿提出申请，没有当事人的申请，公证行为就无法成立。任何机关、团体和个人都无权干涉公证事务，公证机关及公证员既不能强迫当事人申请公证，也不能对当事人没有提出的公证事项强行公证。

（2）自愿原则贯穿于公证活动的全过程。开始阶段当事人可以自愿申请公证；在办理公证过程中当事人自愿反悔的，中途可以撤回申请，公证机关及公证员不得阻挠；公证办理完结后，当事人也有权申请撤销公证。

（3）对于必须公证的事项，当事人必须申请办理公证以避免其无效行为。必须公证包括三个方面：一是法律明文规定必须公证的重大、复杂、易于引起纠纷的法律行为或经济民事领域中新的法律行为，在公证实践中必须公证的事项；二是当事人约定必须公证的事项；三是依照国际惯例必须公证的事项。

2. 不得随意拒绝公证。

我国公证有关法律规定：公证处对不真实、不合法的事实与文书拒绝公证。公证处拒绝当事人申请办理公证的，应向当事人口头或书面说明拒绝的理由，并且告知对拒绝不服的申诉程序。这说明，公证处拒绝公证是有条件的。公证的作用在于维护当事人的利益，不得随意拒绝公证。实践中应把握以下几点。

（1）凡属于公证业务范围的事项，公证处应当予以公证而不得随意拒绝。

（2）只有不真实、不合法或违背社会公共利益的事项，才可以拒绝公证。

（3）拒绝公证必须严格依照法定程序，履行审批手续，说明理由，并告诉申请复议程序。

3. 依法亲自办理。

公证员的公证工作，必须亲自办理，直接接待当事人，当面听取当事人的意见，亲自审查公证事项，然后作出真实、正确、有充分依据的公证。由此，公证员必须做到以下几点。

（1）公证员要亲自了解当事人的真实意愿，审核申请公证的法律行为、事实、文书及有关的证据资料。

（2）根据法律和其亲自验证或查证到的事实，确认申请公证的事项是否真实、合法，是否符合公证的要求。

（3）亲自作出公证、终止公证的决定，并对由此引起的法律后果负责。公证员亲自办证，并不妨碍在法律范围内，授权或委托有资格的公证员或他人办理公证，但关键性的业务工作必须由公证员完成。

4. 便民。

便民是指公证工作要从一切为了群众和便利当事人出发，深入实际、深入群

众，及时准确、认真负责地办好公证事务。便民主要体现在以下几个方面。

（1）简便办证手续。为了方便群众办理公证事务，应当在坚持必要的法定程序的基础上，尽量排除烦琐的办证手续，采用简便易行而又行之有效的程序。当事人申请办证的事项，只要事实清楚，证据可靠，就应做到随到随办。对于证据材料不足的复杂事项，应立即向当事人讲清楚，要求补证或调查，及时办证。

（2）到当事人的居所办理公证事务。我国公证有关法律规定：当事人确有困难时，公证员可到当事人所在地办理公证事务。当前，我国只有县级以上才有公证机关，广大农村山区办证十分不便，对于年迈、体弱、生病、残疾的当事人尤其困难。因此，公证员为了群众利益，应走出公证机关，到当事人的居地、医院、疗养院巡回办理公证事务，十分有益。

（3）迅速办证。不失时机，及时办证，能够有效保障当事人的合法权益。如果在办证时拖延时间，就会使当事人丧失合法权益。特别是发往域外的公证证明书，尤其应当及时处理。例如，按香港的法律规定：雇员死亡后的赔偿时效为2年；交通事故的赔偿时效为3年；暴力事件的赔偿时效为6个月。又如，依照法国规定，领取养老金必须每年初办理。定居证明书，还必须每个季节第二个月20日办理一份生存证明书。上述文书，只有在法定的时效内出具证明，才能发生法律效力。如果旷日持久，贻误良机，将给当事人造成无法挽回的损失。

（4）发扬协作精神，有利于群众办证。我国司法部于1985年发布的《关于强公证处之间协作调查的通知》指出："各公证处要树立全局观念，把接受其他公证处委托代为调查作为应尽之职责，并认真及时地完成。"这一精神还得靠公证员去落实。实践中有些公证员，以"及时、便民、减少麻烦"为由，对某些急需办理的公证事务，"先作证，后调查证据"或"先出证，后核实审批"，形成假证、错证。这与便民原则是背道而驰的。

5. 保密。

我国公证有关法律规定：公证员对本公证处所办公证事务，应保守秘密。《办理公证程序试行细则》中明确规定："公证人员办理公证应当为当事人保守秘密。"但无须保密的公证事项除外，如招标、摇奖公证等。因此，保守秘密是公证员必须严格遵循的一项重要原则。以遗嘱公证为例，就可清楚看出保密的重要性与必要性。因为遗嘱的重要特征是它为单方法律行为，如泄密，势必使合法继承的法定继承人与无法从遗嘱中受益的关系人发生争议，受益人与关系人之间发生遗产的隐藏、损毁。这不仅严重损害公证机关声誉，也可能影响到家庭团结和社会安定，带来无法挽回的损失。

保密内容主要有以下几个方面。

（1）公证机关对参加办理公证事务的人要严格控制，除必须到场的当事人及帮助办证的代理人、翻译在场外，其他任何人不得参与办证。

(2)公证员(包括书记员)除对本人经办的公证保密,对其他知情事务,也应保密。

(3)公证员不仅对已办的公证保密,对与公证有关事项乃至当事人拒绝和撤销办理公证事项的内容,都应保密。

(4)对当事人直接申办的"法律行为、有法律意义的事实或文书"的内容保密,而且要对当事人申办的动机、目的、作用、后果及实现的方式保密。

(5)公证机关制作的专项公证书,只能发给当事人及其代理人,未经当事人同意,不得将公证书发给其他人员。

(6)对办理公证的有关资料,要设专人保管,未经法定程序批准,不得查阅、复制。

6.回避。

回避是指公证员不能办理特殊关联自身的公证。其目的是防止执法不公。公证员应当回避的情形有:

(1)公证员系本公证事项的当事人或当事人的近亲属;

(2)公证员与本公证事项有利害关系;

(3)公证员与本公证事项的当事人有其他关系,可能影响正确办证。

回避的人员还包括书记员、翻译鉴定人。回避决定权由高于该公证员级别的公证员或主管领导掌握,如主任的回避,由本级司法局正副局长决定。其他人员的回避,由主任、副主任决定。决定后,应通知当事人。

当事人可以申请回避,公证员本人也可主动回避,回避贯穿公证事项的全过程。

确立回避原则,可以防止公证员因沾亲带故,对公证事项先入为主,枉法公证,作出不公正的证明;同时,亦可避免当事人以及其他人员对公证事项产生怀疑和非议,以维护国家公证机关和公证书的权威性。

三、公证员职业道德的培养

公证员要完善自身,成为社会的楷模,必须注重德性的培养,其重要性正如包尔生所说:"德性在完善的个人那里有其绝对的价值。"公证员职业道德的培养就是指国家和公证员个人按照国家利益和社会主义道德规定,并结合公证员自身的道德要求,进行有目的、有计划地施加道德影响的活动。它包括两层含义:①国家司法行政机关根据国家和社会主义道德规范对公证员施加道德影响的活动,表达的是国家意志;②公证员自身根据国家司法工作的道德要求,在深刻认识的基础上,不断通过自身的努力达到一定道德境界的过程。

(一)公证员职业道德培养的意义

公证员职业道德的培养是公证队伍建设的重要组成部分,是提高公证员队伍

整体素质的重要内容。它对于公证员认真履行职责、恪守执业纪律、提高工作质量、充分发挥公证的职能有着重要的意义。

1. 有利于促进社会主义精神文明建设。社会主义精神文明建设的根本任务是适应社会主义现代化建设的需要，培育"四有"新人，提高整个中华民族的思想道德素质和科学文化素质。这是一项极为庞大的社会系统工程，既包括思想道德建设和教育科学文化建设，又包括个人政治品德修养、文化修养、精神境界水平的提高。同时，还包括社会的精神产品、精神生活、习俗风尚的发展与改革。公证员职业道德是职业道德的一种，而职业道德是社会主义精神文明的重要组成部分。公证的"公信度"已深入人心，公证员职业道德水准的高低直接影响社会主义精神文明建设。因而，加强公证员职业道德的培养，无疑有利于为社会主义精神文明建设增添新的活力。

2. 能够提高办证质量，切实履行公证的职责。注重公证员职业道德的培养，有利于加深广大公证员对公证工作性质、职责的认识，从而增强自己从事公证工作的责任感、荣誉感和幸福感，进而养成勇于为公证工作献身的精神。这是公证员提高办证质量、切实履行公证机关的职责、出色完成任务所必备的条件。

3. 能够切实提高公证员职业道德品质与思想政治觉悟。公证员要履行好各自的职责，圆满完成各种任务，不"错证"、不"误证"、不"假证"，必须在思想政治素质、法律业务素质、个人身体素质方面有更高更严的要求。公证员只有具备了良好的职业道德才能够事事从当事人的利益出发，不计较个人名利得失，不惧艰难险阻，成为公证的真正实践者，更是人们心目中"公正"的守护者。当然，我们在重视公证员职业道德培养的同时，更应正确区分道德与法治的关系，"我们的道德首先是法治道德，这有两方面意思：①只有在法治条件下，我们才可能有新道德、新伦理……；②我们所提倡的道德伦理必须经得起法治的检验。"因而，对公证员而言，谨守真实合法原则，拥有强烈的道德责任感，对塑造新时期的公证员形象具有重要意义。

（二）公证员违反职业道德的因果分析

公证员违反公证职业道德的行为主要表现在：

1. 以权谋私，徇私舞弊。少数公证员在进行公证活动中利用手中的权力，谋取个人私利，为自己亲友谋利益，在工作中违法办"人情证""关系证"，接受当事人的吃请、馈赠，甚至向当事人索取贿赂。

2. 不深入实际调查，影响公证的真实性。少数公证员缺少责任心，工作马虎，粗枝大叶，不深入了解公证证明的各种法律行为，有法律意义的文书和事实是否与客观相符，大大影响了公证证明的真实性。

3. 违反纪律，泄露秘密。个别公证员不能严格保守当事人的秘密，损害当事

人的合法权益。

4.机关作风，坐等证源。个别公证员缺少为人民服务、为社会服务的精神，不是急群众所急，采取措施方便群众，而是采用机关作风，坐等群众上门，甚至故意刁难群众。

个别公证员违反职业道德的行为，对我国公证事业的发展，对我国的法制建造成了极大的危害：损害我国公证机关的形象、降低公证证明的质量，是公证的根本任务，即预防纠纷、减少诉讼、保护公共财产、保护公民合法权益、维护社会主义法制不能彻底实现。不能很好维护当事人的合法权益，取得人民群众对公证机关的信赖。不但不能为改革开放和经济建设保驾护航，反而会影响社会的安定团结。

公证员违反公证职业道德的行为究其产生的原因，可分为客观原因和主观原因两个方面。

1.客观原因。

公证制度还不够完善。在我国，公证制度的发展是一个曲折的过程。自1980年我国恢复公证业务以来，虽然颁布了《中华人民共和国公证暂行条例》《公证程序规则(试行)》等一系列有关公证的规定，在公证职业道德方面司法部也颁布了《公证人员清廉服务的若干规定》，但从总体上来说，我国公证制度还不完善，同时监督机制还不健全。这些都从客观上为少数意志薄弱者产生以权谋私等违反公证职业道德行为提供了方便。

强调公证员的业务素质，而忽视公证员职业道德教育。公证机关往往很重视公证员的业务素质，尽一切可能提高公证员的业务水平，强调开发证源，多出证，目的是尽可能为国家经济建设、为改革开放贡献力量，尽最大努力为人民群众服务。而另一方面，却忽视了对公证员职业道德的教育，往往是将职业道德规范挂在墙上却视而不见。其结果是公证员的业务水平是突飞猛进，而职业道德水平却急滑坡。

2.主观原因。

(1)缺少全心全意为人民服务的精神。要做到全心全意为人民服务，需要广大公证员时刻以国家、人民和社会的利益为重，将国家利益、集体利益和人民利益放在首位。但个别公证员却恰恰相反，缺少全心全意为人民服务的观念，时时处处将个人利益放在首位，甚至为了个人利益不惜牺牲国家利益、人民利益。

(2)职业道德自我评价的偏差。公证员职业道德义务是指公证员在职业活动中，在一定的道德责任感和内心信念支配下，自觉履行的对社会、他人、职业的道德责任，而在履行义务的过程中形成道德自我评价。只有热爱本职工作，尽职尽责才能很好地履行自己的职业道德义务，才可能形成良好的道德自我评价的能力。而个别公证员却在道德自我评价上出现偏差，他们往往只需要职业赋予他们

权力，而忘记或不履行职业所应承担的社会义务。

（3）忽视职业荣誉观的培养。公证员的职业荣誉一是指国家和人民对公证员职业的正确评价；二是指公证员自身由于履行职责和义务而产生的职业道德热情上的满足和自我意识。荣誉是鼓舞公证员积极进取、勇于开拓的巨大力量，争取荣誉，远离耻辱，使自己的行为得到社会的认可和褒奖，应是广大公证员的共同心愿。著名伦理学家包尔生指出："荣誉是道德的卫士；对荣誉的爱首先推动着意志去发展自重的德性，然后又推动着它去获得社会的德性，或者至少是避免不公正的行为、谎言和犯罪。"但个别公证员却忽视了职业荣誉观的培养，在进行公证活动中，他们不知道或不顾忌怎么做能给自己带来荣誉，怎么做会带来耻辱。

（三）公证员提高职业道德修养的措施

1. 提高公证道德认识。这是公证职业道德的前提。它是指以科学理论为指导，向公证工作者系统传授国家要求的社会主义道德、公证职业观念，使公证员认识和领会社会道德和公证职业道德的原则、规范的内容、意义及其重要性，并用以指导自己在公证活动中的思想，约束自己的言行。道德认识是道德品质的先导，没有正确的道德认识，就不可能有正确的道德行为。

2. 陶冶公证职业道德情感。这是公证职业道德的必要环节。所谓公证职业道德情感，就是人们根据一定的公证职业道德观念，在处理公证职业道德关系、评价公证职业道德行为时所产生的一种好恶、爱憎的情感。它是一种内在的精神力量，左右人们对某种思想、观念和行为的接受和拒绝。

3. 锻炼道德意志。道德意志是指一个人在坚持道德原则、提高道德修养时，自觉克服困难、排除干扰的毅力和能力。公证员在履行职业道德义务时，往往要受到来自各方面的阻力和干预。面对这种情况，意志薄弱的人就会在道德上出现动摇、妥协、退让，放弃自己的职责；而意志坚强者，则能够坚忍不拔、持之以恒地履行自己的道德责任。因此，道德意志是每一个公证员所必需的道德素质。

4. 确立公证职业道德的信念。这是公证职业道德教育的核心。所谓公证职业道德信念，就是指公证员在公证活动中表现出的一种乐于履行义务的道德认识和态度。它的特点是道德认识上的明确性、道德义务履行的自觉性和道德理想追求的坚定性。

5. 养成公证职业道德的习惯。这是公证职业道德教育的归宿。道德习惯是一个人内在的道德要求自然的、无意识的流露和表现。它是衡量一个人道德水平高低、道德修养深浅的客观标准。良好的公证职业道德习惯，是经过有意识的努力而养成的，是不断进行自我约束的结果；如果没有了自我约束，良好的习惯将不复存在。正如范伯格所说："一个人如果既没有愿望、目的和理想的层次结构，也不清楚自己在其所属的主观世界中在何处安身立命，那它将成为本身所有构成

因素冲突的战场，被这些因素拖来拖去，最后毫无希望地土崩瓦解。"

第二节　仲裁员职业道德概述

仲裁员职业道德是指仲裁员在履行仲裁职能时所应遵循的职业行为规范的总和。仲裁员的职业道德是在仲裁职业活动中产生和形成的。因此，在阐释仲裁员职业道德内容之前，有必要对仲裁制度的演变做简要介绍。

一、我国仲裁制度的历史发展

仲裁亦称公断(arbitration)，一般认为，仲裁是指纠纷当事人在自愿基础上达成协议，将纠纷提交非司法机构的第三者审理，由其依据法律或公平原则作出对争议各方均有拘束力的裁决的一种解决纠纷的制度或方式。它具有以下含义：一是纠纷当事人自愿协商通过仲裁方式解决争议；二是解决争议的第三人是当事人选择的；三是非司法机构的第三人解决争议作出的裁决对双方当事人具有拘束力。

现代意义上的仲裁制度在我国产生于 20 世纪初。国民政府建立以后，1912年颁布了《商事公断处章程》，次年颁布了《商事公断处办事细则》。1933 年 10 月15 日颁布的《中华苏维埃共和国劳动法》中也有仲裁的规定。1943 年 2 月 4 日，晋察冀边区颁布的《晋察冀边区佃债息条例》及其实施条例以及同年 4 月 9 日晋察冀边区行政委员会颁布的《关于仲裁委员会工作指示》中，规定了仲裁委员会的性质、任务、权限以及与政府、专署等方面的关系。

新中国成立后，我国的涉外仲裁一直遵循国际通行的民间仲裁、自愿仲裁和一裁终局的原则。但国内仲裁并没有实行这些原则和做法，仲裁机构隶属于各级行政部门，不少仲裁不是以当事人的自愿为条件，不少法律都规定当事人不服裁决的，可以在规定的期限内向法院起诉，形成了一裁两审的局面，使仲裁变成了行政处理。因而，我国的国内仲裁法制和涉外仲裁法制经历了不同的发展过程。涉外仲裁由我国最大的民间性商会即中国国际贸易促进会(中国国际商会)组建，中国国际贸易促进会分别于 1956 年和 1959 年建立了中国国际经济贸易仲裁委员会和中国海事仲裁委员会，这两个涉外仲裁机构按国际惯例建立和运行。而国内仲裁制度的发展情况要复杂得多。从新中国成立初期到 1966 年，由于恢复国民经济和大规模经济建设的需要，普遍推广合同制，对经济合同纠纷，中央有文件明确规定，一律由各级政协经济委员会仲裁和处理，人民法院不予受理。当事人不服仲裁裁决的，可以向上一级行政机关申请再仲裁。此阶段所实行的仲裁制度可称之为"只裁不审"和"两裁终局"制。1981 年 12 月 13 日，我国颁布了《中华人民共和国经济合同法》，该法废止了对经济合同纠纷实行仲裁前置的做法，规定

当事人可以向合同管理机关申请调解或仲裁，也可以直接向法院起诉；该法同时规定，当事人一方或双方对仲裁不服的，可以在收到仲裁决定书之日起 15 天内，向法院起诉。1983 年，国务院发布了《经济合同仲裁条例》，我国正式成立了经济合同仲裁机关，确立了经济合同仲裁制度。根据这两项法规，经济合同纠纷发生后，或裁或审，可由当事人自己选择。而且仲裁实行一次裁决制，当事人不服仲裁裁决的，不能再申请仲裁，但可以在规定期限内向人民法院起诉。这种做法从此结束了对经济合同纠纷实行多头仲裁、多规则仲裁、二次仲裁的历史，形成了"裁审有择，一裁两审"的格局。20 世纪 80 年代中后期，我国又相继建立了劳动争议仲裁、技术合同仲裁，房地产仲裁、知识产权仲裁、农业承包合同仲裁等仲裁制度。1995 年 9 月 1 日我国《中华人民共和国仲裁法》(简称《仲裁法》)颁布实施，这是我国仲裁事业发展史上的一个重要转折点。《仲裁法》由 8 章 80 个条款组成，全文约 10 000 字，明确规定了我国仲裁的基本原则、仲裁机构、仲裁协议、仲裁监督等一系列重要问题，充分体现了仲裁所普遍具有的自愿性、独立性、民间性等特点。

二、仲裁员职业道德内容

仲裁员的仲裁行为只有得到国家法律的许可，其裁决才具有终局性和执行力，才能够彻底解决当事人之间的纠纷。因此，仲裁员不能滥用职权，无视法律而自行其是，仲裁员必须对其行为承担一定的法律义务和道德义务，以确保当事人仲裁意思能够不折不扣地实现。根据《仲裁法》和《仲裁员守则》等规定，仲裁实务中，仲裁员应遵守的职业道德主要包括以下几个方面。

(一)独立公正的仲裁案件

根据《仲裁法》规定，仲裁应该根据事实、法律规定，公平合理地解决纠纷；仲裁依法独立进行，不受行政机关、社会团体和个人的干涉。这是仲裁员必须遵守的一个最基本的行为规范。仲裁员在仲裁案件时，既不受外来因素的影响，也不受仲裁委员会的内部干涉，并且不代表任何一方的利益。仲裁庭应当根据事实，依照法律和合同规定，参照国际惯例，并遵循公平合理的原则，独立公正地作出裁决。当事人依法签订的有效合同，是仲裁庭处理合同纠纷的依据之一。由 3 名仲裁员组成的仲裁庭对案件在进行裁决时，应当按照多数仲裁员的意见作出，仲裁庭不能形成多数意见，无须交由仲裁委员会讨论决定，而应按首席仲裁员(即第三名仲裁员)的意见作出即可。

(二)不得私自接触当事人及其代理人

根据《仲裁法》第三十四条、第三十八条和第五十八条的规定，如果仲裁员

私自会见当事人、代理人，或者接受当事人、代理人的请客送礼的，必须回避；以上情形情节严重的，或者仲裁员在仲裁案件时有索贿受贿、徇私舞弊、枉法裁决行为的，应当承担法律责任，仲裁委员会应当将其除名。禁止仲裁员与当事人私下接触，是为了保持仲裁员独立公正的形象，同时也避免仲裁员先入为主，影响公正仲裁。关于禁止接触的问题，《中国国际经济贸易仲裁委员会仲裁员守则》(以下简称《仲裁员守则》)第三条规定得更为严格：仲裁员名册中的任何人事先与一方当事人讨论过案件的，或提出过咨询意见的，不得担任该案件的仲裁员。

但是，仲裁员在仲裁案件调解过程中，与一方当事人或代理人单独会见的情况不在禁止之列。因为仲裁庭在调解之前，必须征得双方当事人的同意。当事人一旦同意由仲裁庭主持调解，即是授权仲裁庭以合适的方式接触对方当事人，当然包括单独与对方当事人会谈。但是，若调解不成功的话也不会对裁决产生任何影响，因此仲裁过程中的调解可以不受"禁止接触"准则的限制。

(三)自觉披露有损独立公正的任何情况并回避

《仲裁法》第三十四条规定了仲裁员的回避制度。《中国国际经济贸易仲裁委员会仲裁规则》(1995年10月1日起施行文本)第二十八条及其《仲裁员守则》第五条明确规定了披露问题。披露和回避二者之间是紧密联系的。根据上述有关规定，在下列情况下，仲裁员应当及时向仲裁委员会披露情况，并主动请求回避。当事人也有权提出回避申请。

(1)仲裁员是本案当事人或者当事人代理人的近亲属；

(2)仲裁员与本案的当事人有非常密切的商业关系，例如仲裁员担任当事人的常年法律顾问，或者仲裁员是当事人竞争对手或商业伙伴；

(3)仲裁员曾就本案向当事人提供过法律咨询，或曾作为代理人卷入有关本案的其他争议解决程序的(调解除外)；

(4)私自会见当事人、代理人或者接受当事人、代理人的请客送礼的。

(四)追求程序公平

仲裁程序方面，《仲裁员守则》第二条、第六条和第十条要求仲裁员必须做到以下几点。

1.仲裁员应平等地对待双方当事人。不论当事人国籍、肤色如何，资本财产多少，不论当事人身份贵贱、地位高低、权势大小，仲裁员绝不能区别对待。

2.在开庭审理时，仲裁员不得出现倾向性，注意提问和表达意见的方式方法，避免对关键性问题作出过早的结论，避免出现与当事人争议或对峙的局面。

3.仲裁员应当给予当事人充分陈述意见的机会。

（五）勤勉谨慎地履行职责

《仲裁员守则》第七条、第八条、第九条、第十一条和第十二条中的规定，仲裁员应当恪尽职守，勤奋工作，钻研案情，及时结案。仲裁员都是兼职的，又都是各部门、各行业的高级专门人才，理当很好地完成自己的本职工作，所以他们应当谨慎地接受指定成为某一案件的仲裁员，一旦接受，就应调整和安排好自己各项工作的计划和时间，以保证仲裁的庭审和合议，不能随意地在一个案件的审理中提出辞职。确有特殊情况，应及时和秘书处（局）联系，不得已时，可予更换，更换下来的仲裁员应积极配合秘书处（局）妥善解决遗留问题。仲裁员应该认真仔细地审阅案件的全部材料，找出纠纷问题的焦点，开庭前应该参与仲裁庭讨论，交换意见，商定审理方案；首席仲裁员应当在开庭前提出庭审方案的设想，供仲裁庭讨论；独任仲裁员在开庭前应该拟妥审理方案。开庭结束后，首席仲裁员应当无延迟地主持合议、提出下一步程序进行的意见或裁决书起草的意见、在规定的期限内结案，独任仲裁员也应在规定的期限内结案。

（六）严守仲裁秘密

《仲裁法》第四十条规定，仲裁不公开进行，当事人协议公开的，可以公开进行，但涉及国家秘密的除外。这条规定的实质就是保密，保密应该是仲裁制度的一项原则。仲裁员应该严格保守仲裁秘密，不得向外界透露任何有关案件实体和程序情况，包括案情、审理过程、合议庭意见等情况。保守秘密是仲裁的基本原则，也是仲裁的优势所在。强调保密性是吸引当事人运用仲裁解决纠纷的原因之一。保密可以使当事人的商业秘密和贸易活动不会在解决纠纷中被泄露，从而使其正常的商业活动不致因仲裁而受到不良影响。当前，不仅仲裁工作，其他诸如审判工作、侦查工作中的失密泄密现象也屡有发生。有些仲裁员携卷游山玩水、会友赴宴，造成案卷遗失；有的擅自将案件卷宗借予无阅卷权的人查阅；有的将未审结的案件擅自向新闻媒介透露扩散；有的将案情、审理过程、仲裁庭合议等情况泄露给当事人或其他人；有的以未结案的案情当作聊天的资料，不分对象、不分场合到处闲聊，泄漏当事人的商业秘密和贸易活动，致使当事人失去应有的商业机会、市场信誉、信息资源和业务前景。

（七）依法获得报酬

仲裁员受仲裁委员会的聘请，受当事人的指定作为仲裁庭成员仲裁案件，其仲裁行为是一种非常复杂的脑力劳动，他们理应得到相应的报酬。但是，法律规定仲裁员不能与当事人及其代理人私自接触，当然包括不能为报酬问题私自接触。向当事人收取仲裁费用和向仲裁员支付仲裁酬金都应由仲裁委员会的专门人

员统一进行。仲裁员不得在仲裁委员会付给的报酬之外，另行收取当事人的任何费用作为自己的所得。仲裁员办理仲裁案件，由仲裁委员会依照仲裁规则的规定给付报酬。仲裁员没有办理仲裁案件的，不得收取报酬或者其他费用。

(八) 不断学习，提高素质

仲裁是一项专业性很强的工作，有其自身的特点和内在规律，并且随着社会的不断发展而进步，需要我们不断地认识和研究。仲裁员尽管是各部门各行业的专家，但不一定自然就是仲裁工作的专家。仲裁委员会应该经常组织仲裁员进行培训、研讨或经验交流活动，仲裁员应该积极参加这些活动，这对于提高仲裁员业务水平、提高办案质量，树立、维护仲裁的良好声誉都是很有必要的。

三、仲裁员职业道德的培养

仲裁员职业道德的培养是一个渐进的过程，在职业道德的培养和训练中，必须遵循道德培养的一般规律，即认识—实践—再认识—再实践的规律，因为，就个人而言，职业道德品质的形成要经历一个自觉的由认识到实践的过程，即从职业道德认识—职业道德情感—职业道德意志—职业道德信念—职业道德行为—职业道德习惯的综合过程。当仲裁员从被动地遵守职业道德转变为习惯于遵守职业道德时，那么，他们对职业道德的认识、情感、意志和信念就逐渐凝结成或内化为一定的职业道德品质。这也正是仲裁员职业道德培养的目的之所在。

探讨仲裁员职业道德的培养还需从仲裁员违反职业道德和提高修养入手。

(一) 仲裁员违反职业道德行为的表现

仲裁员在解决各种社会纠纷和协调社会经济关系方面，发挥着越来越重要的作用，受到世界各国和国际社会的普遍重视并得到广泛采用。《仲裁法》的颁布和实施，有力地促进了我国仲裁事业的迅猛发展，仲裁员和仲裁委员会数量大幅增加，仲裁员的整体素质不断提高，影响越来越大。然而在实践中，有少数量仲裁员政治素质尚不能适应形势发展需要，违反仲裁员职业道德的行为时有发生。其表现主要有以下几个方面。

1. 裁而不公。仲裁员与法官的地位不同，法官的权力和责任的范围及其管辖权由法律明文规定，而仲裁员的权力、执业和管辖则源于当事人的合意、仲裁地法及被请求承认和执行裁决地法的共同作用。因此，仲裁员一旦进入仲裁程序，其权力少有限制。如仲裁庭有权按照其认为适当的方式审理案件，可以决定依据当事人提交的书面材料及证据进行书面审理，也可以决定开庭审理。实践中，有些仲裁员放弃道德原则，没有保持其独立公正的地位，而是受某些单位或个人的干涉，或者出于个人的喜好，不能做到以事实为根据，以法律为准绳，而作出损

害一方当事人利益的不公正裁决。

2.私自接触当事人，谋取不正当利益。由于仲裁员都是兼职的，有些仲裁员出于自身经济上的考虑，运用仲裁员的特殊权力来进行"权钱交易"。如仲裁员私自与当事人、代理人接触，透露案件的有关情况，通过某种暗示，只要当事人愿意付出金钱代价，案件就能按其预期目的裁决。或者被动地接受当事人、代理人的贿赂，在仲裁案件时徇私舞弊，枉法裁决。

3.隐瞒利害关系，一味追求办案率。有些仲裁员为了追求办案率，即经济效益上的考虑，不愿让自己接手的案件落入其他仲裁员之手，明知自身与案件有利害关系，在当事人不知情的情况下，"瞒天过海"牢牢把持案件仲裁权。《仲裁员守则》第五条和仲裁规则第二十八条均规定，仲裁员本人认为与案件有利害关系或其他关系而有可能影响案件公正审理的，即使其他人不知道，也应当向仲裁委员会披露利害关系，并提出回避申请，是否回避由仲裁委员会决定。

(二)仲裁员违反职业道德的因果分析

仲裁员违反职业道德行为产生的原因是多方面的，除了缺乏政治理论学习和社会主义道德修养，经受不住社会歪风邪气的侵袭等主客观因素以外，缺乏仲裁员应有的基本政治业务素质，也是一个很重要的原因。深入分析仲裁员违反职业道德的原因无疑有利于仲裁员职业道德培养目的的实现。

1.旧体制的影响力短期内无法完全消除。实行一裁终局制既是仲裁制度快捷性和权威性的突出表现，也是仲裁制度的突出优点，人们之所以选择仲裁，就是因为仲裁能够迅速及时且公正合理地解决纠纷。然而，1994年《仲裁法》未颁布之前，中国的仲裁制度从总体上而言，还没有完全消除计划经济体制的痕迹，其缺陷主要表现在：①行政色彩过浓，违背了仲裁的独立性。以往的仲裁机构大都设在相应的行政机关内，仲裁员基本上由行政机关工作人员兼任，实行"两块牌子，一套人马"做法，仲裁机构实际上成了行政机关的附属机构。在这种体制下，仲裁权无疑会受到行政机关的干涉；②实行强制管辖，违背了仲裁的自愿性；③不实行一裁终局制，违背了仲裁的快捷性；④仲裁立法不完善、不统一，仲裁机构种类繁多、层次叠加，违背了法律统一性原理。显然，这些缺陷在短期内无法完全消除，势必会或多或少地影响仲裁员的思想和行为。

2.社会环境负面影响。①社会风气畸形。近年来我国社会道德整体水平受到了一定的影响，出现了"一切向钱看""金钱万能论"现象。个别社会成员把走"关系"、权钱交易视为正常现象，清廉者反而不被理解和尊重。②文化传导的偏失。一是多重文化传导源的随意性、松散性。除正统文化外，一些不正之风肆意传播，其中不少是文化污染源。二是传导内容杂乱，思想和文化品位低下，只求商业效应，不顾社会效益。三是大众传媒导向不够理想。监督批评功能弱，对不良

职业道德行为的制约乏力，而政治导向和正面宣传"假大空"现象严重，树立"毫不利己，专门利人"的无私无欲的正面形象，反而引起某种逆反心理，被认为是虚伪的。还有社会利益分配不公导致心理失衡。改革开放以后，老百姓的收入和生活水平都有了明显提高，但贫富差距也有所扩大。主要表现在：个人收入差距拉大，城乡差距拉大，行业差距拉大，地区差距拉大。先富阶层中许多人文化层次不够，无崇高理想，精神空虚，吃喝玩乐，挥金如土。而文化层次相对较高，有才能为社会作出贡献的，由于薪俸相对微薄，生活清苦，导致心理严重失衡，以权谋私，贪污受贿，以求心理平衡。

这些负面影响必然会波及仲裁员，特别是仲裁员具有双重身份，一旦失去应有的"免疫力"，在不正之风的影响下，就会抛开职业道德观念，追求金钱和物质享受，直至沦为社会的反面角色。

3.缺乏职业责任感和仲裁专业知识。尽管《仲裁法》规定了对仲裁活动的三个方面的监督，即内部监督、行业监督和司法监督，但这种仲裁监督机制本身有其局限性，即它一般是针对仲裁程序和仲裁结果的，而不直接针对仲裁员本人，没有从根本上触及仲裁员的切身利益。那些或玩忽职守，面对严肃的仲裁工，如同儿戏，不恪尽职守；或畏惧权势，只知阿谀奉承，唯命是从，不管案件质量；或隐瞒利益关系，追求经济效益；或失密泄密、"开后门"顾亲友、不顾法律尊严等有悖于仲裁职业道德的行为表现，无一不是与缺乏仲裁员职业责任感着直接关系。

仲裁员是一种十分复杂的劳动，它需要仲裁员具备丰富的经验、专业的知识、较高的智慧和娴熟的技巧。随着改革开放的不断深入和时代的发展，新的法律还在不断颁布。因此，无论是有经验的老仲裁员，还是新入册的仲裁员，为了做到公正准确地仲裁案件，都有重新学习和不断补充新知识的必要。实践中，有的仲裁员政治素质过硬，但是业务能力却不过关，阅卷找不到重点，看不出问题；调查查不清事实；研究案情掌握不了主次，裁决结果漏洞百出。究其原因，就是专业知识不够，业务素质不高。

(三)仲裁员提高修养的措施

仲裁员提升道德修养，是个人的自觉行为，是仲裁员职业道德较高的深入发展和内在化，是个人由道德上的他律转向自律的精神上和行为上的升华。仲裁员提高自身修养的措施主要有以下两个。

1.认真学习，自我改造。仲裁员的道德自律，无疑是仲裁员职业道德建设的理想境界和最优效果。仲裁员的道德自律，从内容上讲，应分为三个层次：①注重"私德"修养，做一个具有家庭美德和社会公德、脱离低级趣味、正直守信、诚实待人接物、遵纪守法的好公民。亚当·斯密说得好，真诚和坦率赢得信任，

保留和隐瞒引起不和；②养成职业道德所要求的爱岗敬业，刻苦学习业务知识，认真承担职业责任，切实履行职业义务，严格遵守职业纪律习惯，充分体现良好的职业风范；③成为法律职业道德的忠实实践者，全心全意为人民服务，忠实于社会主义宪法和法律，忠实于客观事实。

仲裁员的自律重在：①认真学习，改造世界观、人生观和价值观，提高自身的素质。②培养高尚的情操，重在增强神圣的职业使命感、高度的社会责任感和爱憎分明的正义感。③磨砺坚强的意志品质，增强抗干扰、维护法律权威的自觉性；锻打遇到困难和挫折的坚忍性；拒腐蚀、抗诱惑，保持清正廉洁的自制性；培养在紧急情况下应付突发事件的果断性。

2.积极投身社会和司法实践。投身实践是仲裁员提高职业道德修养水准的根本途径。仲裁是一项专业性很强的工作，有其自身的特点和内在规律，并且随着社会的发展而发展，需要我们不断地认识和研究。仲裁员只有积极投身于实践中，参加各种培训、研讨或经验交流活动，才能总结过去的经验，发现存在的问题，同时想办法解决问题。仲裁制度和其他任何制度一样，会随着社会物质生活条件的发展变化而不断地变化，而每一次的发展变化都会在总结以前经验的基础上进一步完善。仲裁员只有在不断的实践中纠正自己，才能切实提高业务水平和办案质量。只有不断地参加社会和司法实践，沿着实践、认识、再实践、再认识的路线，才能跟上社会前进的步伐，不被时代淘汰，也才能在实践中不断升华自己的道德境界。

第三节　基层司法工作人员的职业道德

基层司法工作人员，从广义上讲，是指在基层从事司法行政、法律服务和民事调解工作的一切人员，是对基层乡镇司法所、乡镇法律服务所和人民调解委员会工作的所有工作人员的统称。狭义上则是指具有国家正式工作人员身份，编制在政府工作机关，从事基层司法行政工作的人员，即司法助理员。本节所指基层司法工作人员是广义上的。基层司法工作人员的职业道德是法律职业道德不可分割的部分，是对从事基层司法工作的人员在职业道德上的具体要求。这与我国基层司法工作特点紧密相连，是法律职业道德规范在基层司法领域的具体表现；不断提高基层司法工作人员的职业道德水平，对于加强社会主义法治建设具有重要意义。基于基层司法工作在当前法治工作中的重要性，以下简要阐述基层司法工作人员的职业道德。

一、基层司法工作的特点

基层司法工作，是国家司法行政管理延伸到基层，负责乡镇（街道）司法行

政管理事务，开展法制宣传、法律服务，进行民间纠纷调解的工作，具体来说就是司法助理员的工作。

20世纪80年代初期，随着中国律师制度的逐步恢复，引发出农民的法律服务问题，为了更好地解决这一问题，1982年1月13日，中共中央发出《关于加强政法工作的指示》，要求农村区、公社（乡）或集镇设立司法助理员。随后，一个乡镇配备一名司法助理员发展为以司法助理员为主的乡镇司法所或司法办公室。作为乡镇人民政府管理司法行政工作的机构，下设法律服务所，担负法律服务工作，一般是"一套人马，两块牌子"。1993年司法部又对基层法律服务工作进行了一系列改革，并开始从乡镇扩展到街道。据统计，到1997年年底，全国已建立了乡镇（街道）法律服务所近3万5千个（其中至少3万2千个是乡镇），法律工作者近11万5千人（其中有10万多人是乡镇法律工作者）。而今这些统计结果还在被不断刷新。目前，我国乡镇司法所的隶属关系存在着两种形式：一种是在行政上隶属乡镇人民政府领导，业务上受县级（市、区）司法局指导；另一种属于县级（市、区）司法局的派出机构。法律服务所不属于政府系统，是一种事业性机构，在业务、人事、财务上实行自主经营、自负盈亏、自我约束等方式。根据1991年司法部颁布的《乡镇法律服务业务工作细则》第三条中的规定，法律服务所的工作范围为：①担任法律顾问；②代理民事经济行政诉讼；③代理非诉事务；④调解纠纷；⑤提供法律咨询；⑥代写法律文书；⑦协助办理公证。法律服务所的某些职责与司法助理员的职责范围存在相同和交叉之处。

司法部《关于乡镇法律服务所的暂行规定》指明法律服务所主任可以由司法助理员兼任，并和乡镇法律服务所的其他人员一起统称乡镇法律工作者。乡镇法律工作者如符合律师条件，可以依法取得律师资格。这表明，作为基层司法工作人员的司法助理员，不但具有乡镇政府行政人员的性质，而且具有法律服务机构服务人员的属性；同时，如果符合律师条件的，还具有律师属性的多重属性。可见，基层司法工作人员肩负多种职责，既与律师、公证、民调等工作者有密切的联系，又与这些工作者具有明显区别，从而构成了以下基层司法工作的特点。

1.管理和指导民调组织，又直接处理民事纠纷，具有行政调解和民事调解双重属性的职能。根据《司法助理员暂行规定》，司法助理员不仅负有"管理"与"指导检查"调解委员会的民间调解工作的职责，而且"参与调解疑难纠纷"。这实质上是双重职能，前者是基层政府工作人员的职能范围，后者是民间调解组织人员的职能范围，两者工作属性不同。而司法部《民间纠纷处理办法》中又规定："司法助理员是基层人民政府的司法工作人员，具体负责处理民间纠纷的工作"（第二条）。"调解达成协议的，应当制作调解书；由双方当事人、司法助理员署名并加盖基层人民政府的印章。调解书自送达之日起生效，当事人应当执行"（第十六条）。这又是一种不同性质的调解，即政府机关的行政调解。这种调解若达

不成协议,"基层人民政府可以作出处理决定。"(第十七条)并规定这种处理决定当事人必须执行,如有异议和不服,可就原纠纷向人民法院起诉。这种调处纠纷问题上的多职能性,构成乡镇司法助理员的多种属性特点。

2. 不属律师行业又办理部分律师业务,是律师力量的有益补充。由于司法助理员在法律服务所任职,亦可办理部分律师业务。但根据《中华人民共和国律师法》第五条中的规定:"律师执业,应当取得律师资格和执业证书。"而事实上,一部分司法助理员并不具备这样的条件,因此,只能以"律师辅助性的工作"来完成上述任务,成为律师力量不可缺少的补充成分。

不属公证机构而又联络、协办公证,是公证力量的重要补充。办理公证只能由国家公证机关中具有公证员身份的国家工作人员,依照办理公证的程序进行办理,非公证员无权办理公证。然而,随着我国社会主义市场经济的发展和群众法律意识的增强,要求公证的人越来越多,而我国的公证机构、公证员则相对饺少。为了缓解这一矛盾,我国《乡镇法律服务所暂行规定》中规定:司法助理员在法律服务所任职,负有联络、协办公证的职责。"接受当事人委托代理申请办理公证,协助公证处办理有关公证事项"。司法助理员不是公证员,法律没有赋予司法助理员办理公证的权力,只能以"公证的辅助性工作"来完成上述任务,也就是"宣传公证基本常识,联系、介绍公证事项,代理当事人起草申请公证的文书,协助了解经过公证的经济合同履行情况以及公证处委托办理的其他有关公证的具体事务,如送公证书等,但不得直接办理公证"。这既是基层司法单位协办公证的一条原则,也是基层司法工作在公证业务上不同于其他机构和人员的一大特征。

二、基层司法工作人员的职业道德内容

(一)勤政廉洁,服务为本

基层司法工作人员是人民的"公仆",直接担负着调节民间纠纷的任务,这就要求他们在工作中勤政廉洁、服务为本。

勤政廉洁是指基层司法工作人员应勤勤恳恳工作,甘当人民的勤务员,决不利用职权为个人或少数人谋利益。民间纠纷的琐碎性,要求基层司法工作人员利用自己的时间不辞劳苦,勤于理政,妥善解决人民之间的纠纷;同时,基层司法工作员可能与当事人有这样或那样的联系,可能受到一些不良风气的影响,这要求基层司法工作人员做到:拒腐蚀、永不沾,奉公廉洁。以勤政廉洁为荣,以用权谋私为耻。

服务为本是指基层司法工作人员应把为人民服务当作全部工作的出发点和归宿,以为群众解纷防讼为己任,以为群众排难化忧为天职。基层司法工作是一项

服务性的工作，无假日、报酬少、头绪多、工作苦，要做好这项工作，需要具备诚挚的群众感情、忘我的服务态度和无私的奉献精神；要想群众所想，急群众所急，帮群众所需，体谅群众的困难，关心群众的疾苦；要做群众的"贴心人"，以"四心"暖"一心"，即对群众关心、对工作热心、解决问题诚心、出现反复耐心，温暖当事人的心。

(二)综合治理，立足防范

综合治理是我国政法工作的一大特色，其含义是指在党和政府的领导下，充分发挥各种社会组织、各个社会单位、各界社会力量的职能和作用，各负其责，尽其能，互相配合，互相协调，全面运用政治、经济、思想、文化、教育行法律各种手段，实行专门机关与群众路线相结合，打击和预防改造相结合，治标与治本相结合，以期取得最佳社会效果，达到预防和治理犯罪、维护社会治的目的。基层司法工作是"政法工作第一道防线"，法律赋予基层司法工作人员权力的有限性决定了基层司法工作人员要善于运用"综合治理"的思想和多方协调的方式，充分调动和运用各种资源有效地解决各种矛盾，为群众排难解纷。

基层司法工作人员要充分认识到民间纠纷具有无意识性、偶发性和反复性，这要求基层司法工作人员只有立足防范，进行超前性服务工作，才能在矛盾化解之前，通过法律服务，把纠纷消灭在萌芽状态，不致恶化形成案件。要做到这些，基层司法工作人员除了应具备必要的法律专业知识和技能外，更应具备与本职工作相适应的道德品质，例如：着眼于社会稳定的全局意识；做好本职工作使命意识；先群众之安而后安的忧患意识；"没事找事做"的主观能动意识等。

(三)公道正派，以理服人

民间纠纷，纷繁多样，既有民事纠纷，又有经济纠纷，还有由轻微刑事违法行为和违反社会公德而引起的纠纷；既有婚姻家庭方面的纠纷，生产方面的纠纷，又有财产方面的纠纷，还有其他人身方面的纠纷。纠纷当事人既有年龄、性别、职业的不同，又有民族、文化、身份方面的区别。而且许多纠纷是由相互之间的切身利益引起的。纠纷各方得理不让人，正确错误相互交织，各自抓住别人的错处不放，互相指责，互不相让。基层司法工作人员生活在群众之中，与纠纷当事人有着各种各样的关系。这就要求基层司法工作人员必须公正无私，作风正派，站在法律、政策和社会道德的立场上，不偏袒任何一方，坚持原则，才能得到当事人的信任，做好自己的工作。曾有人称赞基层司法工作人员"离得近、叫得应、看得见、摸得着、谈得拢、信得过"，是"不是法官的法官"。这充分说明人民群众对基层司法工作人员的信任。

纠纷产生之后，当事人双方大都有思想疙瘩和不同程度的情绪波动。因此，

基层司法工作人员不能强词夺理，以势压人，而应运用政策、法律和道德，耐心启发、疏导、劝解，动之以情，晓之以理，使当事人各自认识自己的错误，认识激化矛盾的危害性，自愿达成协议，消除纷争。

（四）耐心细致、调解优先

间纠纷事情琐碎、细小，但又关系着群众的切身利益；家庭纠纷，邻里纠葛，往往是"公说公有理，婆说婆有理"，责任不清，是非交叉，调解起来费时间、耗精力、伤脑筋，甚至"吃力不讨好"，如果没有耐心细致的精神，是无法胜任这项工作的。

由于基层司法工作条件较差、报酬微薄，使得部分基层司法工作人员放弃原则，只顾经济效益，弱化调解，鼓动当事人诉讼，以便收取费用。作为一名优秀的基层司法工作人员，应把调解优先原则放在首位，同时要坚持以下原则。

①法制原则。"以事实为依据，以法律为准绳"是我国司法工作总的指导思想。基层司法工作人员也应尊重事实、忠于法律，严格按照有关法律的规定公正处理纠纷。而不能根据自身的一些土政策、土法规剥夺当事人的合法权益，破坏国家法制统一。

②建议原则。基层司法工作人员是居中调解处理有关民间纠纷。在工作中，应给有关当事人提供建议，在当事人同意的情况下参与其事，而不能强行介入，发号施令。

③保密原则。基层司法工作人员在调处纠纷过程中，可能会接触或掌握一些私人或企业的秘密，不得随意泄露；否则，不仅影响基层司法工作人员的信誉，而且还可能因毁坏他人名誉或侵犯商业秘密而承担民事、刑事责任。

三、基层司法工作人员职业道德完善

要完善基层司法工作人员的职业道德规范，就必须了解基层司法工作人员违反职业道德的具体表现，同时分析其产生原因，从而寻求一种合理的解决方法。

当前，基层司法工作人员违反职业道德行为的表现形式除与其他法律职业者反职业道德的行为有共性外，还有以下几种：①擅立"土政策"，剥夺当事人合法权利；②犯有"调解三忌"，在工作中缺乏原则性和负责精神。调解工一忌职责不清，二忌调查不深入，三忌调解不彻底；③只重经济收益，忽视社会效益，在法律服务上"一切向钱看"；④利用职权，谋取私利。以上违反基层司法工作职业道德的行为，虽然只发生在个别人身上，但就其性质和危害来说是很严重的：①破坏了国家法制的统一。"土政策""土规定"不仅对当事人合法权益的非法剥夺，与人民司法为群众服务、保护人民合法权益的宗旨相背离，而且是对国家法制和政令统一的一种直接破坏，还造成了执法上的混乱，破坏了执法的正常

秩序。②易于激化矛盾、危及社会稳定。基层司法作人员处于第一线，活跃在群众之中，其工作成效如何，直接关系到国家的稳定和社会的安宁。如果工作不讲原则，不讲工作质量，不讲工作效果，就可能造成一些严重危害，如激化矛盾、增加社会不安定因素、破坏社会秩序等。③损害政府形象，败坏基层司法工作人员的声誉。在广大群众看来，基层司法人员是代表政府、代表上级工作的。群众对他们的尊重是出于对党和政府的尊重。少数人违反职业道德，为群众所痛恨，就可能破坏我们党和政府与人民的血肉联系，妨碍司法工作的正常开展。

基层司法工作人员违反职业道德有其客观原因和主观原因。客观上，①调解人员队伍老化，文化素质较低。多年以来，基层调解人员注重从年龄大、辈分高、有威望的老同志中选择。他们凭借自己经验足、威望高、辈分长等优势，在调解矛盾中起到了重要作用。但是由于年龄的老化、观念的陈旧等原因，不能及时更新观念，不能了解掌握由于社会制度改革、市场经济的发展、民众整体素质的提使矛盾纠纷呈现出的多样化、复杂化和高智商化的特征。一些老调解员往往难以理解和接受新事物、新观念，缺乏寻求调解纠纷技巧和方法的精神。当今社会，由于信息灵通、交通方便、交往广泛，矛盾纠纷的突发性较高，若处理不及时，极易酿成恶性事件。②受经济大潮的冲击，少数调解组织名存，实亡。③调解达成的协议效力不明确，影响调解人员的积极性。主观上则是缺乏为人民服务的精神，以及没有认清调解工作在维护社会稳定中的重要地位和作用。

基于上述分析，要提高基层司法工作人员职业道德水平应从以下几个方面着手。

1. 加强基层司法工作制度建设，构建基础性行为规范。通过加强基层司法工作的制度建设，使基层司法工作人员被动地遵守所设定的道德规范，这是最主要的道德他律机制。根据伦理学理论，外在强制性约束是道德实体论的范畴，尽管它是低层次的、不完善的，但当整个道德自律体系匮乏时，通过其惩治效力往往能达到道德自律的效果，而且对于遏制一些最不能为公众所容忍的行为(如贪污、受贿、官僚主义等)能起到关键作用。由此，可行的做法是：健全法制，制定可操作的行为守则(如价值观、道德规范、责任、义务和限制的规则、告示等)；公众的参与和监督(如公众投诉与举报、新闻界的积极参与等)。

2. 提高基层司法人员的文化素质和业务素质。由于历史的原因，基层司法工作人员队伍老化，文化素质较低的现状，已不适应新时期基层司法工作的需要，当务之急是要选派一些年富力强、文化水平高的司法人员到基层工作，提高整个基层司法队伍的文化素质。同时要提高基层工作人员的业务素质，特别是在目前改革开放，市场经济建设迅速发展的新形势下，信息灵、交通便、交往广，流动大的情况下，如果基层司法工作人员没有很高的业务素质，便难以处理好出现的纠纷，甚至会出现由于好心而产生的违反职业道德的行为。

3. 注重基层司法工作人员的职业道德教育和培养。职业道德教育和培养是一项常抓不懈的工作，不能仅仅限于职业道德规范条文，如果仅限于此，往往会出现对规范和条文视而不见的情况，因而加强职业道德教育，提高道德水平才是根本。①要提高基层司法工作人员对职业道德的认识，使基层司法工作人员认识和领会基层司法道德的原则、规范的内容、意义及其重要性，并指导自己的言行，陶冶基层司法人员的道德情操。②培养基层司法人员的基层司法道德的意志，只有培养出坚强的道德意志，才有可能不碰到阻力，碰到压力时坚忍不拔、持之以恒地履行自己的道德责任。③确立基层司法职业道德信念，基层司法工作人员要在工作中表现出一种乐于履行义务的道德认识和态度。④要养成基层司法职业道德的习惯，这样才能使基层司法工作人员自觉地、无意识地遵从基层司法职业道德的要求。

第四节 行政执法人员的职业道德

一、行政执法工作概述

（一）行政执法工作概况

行政执法是我国法治建设中迫切需要解决的重要问题。1993 年颁布的《国务院关于加强政府法制工作的决定》中特别强调要切实加强行政执法工作。经过多年的发展，行政执法工作在制度建设方面取得了一定的成果，但还需要不断摸索和实践。行政执法责任制是成果之一，1988 年河北省辛集市率先提出行政执法责任制，此后，一些地方政府也在这方面进行了有益的探索和实践。1996 年《中华人民共和国行政处罚法》在实施的过程中，各地纷纷采用"执法责任制"作为贯彻《行政处罚法》的配套措施。党的十五大报告中明确指出："一切政府机关都必须依法行政，切实保障公民权利，实行执法责任制和评议考核制，保证各项工作都依法进行，逐步实现社会主义民主的制度化、法治化。"党的十六大报告进一步提出：要加强对执法活动的监督，推进依法行政，维护司法公正，提高执法水平，确保法律的严格实施。维护法制的统一和尊严，防止和克服地方和部门保护主义。同时，国务院在《关于全面推进依法行政的决定》中，也提出：要积极推进行政执法责任制和评议考核制，不断总结经验，充分发挥这两项相互联系的制度在行政执法监督中的作用。行政执法责任制的产生推动了行政执法人员向职业化迈进的门槛。然而，行政执法责任制毕竟是一个新生事物，它的产生和发展经历了一个由下而上，再由上而下的过程。其作用究竟如何，还有待实践去证明，诚如一学者所言："行政执法责任制作为一种制度创新，在近年来的探索实践过程中，既没有规范化的模式供人遵循，也没有现成的经验可资借鉴，只能通过加强这方面的理论研究和深入探讨，认真总结和归纳各地近年来推行行政执法责任制的实际做法和典型个案，才能找到健全和完善行政执法责任制的有效良策。"

对行政执法的认识，到目前并没有统一的定论。有学者认为，行政执法是指行政机关按照法律、法规、规章的规定，对相对人采取的具体直接影响其权利义务，或者对相对人的权利义务的行使和履行情况直接进行监督检查的行政行为。而现在，行政执法赋予了新的含义，"行政执法概念应是指行政机关依法对社会进行管理和服务的活动。"即强调行政执法既是一种管理，同时又一种服务。无论前者还是后者，有一点是趋同的，即行政执法是具体行政行为。行政执法行为主要有七大类，分别是行政检查、行政许可、行政奖励与行政物质帮助、行政征收、行政合同、行政处罚、行政强制。行政执法的范围涵盖了公安、交通、工商、税务、环保、建设、技术监督、海关、文化、教育、卫生、劳动、新闻出版等诸多行政领域。

(二)现阶段行政执法的问题

1. 行政执法权缺乏制度保障。具体表现为：①设定行政执法的主体混乱。行政执法设定权被随意行使，许多没有行政立法权的行政机关在不同程度上行使着行政执法设定权，甚至在无法律授权的情况下也随意规定行政执法权。②突破法定幅度或有意钻法律空子自立执法标准。③规定行政执法的法律文件缺乏统一的规范形式。④各种规范性文件冲突、抵触严重。⑤立法权不清。由于没有统一的法律对各设定执法权机关的权限范围、设定程序等问题上作出明确详尽规定，导致目前各行政机关随意设定执法方式、幅度和范围，交叉设定、越权设定等现象严重。⑥设定执法权内容不科学，操作性差。⑦缺少对行政执法设定权的有效监督手段。

2. 执法不严。行政执法机关和执法人员在执法过程中，考虑到与执法对象的种种利害关系，对执法对象不执法或偏轻执法；或是以罚代法，只要执法对象交了罚款，就一切畅通无阻，非法的不予取缔，违法的不予纠正，其他责任也不予追究。

3. 执法不公。行政执法机关对被执法人没有采取一视同仁的政策，而是区别对待被执法人，造成行政执法显失公平；行政执法机关没有站在公正的立场了解必要的事实真相、查明事实并收集相关证据；行政执法机关在作出影响权利享有权益的行政执法决定时带有明显偏见。

4. 越权执法。行政执法机关及执法人员超越职务权限执法；超越地域范围执法；超越法律、法规规定的范围执法。实践中许多没有行政执法权的单位和人员却行使行政执法权，执法机关为争夺执法管辖权，互相争执，摩擦时有发生。

5.滥用执法权。滥用执法权是指行政执法机关及其执法人员在自由裁量权范围内不正当行使行政执法权而达到一定程度的违法行为。滥用执法权表现为不正当地行使行政执法权。美国学者认为滥用自由裁量权有六种情形：①不当的目的；②错误的和不相干的原因；③错误的法律或事实依据；④遗忘了其他有关事项；⑤不作为或迟延；⑥背离了既定的判例或习惯。⑦这一观点对于认定执法权是否被滥用具有一定的参考价值。

6.粗暴执法。在行政执法中，行政执法机关及执法人员不按照法定程序调查、取证，不听相对人申辩，不说明处罚理由，采取暴力方式执法，侵犯相对人的合法权益；或是不当或违法使用执法工具，损害相对人的合法权益。

(三)加强行政执法人员的职业道德建设

行政执法中暴露的诸多问题反映了我国目前的行政执法职业道德建设状况还不尽如人意。一方面是理论上缺乏系统的研究和总结；另一方面，实践中行政执法部门也没有对行政执法人员的职业操守做统一的规范和要求，亦缺乏强有力的监督制约机制，从而导致行政执法人员职业道德规范的缺失和漠视。针对这些问题，有学者提出了具体对策，其中一条是实现执法人员的培训制度化、法治化、任职资格规范化，以提高执法人员素质，提高行政执法水平。我们认为，加强行政执法人员职业道德建设是实施行政执法责任制的基础性工程。行政执法工作成效如何，拥有高素质的执法队伍至关重要。由于行政执法人员是法律实施的具体操作者，手中权力大，这决定了他们必须具有高于一般公民的道德素质。然而，当前的行政执法队伍中，个别执法人员的业务素质和法律素质还达不到要求，这样的人员上岗执法，难免出现对案件定性不准、运用程序或运用法律不当的现象。因此，要落实行政执法责任制，首先要把好行政执法队伍职业道德建设这一关。

二、行政执法人员职业道德的内容

我们不能简单地将行政执法人员归入到公务员行列。行政执法人员除了具有公务员身份以外，更多的是法律的实施者即执法者，法律职业的特征虽不完全从行政执法人员的身上体现出来，但这一职业与法律因素的密切联系决定了行政执法人员在职业定位中更具法律职业色彩。行政执法人员在遵守公务员行为规范的同时，作为执法者应具备的职业道德同样不可忽视。由于当前的行政执法工作覆盖的行政领域非常广泛，使得行政执法具有明显的部门性特征，行政执法者因行政部门的不同而在职业道德方面存在一些差别，例如，城管执法人员与工商税务执法人员的职业操守就存在差异。综合来看，各个行政执法部门的执法人员应共同遵守的职业道德规范主要包括以下内容。

(一) 坚持合法性，兼顾合理性

合法执法是指行政执法机关及其执法人员的执法活动必须有法律的依据，符合法律的规定，不得与法律相抵触。就行政执法人员而言，合法性包含以下几层意思：①实施行政执法行为的人员必须是通过合法的途径获得对外行使行政执法权力资格的人员；②行政执法权限范围要合法，即行政执法权所涉及的广度和深度要合法；③行政执法的内容要合法，行政执法人员严格按照法律的规定来处理公民和组织的权利义务，无论是赋予权利还是限制或剥夺权利，无论是设定义务还是减免义务，都应当符合法律的规定，不得违背法律或者与法律规定相抵触；④行政执法的程序要合法，行政执法人员应严格遵守行政程序法律规范，按照法律规定的步骤、顺序、方式和时限实施行政执法活动。

由于行政管理和行政执法的广泛性、复杂性，立法机关不可能通过严密的法律规范完全规范和约束行政执法行为，因而不得不在事实上和法律上承认行政执法机关具有一定程度的行为选择权，即自由裁量权。如果行政自由裁量权被滥用或行政裁量显失公正，行政法治的公正必将遭到破坏，基于此，为了让执法人员更好地在法律范围内运用好自由裁量权，使其执法活动忠诚有效地体现法律内容和法律意义，强调行政执法合理性就显得尤为重要。历史经验告诉我们，"任何拥有权力的人都易滥用权力，这是万古不易的一条经验"，不受制约的权力必然走向腐败。行政执法人员应从四个方面来核照合理性的实现状况：①执法行为的动因应符合行政的基本目的；②执法行为应基于正当的考虑；③执法行为的内容要客观、适度、符合理性；④执法行为可能对行政相对人的权益造成不利影响的，除法律规定的特别情形外，应于事前在合理的时间内通知行政相对人，向其说明行为的根据和理由，并为其提供陈述和申辩的机会。

(二) 秉公执法，兼顾效率

秉公执法是指行政执法人员坚持国家利益和人民利益至上，不为私人利益而违法，执法不讲私人情面，不以权谋私，在执法过程中追求公平和正义，维护法律尊严。由于地缘关系和人缘关系的客观存在，行政执法人员在执法过程中不可避免地会遇到说情者，一些与行政相对人有关的家属、亲友、领导、同事、同学、同乡，只要相对人感到能出面为自己说上话的人，相对人就会千方百计地让他们到行政执法机关及执法人员那里说情，以达到预期目的或不了了之。要做到公执法，就必须保证：①行政执法程序公开公正。行政执法程序是关于行政执法行为的方式、步骤及其实施的规范。程序公正主要通过回避程序、合议程序、告知程序、调查程序等程序制度来体现和保障，以规范公共权力的行使，避免行政执法人员过多地"自由裁量"，甚至随心所欲。②执法行为公开公平。行政执法

人员应充分考虑到各方面的利益关系，不偏颇、不疏漏，并且注重行政执法过程中公平对待，做到动机和过程的双重公平，同时，在执法过程中，不分身份职务高低，都应人人平等，一视同仁。③思想观念公正。执法人员要时刻铭记自己是政府形象的代表，是公正的守护者，不徇私情，敢作敢为，以正压邪，以成熟的心智杜绝公私不分、徇情偏私、拉关系走后门、托熟人等不公正思想和行为。刚正不阿是行政执法人员在行政执法工作中刚强正直，坚持一切公民在适用法律上一律平等和依法独立行使行政执法权的法治原则，不管行政相对人是谁、遭遇何种阻力和干扰、面对何种权势和压力，也不管在什么环境和条件下，都不屈从、不迎合、不偏袒、不附和、不讲情面、不避艰险、不怕牺牲，矢志不渝地依法办事，维护国家和人民的利益。

秉公执法、刚正不阿、铁面无私是评判行政执法人员职业道德水平的试金石。

当然，秉公执法的同时，还要兼顾效率。有学者指出，"我国传统行政执法中，以合法原则、合理原则、权责相适应原则、公开原则、接受监督原则等作为指导，而忽视了行政法中的效率原则。"效率原则就是指在行政执法活动中应遵循法律的规定，追求行政执法成本的最低化，尽力扩大行政执法的社会效果或增加社会效益。行政执法的效率原则实际上体现了行政执法程序的正当。对于行政执法人员来说，强调效率就是要提高工作效率降低执法成本，及时完成工作指标，减少无故拖延、重复，从而达到预期执法目的。秉公执法能否兼顾效率，关键还要看执法人员能否做到以下四点：①坚持依法独立行使行政执法权，把外部环境对执法的干扰降到最低限度；②执法意图符合民意从而使行政执法获得最显著的效果；③克服行政执法畏难心理，正确对待行政复议、行政诉讼、行政赔偿等制度；④坚持行政时效原则和行政法及时性原则，保证行政执法有效性。在行政执法过程中，当公正和效率发生冲突时，应首先考虑公正，秉公执法为本，同时兼顾效率。

（三）公开透明，权责一致

公开透明是指行政执法人员在进行执法活动的过程中，除涉及国家机密、职业秘密或个人隐私外，执法内容应当一律向行政相对人和社会公开。只有将行政执法机关及执法人员的执法活动纳入社会公众的广泛监督之下，才能有效防止行政执法权被滥用或徇私舞弊。行政执法的公开透明度体现在四个方面：①行政执法人员行使执法权的依据必须公开，即行政执法行为所依据的规范性文件必须向社会公布；②执法信息要公开。在行政执法行为中，特别是行政处罚过程中，行政执法机关及执法人员应根据行政相对人的申请，及时、准确地向其供所需的信息和资料，除非法律有不得公开的禁止性规定，如果有，应说明理由；③行政执法过程要公开。执法过程公开是指行政执法过程中的决定或影响行政相对人合法权利和义务的阶段对外公开，让行政相对人有参与或了解的机会；④执法决定要公开。行政执法人员对行政相对人的合法权益作出有影响的决定，必须向行政相对人公开，从而使其能够获得行政救济的机会。实践中某些部门的做法可供借鉴，如"五公开"，即公开执法依据、公开办事程序、公开收费标准、公开执法人员、公开举报电话。

权责一致，是指行政执法人员的职权和职责要相统一。强调权责一致主要包括三个方面内容：一是职权的行使与责任的承担要一体化。二是职权与职责要成比例，即职权越大，职责越多，责任越重；职权越小，职责越少，责任越轻。职责与职权是一种正比例关系。三是职权与职责要有互见性，即责任的承担是以隐含着职权的赋予为前提的，拥有职权，才能承担责任。行政执法人员一定要明确责任不能发生错位；否则，只享受权力不承担责任就会导致权力的滥用；有重大责任而无相应权力则会无法承担责任。

（四）文明执法，以礼待人

文明执法，以礼待人是指行政执法人员在行政执法活动中以大公无私的胸怀对待职权，文明办案；以忘我奋斗的精神对待工作，以诚恳的态度对待执法相对人；举止端庄，礼貌持重。具体而言，主要包括以下几点：①行政执法人员在执行公务时要着装整齐，佩戴标志，出示证件。佩戴标志、出示证件是行政执法人员执行公务时，向行政执法相对人表明身份、接受监督的有效形式，是行政执法不可缺少的程序。如果行政执法人员在执行公务时没有佩戴标志，也不向相对人出示证件、说明理由，或者在执法过程中态度生硬，行为不够文明，那么，当执法后果对相对人的切身利益产生影响时，相对人极易与行政执法人员发生冲突，甚至会鼓动一些不明真相的群众起哄、围攻、殴打行政执法人员，这些不良后果必将导致政府威信受损。因此行政执法人员要对佩戴标志、出示证件执行公务引起高度重视。②重证据，杜绝粗暴执法。行政执法机关和执法人员在执法过程中要特别重视证据的作用，增加调查取证意识，提高调查取证水平，丰富调查取证的方法和手段，除采取一般性的调查笔录、搜集物证以外，还可采取抽样取证、证据先行登记保存、现场勘查等，只有强化调查取证的综合能力，才能确保案件事实清楚、证据确凿，让执法相对人心服口服。执法人员在执行公务中绝不能凭想象、凭猜测简单、粗暴地执法，杜绝随意打骂、刁难行政执法相对人，让事实说话，用高尚的品格塑造执法者的正义形象。③执法人使用执法工具要规范化。目前我国规范行政执法的法律规范中虽没有行政执法工具的概念，但客观上它的使用能够对相对一方当事人权益产生影响，应该引起行政执法者的高度重视。国内有学者对行政执法工具的规范化做过系统研究，指出："行政执法工具的规范

化程度反映了一国行政执法的文明程度。在粗暴执法的概念之下，往往是行政执法工具的不合理使用，而在文明执法的概念之下，则是行政执法工具的合理化运用。"行政执法工具的规范化通过以下控制手段来实现：①使行政执法工具的使用制度化；②使行政执法工具与行政主体的职权对应化；③使行政执法工具的运用程序化；④使行政执法工具的不当使用责任化。

（五）廉洁自律，维护形象

廉即不贪不占，不以权谋私利；洁即洁身自好，守身如玉，品行高洁。自律即自我约束，能够将"被动行为"转化为"自觉行为"，使外在的"推动力"转化为内在的"自动力"，从"要我做"到"我要做"。自律相对于他律，需要更高的道德境界。执法人员要增加律己的自觉性，重在"四慎"：①慎权，即权力意味着责任，权力越大，责任越大；权力越大，越要为完成使命作出牺牲；权力意味着党的信任和人民的期望，权力越大，越要为党和人民多做工作。执法人员必须正确认识手中的权力，谨慎用好手中的权力，严格管住手中的权力。②慎欲，即自觉地节制个人的欲望，洁身自重。③慎微，即要求不放纵所谓的小问题，做到防微杜渐，尽可能少犯错误，甚至不犯错误。④慎独，即一个人在单独处事时非常谨慎，能够自我约束和规范自己的言行。要做到"四慎"，没有敢于"吃亏"、敢于"吃苦"的勇气，没有持之以恒、坚忍不拔的毅力万万不可。执法人员是否廉洁自律，直接关系到党和政府的威望与影响力，关系到人心向背和社会稳定等重大政治和社会问题。公生明，廉生威，是亘古不变的处政要理。

行政执法人员要做到廉洁自律，必须时刻自省、自警，从小事做起，从身边事做起。如质量技术监督部门要求行政执法人员严格执行"十不准"规定：①不准参加可能影响公正执行公务的宴请和营业性娱乐活动；②不准在执法时购物或者在购物时执法；③不准以言代法和提出与执法检查无关的要求，严禁执法中的随意行为；④不准收受礼品、礼金和各种有价证券，严禁索要和低价购买产品；⑤不准试用、借用行政相对人的产品；⑥不准擅自改变行政处罚种类、幅度和违反法定的处罚程序；⑦不准以收代罚，以罚代纪和以罚代刑；⑧不准私自处理、留置罚没财物和抽检的样品；⑨不准替行政相对人说情和包庇、纵容违法行为；⑩不准对行政相对人刁难和打击报复。这些规定对其他行政执法领域的行政执法人员也有借鉴意义。执法人员只有严格遵守廉政规定和财经纪律，自觉接受社会监督，才能更好地维护执法者的良好形象。

三、行政执法人员职业道德的完善

当前，我国的法律体系中，约有80%以上的法律、法规是由行政执法机关执行的。可见，行政执法的地位举足轻重，而这些法律、法规、规章都要靠行政执法人员去实现，一旦行政执法人员的素质达不到执法工作的要求，行政执法工作就会陷入"散""乱""难"，依法行政只能成为一句空话。因此，加快行政执法人员的职业道德建设成为当务之急。

1.顺畅行政执法体制。行政执法体制不顺，结构不健全，缺乏训练有素的执法人员，是导致目前存在行政执法问题的一个重要原因。要改变这种状况，就应大力推行执法责任制。行政执法责任制的核心是责任及责任承担的相关机制，其特征是强调行使行政职权的权力与遵守行政权力运行规则的义务的一致性，其途径是分解职责，量化考评指标，确定相应责任，通过制度化的外在强制力和评议考核的激励机制促使行政执法中自我约束、自我规范的内在机制的形成，并将提高行政执法水平，规范行政执法行为这种客观要求转化为主观上自觉的意志行动。行政执法责任制突出的责任色彩赋予行政执法人员较大的职业风险，这种潜在的压力有助于抵制那些德性差、素质低、存心混日子的人员渗进执法队伍。行政执法人员承担的责任分为三类：①行政责任，即行政执法人员因不当违法行政行为承担行政处分，如警告、记过、除名等；②经济责任，即根据《中华人民共和国国家赔偿法》(以下简称《国家赔偿法》)的规定，行政执法人员，应承担行政损害赔偿的追偿责任；③刑事责任，即行政执法人员在行政执法过程中触犯刑律，如贪污、受贿、渎职等，应当依法承担刑事责任。

2.严格规范行政执法人员的"入口"。进入行政执法队伍的人员要具备四个条件：①思想品德素质合格，因为行政执法是代表国家，其执法的后果由国家行政机关承担，执法的好坏直接影响着党和政府的威信，也关系到政府管理目标的实现和社会的稳定，因此，必须首先强调入选者要具有良好的政治素质和思想道德品行。②业务素质合格，行政执法大多是执法人员直接代表政府或政府的某一部门进行执法活动，这就要求执法人员必须具备从事该职能所应具备的专门业务知识，而不能滥竽充数，不懂装懂。③法律素质合格，即不仅要知晓基本法律知识，还要熟悉专业法律知识。基本法律知识是指宪法、法学基础理论、行政处罚法、行政诉讼法、国家赔偿法、行政复议法等法律知识。由于行政执法涉及甚多行政部门，每一个部门又都有其专门的法律、法规，因此熟悉本部门、本系统的专门法律知识亦是执法人员上岗执法的必备条件。④身份合格，行政执法人员必须是按照我国《公务员暂行条例》规定，属于在编的行政机关工作人员，或者按《中华人民共和国行政处罚法》规定由法律、法规授权或者行政机关依据法律、法规的规定委托的具有管理公共事务职能的组织的人员。这四个条件缺一不可，须同时具备，只有严把"入口关"，才能有效提高行政执法人员的整体素质。

3.积极推行行政执法人员的培训制和淘汰制。培训分为上岗培训和年度轮训。上岗培训是指每个执法人员必须经过岗前培训，经考试合格后方能取得行政执法证。上岗培训的内容主要是职业道德和职业规范、基础法律知识和专业法律

知识以及专业业务知识等。培训不能走过场，政府法制部门应建立统一的培训考试制度，建立培训基地，确保统一授课、统一内容、统一考试，并建档保存。年度轮训是指行政执法部门根据需要对行政执法人员进行年度短期培训，以确保执法人员能迅速适应执法环境的不断变化，掌握新动向，熟知新法律、新法规，从而寻求新对策。每一个执法人员必须充分认识到执法过程就是宣传法律法规、宣传法治思想的过程，尤其是要让行政相对人了解你所要执行的法律法规，要不厌其烦地向行政相对人做耐心细致的解释工作，取得行政相对人的配合，才能取得良好的执法效果。淘汰制的推行有助于将那些素质低、考核不合格、不适应执法岗位的人员淘汰出执法队伍，把新生力量及时补充上来。

4.加大对行政执法人员的监督力度，从机制化的角度完善行政执法责任监督制，形成对执法主体、违法责任人员全方位多层次的监控体系。我国现在虽已建立了内外结合、上下结合的行政执法监督体系，但总的来说，对行政执法的监督制约仍缺乏力度，效果有限。当前要使监督机制具有可行性和操作性，就应将各项监督制度细则化、具体化，将专门机关的监督与行政相对人的监督结合起来，形成公民的广泛参与机制。只有社会公众经常的广泛参与，才能有效实现人民群众对行政执法人员执法行为的监督；同时，有利于增强全体执法人员对行政执法的责任感和使命感。

总之，行政执法人员职业道德规范的完善有赖于全社会的共同努力，只有切实提高行政执法人员的依法行政水平和职业道德观念，提高他们对法律的理解能力，按法定程序办事的能力以及对执法理论的实际应用能力，不断强化行政执法人员的思想政治教育、职业道德教育和专业知识培训，弘扬秉公执法光荣、徇私枉法可耻的职业观，努力造就一支政治过硬、作风正派、业务精通、纪律严明、执法公正的行政执法队伍才是希望所在。

本章思考题

1.公证员职业道德规范有哪些内容？

2.仲裁员职业道德规范有哪些内容？

3.简述仲裁员违反职业道德的原因及完善措施。

4.基层司法工作人员应遵守哪些职业道德？

5.行政执法人员职业道德规范有哪些内容？

第九章　法律职业责任

法律职业责任是法律职业人员违反有关法律和道德规范所应承担的法律责任和道德责任的总和。法律职业责任涉及的要素和关系非常复杂，研究法律职业道德不能抽象地研究一般伦理道德规范，还必须结合职业责任来考虑如何实施职业伦理道德规范。如果把法律伦理规范看作是实体规范，那么法律职业责任规范就是保证职业伦理规范实施的程序规范。由于伦理规范和法律规范存在错综复杂的关系，使得法律职业责任规范显得相对复杂。由于不同的法律职业人员有着不同的道德规范，因此职业责任规范也存在较大的差别。因此本章从一般意义上分析法律职业责任的基本理论问题。

第一节　法律职业责任概述

一、法律职业责任的内涵和特征

(一) 法律职业责任的内涵

广义上的法律职业责任是法律职业人员违反有关法律和道德规范所应承担的责任，包括法律责任和道德责任。狭义上的法律职业责任则限于法律责任，包括刑事责任、行政或纪律责任、民事责任等，这种责任是具有明确的规范形式的责任。而道德责任是抽象意义上的责任，以非规范形式反映出来，比如舆论的谴责、同事的谴责、良心的谴责等。"人和其他生物之间的一个重大区别在于，只有人才能对他们所做的事负起道德上的责任。"法律职业责任的范围比较广泛，既包括职务内的活动，也包括职务外的活动，在职务外活动中的道德责任更为明显。西方伦理学界有一种关于道德责任的理论称为"墓石观"，"表扬某个人可以说构成了这样一种判断，即在他的'人生墓石上有一种'信誉'，或者在他的'人生报告卡'上有一个肯定的标记，或者在他的'作为一个人的记录中'有一道光彩；他的记录已经被'磨出了光彩'；他的'道德地位'得到了'提高'。谴责某个人则可以说构成了下面这种判断，即在他的'墓石'上有一种'耻辱'或'损害'，或者在他的'报告卡'上有一个'否定'的标记，或者在他的'记录'中有一个'瑕疵'或'污点'；他的'记录'已经'失去了光彩'；他的'道德地位'已经'降低'了。

如果某个人应该受到表扬，就是说，如果在他的墓石上有一种'信誉'（等）这种判断是正确的或符合事实的，他就是值得表扬的。如果某个人因该受到某种谴责，就是说，如果在他的'墓石'上有一个'污点'（等）这种判断是正确的或符合事实的，他就应该受到谴责。"本章对法律职业责任的分析不包括这种抽象意义上的道德责任，而是把法律职业责任看作是一种规范责任。

（二）法律职业责任有以下几个特征

1. 法律职业责任承担的主体是具有法律职业资质的执业人员，主要是法官、检察官、律师、公证员等法律职业人员，在特定情况下这种主体也可能延伸法律职业人员所在的法律组织。随着现代组织机构的不断发展和完善，单位和组织在现代伦理学中也逐步被看作是承担责任的主体。在我国，法律职业人员所在的单位对于其法律职业人员的违法或违反纪律规范的行为在一定条件下要承担责任。把法律职业人员的责任与法律组织联系起来，其主要目的是强化组织在伦理实施中的作用。我国《律师法》中关于律师民事责任的规定，就体现了这样的原则。

2. 法律职业责任必须是违反法律规范或纪律规范的行为。法律职业人员对该行为的发生主观上有过错，包括故意或过失，且该行为在客观上造成了危害性的后果，这种后果不仅局限于对当事人造成危害，而且直接影响法律职业的整体利益。法律职业人员的行为只有构成违法或违反职业道德的纪律行为时，才可以承担相应的责任。

3. 法律职业责任发生在职业活动过程中或职业外影响职业价值本身的活动。一般地，法律职业责任主要发生在职务内的活动，比如，法官在审判案件过程中徇私舞弊的行为，就是职务活动内的违法行为，而法官在职务外发表针对有关生效判决的不恰当的评论，或进行与职务活动格格不入的经营性活动，也要承担相应的责任。

4. 法律职业责任的承担必须有相应明确的法律规范或纪律规范或行业规范作为依据。只有法律或纪律规范对法律责任作出了明确的规定，法律职业人员在职业过程中对于自己的行为才可能进行有效地约束，而如果突破了伦理或法律的底线，就有可能为此付出代价，承担责任。可以说，法律职业道德规范具有一定的模糊性，但是法律职业责任规范则必须是明确的。因为只有明确的责任规范才有可能得到有效地落实。

5. 法律职业责任制度的实施是以国家强制力作为保障。对于法律职业人员责任的追究是由国家法定机关或其他国家授权的机关来具体实施的，非法律规定的其他机构、组织或个人都无权对法律职业人员行事追究职业责任的权力。

6. 法律职业责任的追究必须严格按照法定的程序进行。对违反法律和纪律规范、道德规范的法律职业人员需要追究责任的，必须按照国家相关的法律、规定的程序进行。对法律职业人员责任的追究要贯彻公开、公正和权利救济的原则。

二、建立完善的法律职业责任制度的意义

1. 建立和完善法律职业责任制度是体现社会公平、完善国家法制的需要。西方的《圣经》中有一句话："我们知道法律体现着正义，但这也要人能正确地运用它。"如果法律职业人员的职务行为缺乏强制性规范措施，法律职业伦理就不可能被广泛地遵守，国家法律也就不可能得到有效地实施。法律职业的权力、权利很大程度上来源于国家，法律职业人员必须遵守国家的法律，职业权力、权利的运用必须有利于整个国家和社会，任何滥用法律职业的权力、权利，给国家、社会、当事人造成损害的都必须承担法律上的责任。建立法律职业责任制度体现了《中华人民共和国宪法》所确立的法律面前人人平等、权利和义务相一致的原则。这项制度的建立构成了我国社会主义法律制度不可分割的组成部分，对完善社会主义法制具有十分重要的意义。

2. 建立和完善法律职业责任制度是规范法律职业人员行为、促进法律职业人员勤勉敬业、维护法律职业的整体形象和职业声誉的需要。法律职业责任制度的许多规范属于强制性制裁规范，因此对于促进法律职业人员认真履行法定职责，促使法律职业人员提高敬业意识、自律意识，对提高司法工作和法律服务的质量和水平具有积极的促进作用。由于法律职业与国家各种权力和各种复杂的社会利益关系密切，如果对法律职业人员缺乏强制性的责任规范加以规制，仅靠法律职业人员的自律，一些法律职业人员就可能利用国家的司法权力或国家赋予的其他职权谋取不正当的利益。如果没有法律职业责任制度做保障，就很有可能使法律职业偏离其服务国家和社会公共利益的本质属性，破坏法律职业正常的职业秩序，从而影响法律职业的健康发展。

3. 建立和完善法律职业责任制度是更好地维护国家利益和当事人合法权益的需要。法律职业中法律职业人员维护国家利益和当事人利益是法律职业制度中的核心问题。维护国家利益和当事人的正当权益是法律工作的最终目的。在法律执业活动中，法官、检察官代表国家和人民行使裁判权、检察权，律师则是在其当事人授权的范围内行使辩护权或代理权，这些权力和权利的行使都必须严格按照法律规定的程序进行。如果法律职业人员不依照法律规定或有关协议的内容履行其职责而疏于懈怠，或因自身过错而给国家或当事人的权益受到不应有的损失，就应当承担相应的法律责任。如果不建立完善有效的法律职业责任制度，特别是法律上如果没有规定完善的对法律职业人员责任的追究制度，缺乏对国家和事人受损权益的补救措施，那么就体现不出权利和义务相一致的原则，国家利益和当事人的合法权益就不可能得到切实有效的保障。有了完善的法律职业责任制度就可以促使法律职业更好地履行职责，更好地维护当事人的合法权益。

4.法律职业责任规范与法律职业道德是相辅相成的。法律职业道德规范的首要目标是促使法律职业者的自律，但这种自律如果在没有外力监督和制约，法律职业道德规范的作用就会显得苍白无力。法律职业责任制度正是制约机制中的一个重要环节。法律职业道德规范是法律职业者内在与外在统一的行为规范。道德行为的外在性要求以相应的责任作为保障，仅有道德规范而没有责任规范是不完整的。法律职业道德规范是法律职业最基本的行为规范，违反法律职业道德不一定违反纪律，违反行政法规不一定构成民事责任、行政责任或刑事责任，但是，构成民事责任、行政责任和纪律责任的行为，都是违反法律职业道德的行为。法律职业道德的实施决定了必须有职业责任与职业道德相对应，而法律职业责任是律职业道德的根本保障。总之，法律职业责任与法律职业道德在实践中是相辅相成的，缺一不可。

三、法律职业责任的分类

根据不同的标准，法律职业责任可以有不同的分类。根据承担责任主体的不同，法律职业责任可以分为法官职业责任、检察官职业责任、律师职业责任等；根据责任承担的方式不同，法律职业责任可以分为刑事责任、行政责任、民事责任、行业责任；根据确立责任的依据不同，法律职业责任可以分为法律责任和道德责任；根据有无强制性，法律职业责任可以分为强制性责任和非强制性责任，非强制性责任就是一般所说的道义责任；根据责任的来源，法律职业责任还可以分为客观责任和主观责任，客观责任源于法律、组织机构对法律职业人员的期待或要求，主观责任源于法律职业的个体对自己所从事的职业的忠诚、信仰、良知，在实践中，客观责任和主观责任在一定条件下会发生冲突。

司法实践中，人们习惯上是根据责任承担的方式对法律职业责任进行分类。比如律师违反了《律师法》有关惩戒制度的规定，我们就会从行政责任的角度考虑他应当承担何种责任。以下对法律职业人员的刑事责任、行政责任、民事责任和行业责任做简单的分析。

1.刑事责任

法律职业人员的刑事责任是法律责任主体严重违反职业义务，构成犯罪时对国家所承担的最为严重的惩罚性后果。根据《中华人民共和国刑法》规定，法律职业人员在从事法律职业的过程中，触犯刑事犯罪的，要承担刑事责任。法官、检察官涉及的职务犯罪的有贪污罪、贿赂罪、滥用职权罪、玩忽职守罪、泄露国家秘密罪、徇私枉法罪、枉法裁判罪等。法官、检察官的行为构成犯罪的，依照刑法的规定应当承担的刑事责任包括拘役、有期徒刑、无期徒刑、死刑、罚金和没收财产。对于律师在职务活动中违反《中华人民共和国刑法》规范的，可以构成行贿罪、包庇罪、妨碍作证罪、泄露国家机密罪、伪证罪等。

2. 行政责任

法律职业人员的行政责任是指法律职业人员违反国家关于法律职业管理的法律规范而对国家承担的责任。这类责任在我国习惯上又称为纪律责任。在我国，比较典型的是律师、公证员、警察在职务活动中违反相关的行政管理法规应当承担的责任。由于我国对律师、公证员和警察的管理是行政管理模式，因此，责任的划分也属于行政责任的范围。我国司法体制上对法官、检察官的管理一直沿用国家公务员的管理模式，其违反相关管理法规承担的责任为纪律责任，其责任的形式和追究责任的机制与行政机关的公务员的责任形式和追究机制基本相同。因此，法官、检察官的纪律责任，从本质上看属于行政责任的范围。根据《法官法》《检察官法》，对法官、检察官的纪律责任的形式可以分为警告、记过、记大过、降级、撤职和开除。对律师的惩戒，根据《律师法》，律师的行政责任形式包括吊销律师执业证书，停止执业3个月以上1年以下警告，没收违法所得。

3. 民事责任

法律职业人员的民事责任是指法律职业人员在职务活动中给有关的当事人造成人身、精神或财产损害所承担的赔偿责任。律师由于执业的过错给当事人造成损失的应承担赔偿责任(在我国，由律师事务所承担赔偿责任，律师事务所赔偿后可以向有过错的律师追偿)。由于律师与当事人的关系是基于委托代理合同而产生的平等主体之间民事代理关系。由于代理不符合合同的约定或律师的主观上的过错客观上给当事人造成损失的，应当承担民事责任。对于法官、检察官、警察在履行职务的活动中出现侵害有关当事人的利益时候是否应当承担民事责任，应当区别情况对待。联合国《关于司法机关独立的基本原则》第十六条规定："在不损害任何纪律惩戒程序或者根据国家法律上诉或要求国家补偿的权利情况下，法官个人应免于因其在履行司法职责时的不行为的不当行为而受到要求赔偿金钱损失的民事诉讼。"这条规定属于职业责任中民事责任的豁免，但是这种豁免是受到严格的条件限制的。如果法官违反了法官的惩戒规则给当事人造成损失的就不能免除民事责任。当然，如果法官、检察官或警察在职务活动中触犯了刑律，比如进行刑讯逼供，给受害人造成损失的，受害人可以根据有关的法律提起附带民事诉讼。根据《国家赔偿法》，对于法官、检察官、警察等具有国家权力的司法人员和准司法人员在履行职务活动中给当事人造成损害的，由国家承担赔偿责任。但是对于严重违反职业纪律规范的比如"刑讯逼供或者以殴打等暴力行为或者唆使他人以暴力行为造成公民身体伤害或者死亡的"，"违法使用武器、警械造成公民身体伤害或者死亡的"，以及在"贪污受贿，徇私舞弊，枉法裁判行为的"，在赔偿义务机关赔偿受害人损失后，赔偿义务机关可向有过错的法律职业人员追偿部分或全部赔偿费用。实际上，法官、检察官、警察在一定范围内也要承担民事赔偿责任，这种责任直接表现为侵权责任。法国1972年7月5日制定

的《建立执行法官和关于民事诉讼程序改革法》中规定："国家必须赔偿由于司法公务活动的缺陷而产生的损害"。"法官由于本人过错的责任，司法职能的法官受法官地位法的支配，特别法庭的法官受特别法律支配。""国家保障受害人由于法官和其他司法官员和本人的过错而造成的损害赔偿。国家保留对后者有求偿权。"

4.行业责任

法律职业人员的行业责任是指法律职业人员作为特定的法律职业协会的会员因违反了协会规范而对行业协会所承担的责任。由于法律职业的专业化特点，法律职业在发展过程中出现的各种行业组织，比较典型的民间组织是律师协会，目前还有法官协会、检察官协会等专业组织。这些组织有的是强制入会，比如中华全国律师协会，每一个职业律师都是其会员，要遵守协会章程，承担会员义务。有的是国家的行业协会是自愿入会；有的是行业协会会员的法律职业人员在违反了会员义务的情况下才可能承担行业责任。

第二节 法律职业责任的构成

法律职业责任的构成应具备以下条件：①法律职业责任的主体适格；②法律职业主体主观上有过错；③法律职业责任主体实施了违反法律和职业道德的行为。

一、法律职业责任的主体要件

职业责任承担的主体有两类，一类是法律职业机构，另一类是法律职业人员。由于法律职业人员的行为很多时候是一种职务行为，因此对违法的职务行为而造不良后果，法律职业人员所在的组织应当承担责任。但是，法律组织承担责任并不必然导致免除对直接责任人员的职业责任的追究。作为法律职业人员，应当按照法律规定的程序规范履行法定职责，如果因为故意或重大过失违反法律或有关规定，就应当依据其错误的性质和造成的危害的严重程度给予不同的处罚或惩戒。法律职业责任制度的实质是通过法律责任来规范法律职业人员行为，通过这种预见性的责任指引，依靠法律职业者自身的努力依其个体意志控制、支配自己的职业行为，从而使得法律职业规范得到有效实施。在实践中，法律职业机构承担责任与法律职业人员承担责任并不是完全一致或对应的，有时候二者要同时承担责任，有时候是单独承担责任，视具体情况而有差别。

二、法律职业责任的主观要件

法律职业主体承担法律职业责任，要求其主观上要有违法的故意或过失，即

在主观上具有过错，没有故意或重大过失不承担责任。故意与过失都是一种主观心理状态，违法的故意是指明知其行为违反法律的要求却恶意地追求或放任这种行为，这里的违法包括违反程序法和实体法以及法定的其他行为准则，故意的或可能违反办案程序或者一般司法行为准则，也可能是违反实体法，追求或者放任错案的结果，还可能是对两者都违反，通过对程序和行为准则的违反实现错案结果。重大过失是指主观上疏忽或者过于自信，导致严重违反法律或者出现严重的后果，比如律师在办理案件过程中丢失当事人的重要证据原件，致使当事人败诉的，就要承担赔偿责任。但是法律职业人员对于因为法律没有规定，或规定得不明确或对事实的认定存在偏差的，从而造成案件的实体结果出现错误的，不承担职业责任。比如，在一诉讼案件中，事实确实是如原告的陈述，但由于原告没有举出有利的证据而法官判决败诉。但随后其他部门相关的调查显示，其案件的处理结果是错误的。法官对于这种因为当事人的原因而产生错误的判决不承担职业责任。

三、法律职业责任的客观要件

法律职业人员承担法律职业责任，客观上必须在履行法律职务活动过程中，违反法律职业人员有关的法律和道德规范的行为，且该行为产生了相应危害后。在司法领域，法律职业行为具有两个显著特征：一是职务特征，职务特征是指行为主体是法律明定的担任法定职务的个体，且是国家名义所依法实施的法律行为。法律赋予这些行为主体的职务和地位，不同于一般公民个体。首先，必须经过严格的法定程序才能取得这种职务和地位。其次，这些职务和地位是相对确定的，非经法定程序不得随意更改和撤销，主体也无权将其转让他人。二是职权特征。职权是指法律职务行为所具有的权力和责任。国家赋予法律职业主体在法律方面的权力，对于法律职业主体来说，权力行使本身就是权力和职责的统一。由于法律职业行为是职务与职权的统一，一方面是体现国家意志的权力行为，另一方面又是担任法定职务的法律职业人员的个人意志行为。导致法律职业责任的产生就在于法律职业行为中国家意志与个人意志的反向分离，也就是个人意志破坏了国家意志而导致了职业行为的异化。为了保障职业行为体现国家意志，从而需要职业责任来调节。在法律服务领域，法律职业人员的行为同样具有双重属性，因为法律职业人员的权利一方面是法律的授权，另一方面是当事人的授权，律师在行使这些权利时候也必须对法律、对当事人负责。法律职业人员的行为如果背离了法律与当事人的合法利益，对此就要承担职业责任。

一般地，违法的法律职业责任行为主要表现为以下情形：一是违反职业主体法律准则的行为。在我国，这些职业主体的行为准则包括《法官法》《检察官法》《律师法》《中华人民共和国人民警察法》等。二是违反程序法规定行为。程序法

是法律职业人员办理案件具体的操作规范，法律职业人员必须严格按照程序法的规定操作才能保证司法过程的公正和高效。比如在刑事侦查活动中，侦查人员必须。按照法定的程序调查取证，不能刑讯逼供。刑讯逼供是非法的取证行为，不但该行为获得的结果不能作为证据使用，而且实施这一行为的人员还要承担法律责任。三是违反实体法规定的行为，包括徇私舞弊、枉法裁判、贪污赃款、收受贿赂、私放罪犯、虐待被监管人员等为刑事法律所禁止的行为。

第三节　我国法律职业人员的纪律责任

在司法实践中，法律职业人员承担的职业责任主要是行政责任或纪律责任。本节重点介绍法官、检察官和律师的纪律责任。

一、法官纪律责任

法官的纪律责任包括的范围比较广泛，包括违反法律规范和道德规范应当承担的责任。法官的纪律责任主要规定在《法官法》《人民法院审判人员违法审判责任追究办法(试行)》《人民法院执行工作纪律处分办法(试行)》和《人民法院审判纪律处分办法(试行)》中，主要形式包括警告、记过、记大过、降级、撤职、开除。

根据2003年6月10日最高人民法院审判委员会第1276次会议通过最高人民法院《关于严格执行<中华人民共和国法官法>有关惩戒制度的若干规定》(简称《规定》)，该《规定》对于法官违反《法官法》行为所应受到的纪律处罚作出了明确的规定。法官必须忠实执行宪法和法律。法官不依法履行职责，有《法官法》第三十二条所列行为之一的，应当受到法律或者纪律的追究。具体为：

法官应当热爱祖国、热爱人民，拥护中国共产党的领导，拥护社会主义制度，不得散布有损国家声誉的言论，参加非法组织，参加旨在反对国家的集会、游行、示威等活动，参加罢工。违反该规定的，提请任免机关免除法官职务，并予以辞退或者开除。

法官应当清正廉明，克己奉公，不得贪污受贿。严禁有下列行为：利用职务上的便利，侵吞、窃取、骗取或者以其他手段非法占有诉讼费、执行款物、案件暂存款、赃款赃物及其孳息等公共财物；利用职务上的便利，索取当事人及其诉讼代理人、辩护人、请托人的财物；利用职务上的便利，非法收受当事人及其诉讼代理人、辩护人、请托人的财物，为其谋取利益；违反国家规定，将收受各种名义的回扣和手续费归个人所有。违反上述规定，提请任免机关免除法官职务，并予以辞退或者开除。

法官审判案件必须以事实为根据，以法律为准绳，秉公办案，不得徇私枉法。严禁有下列行为：在审判和执行工作中，故意违背事实和法律，枉法做出裁判或者决定；为谋私利或者徇私情偏袒一方当事人，故意违反法律规定，迫使另一方当事人违背真实意思，放弃自己的权利；徇私舞弊，对不符合减刑、假释、暂予监外执行条件的罪犯，予以减刑、假释或者暂予监外执行。违反上述规定，给予记大过或者降级处分；情节严重的，提请任免机关免除法官职务，并予以辞退或者给予撤职以上处分。

法官应当尊重被告人的人身权利，不得刑讯逼供。违反本规定的，提请任免机关免除法官职务，并予以开除。

法官应当忠实于事实真相，不得隐瞒证据或者伪造证据。严禁有下列行为：涂改、隐匿、伪造、偷换或者故意毁灭证据；以暴力、威胁、贿买等方法阻止证人作证或者指使他人作伪证；使用暴力等非法手段逼取证人证言。违反上述规定，给予记大过或者降级处分；情节严重的，提请任免机关免除法官职务，并予以辞退或者给予撤职以上处分。

法官应当严格遵守保密纪律，不得泄露国家秘密或者审判工作秘密。严禁有下列行为：泄露国家秘密；向当事人及其关系人泄露案情、通风报信以及其他方式泄露案件具体内容。泄露合议庭评议、审判委员会讨论案件的具体情况和记录或者其他审判、执行工作秘密。违反上述规定，给予记大过或者降级处分；情节严重的，提请任免机关免除法官职务，并予以辞退或者给予撤职以上处分。

法官应当正确行使权力，依法保障诉讼参与人以及案外人的诉讼权利和民事权益，不得滥用职权，侵犯自然人、法人或者其他组织的合法权益。严禁有下列行为：故意违法侵犯或者剥夺当事人及其他诉讼参与人的诉讼权利；故意违法采取保全措施或者强制执行措施；故意违法对当事人及其他诉讼参与人或者案外人取拘留等强制措施；故意违法侵犯案外人的合法权益。违反上述规定，给予警告至记大过处分；情节严重的，予以辞退或者给予降级以上处分。给予撤职或者开除的，提请任免机关免除法官职务。

法官应当勤勉敬业，不得玩忽职守，不得造成错案或者给当事人造成严重损失。严禁有下列行为：严重失职，造成错误裁判或者错误执行；严重不负责任，不履行法定职责，给当事人或者其他人的利益造成严重损失。违反上述规定，给予警告至记大过处分；造成严重后果或者重大损失的，予以辞退或者给予降级以上处分。给予撤职或者开除的，提请任免机关免除法官职务。

法官应当严格遵守法律规定的诉讼期限，不得拖延办案、贻误工作。严禁有下列行为：故意拖延立案、送达、移送；无正当理由或者未经批准，严重超过案件审理或者执行期限。违反上述规定，给予警告至记大过处分；造成严重后果的，予以辞退或者给予降级以上处分。给予撤职或者开除的，提请任免机关免除法官职务。

法官不得利用职权为自己或者他人谋取私利。严禁有下列行为：向当事人及其委托的人借钱、借房，借用交通、通信工具等物品；受当事人及其委托的人在购买商品、装修住房以及其他方面提供的优惠；接受主管或者分管部门及其工作人员、下级法院及其工作人员、律师事务所和律师以及其他与其行使职权有关系的单位和个人赠送的现金、有价证券和支付凭证；利用职权为配偶、子女及其他亲属谋取不正当利益。违反上述规定，给予警告至记大过处分；情节严重的，予以辞退或者给予降级以上处分。给予撤职或者开除的，提请任免机关免除法官职务。

法官应当努力做好本职工作，不得从事盈利性的经营活动。严禁有下列行为：个人经商，办企业；在经济实体中兼职；从事有偿中介活动；兼任律师、法律顾问。违反上述规定，给予警告至记大过处分；造成恶劣影响的，予以辞退或者给予降级以上处分。给予撤职或者开除的，提请任免机关免除法官职务。

法官应当严格遵守审判纪律，不得私自会见当事人及其代理人，接受当事人及其代理人的请客送礼。严禁有下列行为：私自会见当事人及其诉讼代理人、辩护人、委托人；参加由当事人及其诉讼代理人、辩护人、委托人或者中介机构支付费用的宴请、娱乐、健身、旅游等活动；接受当事人及其诉讼代理人、辩护人、委托人的礼品。违反上述规定，给予警告至记大过处分；造成恶劣影响的，予以辞退或者给予降级以上处分。给予撤职或者开除的，提请任免机关免除法官职务。

法官应当品行端正，恪守职业道德，不得有其他违法乱纪的行为。违反本条规定的，给予警告至记大过处分；情节严重的，予以辞退或者给予降级以上处分。给予撤职或者开除的，提请任免机关免除法官职务。

除了上述规定外，其他相关的纪律规定还对法官纪律责任适用方面作出了一些原则规定。比如，对于法官因法律、法规没有规定或者法律、法规规定不明确，在认识上产生偏差的；或者，法律、法规虽有规定，但在适用法律时对法律、法规在理解和认识上产生偏差的；以及在案件事实和证据的认定上产生认识上的偏差的，不给予纪律处分。对于错误情节较轻，未造成不良后果，且认错态度好，能积极改正错误的，可免予纪律处分。对于主动退出全部非法所得主动采取措施，减少或避免损失；检举他人违法违纪行为属实或者有立功表现，可以减轻处罚。而对于犯错误两次以上，且受纪律处分未满3年，拒不交代，或者阻挠他人检举、揭发、交代，或者抗拒组织查处；打击报复检举揭发人；拒不退出非法所得；推卸、转嫁责任，或者包庇同案人；篡改、伪造、损毁证据；明知错误，仍不及时采取补救措施，致使损失扩大等情况，应当从重、加重处分。

二、检察官纪律责任

检察官的职业责任是指检察官违反法律、违反职业道德和职业纪律规范应当承担的责任。对检察官纪律责任的追究，其根据主要有《检察官法》以及最高人民检察院制定和发布的相关条例、办法、规定、决定等文件，如《检察官纪律处分暂行规定》《关于执行<检察官纪律处分暂行规定>有关问题的通知》《对违法办案、渎职失职若干行为的纪律处分办法》《人民检察院错案责任追究条例(试行)》《关于最高人民检察院机关实行<廉洁从检十项纪律>的决定》等。

《检察官法》第三十五条明确列举了检察官不得实施的十二种行为，检察官有这十二种行为之一的，应当予以处分，构成犯罪的，依法追究刑事责任。检察官的纪律责任形式分为警告、记过、记大过、降级、撤职、开除六种。最高人民检察院在相关的一些文件中，对检察官的纪律责任形式等问题做了以下更为具体的规定。

(一)违反忠诚规范的纪律责任

1. 对于散布有损国家声誉的言论，参加非法组织，参加旨在反对国家的集会、游行、示威、罢工等活动的，给予撤职以下处分；情节严重的，给予开除处分。

2. 私放在押的犯罪嫌疑人、被告人、罪犯的，给予撤职或者开除处分。

3. 为案件当事人或者其代理人、亲友打听案情，通风报信，泄露国家秘密、案情、检察工作秘密的，给予警告、记过或者记大过处分；造成严重后果的，给予降级、撤职或开除处分。

4. 隐瞒、伪造证据的，给予开除处分；情节较轻、后果不严重的，给予撤职以下处分。

(二)违反公正规范的纪律责任

1. 滥用职权，对举报人、控告人、申诉人、批评人、举报人报复陷害的，给予记过、记大过或者降级处分；情节严重的，给予撤职或开除处分。

2. 违反规定，插手经济纠纷或者违反案件管辖规定，越权办案的，给予直责任人及其主管人员警告、记过或者记大过处分；情节严重、造成恶劣影响的，给予降级或者撤职处分。

3. 故意拖延办案、贻误工作的，给予警告、记过或者记大过处分；情节严重、造成后果的，给予降级、撤职或开除处分。

4. 违反规定，不履行有关告知义务而影响当事人行使诉讼权利和明知具有法定回避情形，而不依法自行回避或者对符合回避条件的申请故意不作出回避决定，明知诉讼代理人、辩护人具有《检察官法》第十九条规定的情形而故意隐瞒，或者拒不服从回避决定，继续参与办案或者干预办案，情节较重，造成一定损害或不良后果的，给予记大过以下处分；情节严重，造成重大损害或严重后果的，

给予降级以上处分。

(三)违反清廉规范的纪律责任

1.利用职务为自己或者他人谋取私利的,给予警告、记过或记大过处分;情节严重的,给予降级、撤职或开除处分。为犯罪分子减轻或者开脱罪责,或者依法应该立案而不立案,应当起诉而不起诉,以及私自制作、修改法律文书,改变案情及案件性质等徇私舞弊的,给予开除处分;情节较轻、后果不严重的,给予撤职以下处分。

2.利用工作之便占用外单位及其人员的交通、通信工具,经批评教育不改的,给予警告、记过处分。

3.挪用赃物的,除赔偿损失外,应给予责任人员和主管人员警告或者记过处分;情节严重的,给予记大过、降级或者撤职处分。

4.侵占、私分扣押物品或将扣押款私存吃息的,对直接责任人给予记过以上处分。

5.擅自办理案件的,给予警告、记过或者记大过处分;情节严重、造成恶劣影响的,给予降级、撤职或开除处分。

6.调戏、猥亵当事人或其亲属的,给予记过或者记大过处分;与当事人或其亲属发生两性关系的,给予降级或撤职处分;情节严重,造成恶劣影响的,予以开除。

7.利用检察职权乱收费、乱罚款、拉赞助的,给予直接责任人记过以上处分。

8.参加公款支付或者可能影响公务的营业性歌厅、舞厅、夜总会等高消费场所的娱乐健身活动的,给予警告处分;经教育仍不改的,给予记过、记大过处分。

9.具有下列行为之一的,给予警告、记过或记大过处分:违反枪支管理规定,将枪支借与他人或者使枪支丢失、被盗、被骗的;违反枪支管理规定鸣枪的;违反警具、械具使用管理规定的;违反交通法规,造成重大交通事故或者私用公车造成损失,或者因失职致使所驾驶车辆丢失、被盗、造成国家财产重大损失的。因违反枪支管理规定鸣枪或者违反警具、械具使用管理规定而致使他人伤残、死亡的,以及因违反交通法规而致使他人重伤、死亡或者使国家财产遭受重大损失的,应当给予降级、撤职或者开除处分。

10.从事经商、办企业或者参与其他盈利性的经营活动,给予警告、记过或者记大过处分;情节严重的,给予降级或者撤职处分。

11.私自会见当事人及其所委托的人或者接受他们的宴请、礼物和提供的娱乐活动的,给予警告、记过或记大过处分;情节严重的,给予降级、撤职或开除处分。

(四)违反严明规范的纪律责任

1.刑讯逼供,情节较轻的,或者违反监管法规,对被监管人员实行体罚、虐待,或者让被监管人员为自己干私活的,给予警告、记过或者记大过处分。实施这两种行为,情节严重、造成后果的,给予降级、撤职或者开除处分。另外,使用暴力逼取证人证言的,也应当参照这一规定追究纪律责任。

2.检察官有下列行为之一的,给予警告、记过或者记大过处分:非法拘禁他人或者以其他方法非法剥夺他人人身自由的;非法搜查他人身体、住宅,或者非法侵入他人住宅的;非法提讯犯罪嫌疑人、被告人或者非法传讯他人的;非法查封、扣押、冻结、没收公私财产的;立案前对犯罪嫌疑人采取强制措施或者限制人身自由的。

非法拘禁他人、以其他方法非法剥夺他人人身自由,或者非法提讯犯罪嫌疑人、被告人,非法传讯他人,或者立案前对犯罪嫌疑人采取强制措施或限制人身自由,情节严重、造成后果的,或者非法搜查他人身体、住宅,非法侵入他人住宅,情节严重、造成严重后果的,给予降级、撤职或者开除处分;非法查封、扣押、冻结、没收公私财产,情节严重、造成恶劣影响的,给予降级或者撤职处分。

对证人采取强制措施或者限制人身自由的,也给予警告、记过或者记大过处分;情节严重、造成后果的,予以降级、撤职或开除。

3.检察机关直接立案侦查的案件,在侦查、审查批捕、审查起诉阶段超期羁押,经上级检察院或者监所部门提出纠正意见后,在1个月内不纠正的,给予有关责任人警告或记过处分;在超期羁押期间造成被羁押人伤残、死亡等严重后果的,给予有关责任人降级、撤职处分。

4.干预他人办案的,给予警告、记过或记大过处分;情节严重、造成恶劣影响的,给予降级、撤职或开除处分。

5.因玩忽职守,造成错案或者给当事人造成严重损失,或者致使案犯脱逃或者自杀的,给予降级、撤职或者开除处分;情节较轻的,给予记大过以下处分。

6.在工作日饮酒或者着检察制服在公共场所饮酒,经批评教育仍不改正的,给予警告处分;造成恶劣影响的,给予记过或者记大过处分。

7.对告诉求助群众采取冷漠、生硬、蛮横、推诿等态度,给予批评教育,并视情节给予警告、记过或记大过处分。

三、律师纪律责任

根据我国《律师法》的规定,司法行政机关是律师工作的指导、监督机关,

依法对律师和律师事务所进行指导和监督，对于有违反执业纪律行为的律师和律师事务所，予以行政处罚。2004年3月19日，司法部发布了《律师和律师事务所违法行为处罚办法》。具体规定了司法行政机关对律师和律师事务所违法行为处理办理。

律师和律师事务所发生违法乱纪的执业行为受到行政处罚时，就要承担相应的行政法律责任。司法行政机关对律师行政处罚的种类有：①警告；②没收违法所得；③停止执业；④吊销执业证书。对律师事务所违法违纪处罚的种类有：①责令改正；②没收违法所得；③停业整顿；④吊销营业执照。

对律师、律师事务所实施行政处罚的具体机关为：省、自治区、直辖市司法厅(局)或设区的司法局，可实施的行政处罚有：警告，3个月以上1年以下的停止执业，以及没收违法所得；吊销律师执证书的处罚由省、自治区、直辖市人民政府司法行政部门实施；必要时，由国务院司法行政部门实施；对律师事务所违纪的处罚由省、自治区、直辖市人民政府司法行政部门实施；必要时，由国务院司法行政部门实施。

按照我国《律师法》的规定，律师违纪应受处罚的行为有：①同时在两个以上律师事务所执业的；②在同一案件中为双方当事人或有利害关系的第三人代理的；③以诋毁其他律师、律师事务所或者支付介绍费等不正当手段，争揽业务的；④利用司法机关、行政机关或其他具有社会管理职能的团体的权力，对法律服务行业进行垄断；⑤接受委托后，无正当理由，拒绝辩护、代理或者不按时出庭参加诉讼、仲裁的；⑥泄露当事人的商业秘密或者个人隐私的；⑦私自接受委托私自向委托人收取费用、收受委托人财物，利用提供法律服务的便利谋取当事人争议的权益，或者接受对方当事人财物的；⑧承办案件期间，在非工作时间、非工作场合，会见承办案件法官、检察官、仲裁员；向承办案件的法官、检察官、仲裁员以及其他有关人员请客送礼的；⑨威胁、利诱证人，指使证人拒绝向对方当事人提供证据或者转移、隐匿、毁灭证据，以及以其他方式为对方当事人合法取得证据制造障碍的；⑩扰乱法庭、仲裁庭，干扰诉讼、仲裁活动正常进行的；⑪应当给予处罚的其他行为。

律师事务所应受行政处罚的违纪行为有：①变更名称、住所、章程、负责人、合伙人等事项，不办理变更登记，或者未经登记擅自设立分支机构的；②以诋毁其他律师、律师事务所或支付介绍费等不正当手段，争揽业务的；③不实行统一接受委托、统一收取费用制度的；④违反国家关于律师事务所的规定，管理混乱的。

2004年3月19日司法部发布了《律师和律师事务所违法行为处罚办法》，代了《律师违法行为处罚办法》，对《律师法》第四十四条第十一项其他应当给予处罚的行为作出了解释性的规定：①同时在律师事务所和其他法律服务机构执业

的；②在同一案件中，同时为委托人及与委托人有利益冲突的第三人代理、辩护的；③在两个或者两个以上有利害关系的案件中，分别为有利益冲的当事人代理、辩护的；④担任法律顾问期间，为法律顾问单位的对方当事人或者有其他利益冲突的当事人代理、辩护的；⑤为争揽业务，向委托人作虚假承诺的；⑥利用媒体、广告或者其他方式进行不真实或者不适当的宣传的；⑦捏造、散布虚假事实，损害、诋毁其他律师、律师事务所声誉的；⑧利用与司法机关、行政机关或者其他具有社会管理职能组织的关系，进行不正当竞争的；⑨接受委托后，不认真履行职责，给委托人造成损失的；⑩接受委托后，无正当理由不向委托人提供约定的法律服务的；⑪超越委托权限，从事与委托代理的法律事务无关的活动的；⑫接受委托后，故意损害委托人的利益，或者与对方当事人、第三人恶意串通侵害委托人利益的；⑬为阻挠委托人解除委托关系，威胁、恐吓委托人，或者无正当理由扣留委托人提供的材料的；⑭违反律师服务收费管理规定或者收费合同约定，向委托人索要规定或者约定之外的费用或者财物的；⑮执业期间以非律师身份从事法律服务的；⑯承办案件期间，在非工作时间、非工作场所，会见承办案件的法官、检察官、仲裁员或者其他有关工作人员，或者违反规定单方面会见法官、检察官、仲裁员或者其他有关工作人员的；⑰曾担任法官、检察官的律师，在离任后两年内担任诉讼代理人或者辩护人，或者担任其任职期间承办案件的代理人或者辩护人的；⑱违反规定携带非律师人员会见在押犯罪嫌疑人、被告人或者在押罪犯，或者在会见中违反有关管理规定的；⑲向司法行政机或者律师协会提供虚假材料、隐瞒重要事实或者有其他弄虚作假行为的；⑳在受到停止执业处罚期间继续执业，或者在律师事务所被停业整顿期间、注销后继续以原所名义执业的；㉑有其他违法或者有悖律师职业道德、公民道德规范的行为，严重损害律师职业形象的。

第四节　法律职业责任追究机制

　　法律职业责任的追究机制，又称为法律职业的惩戒机制，是指国家特定机关或特定的主体根据法律规定，通过必要的程序，确认法律职业主体的行为是否应承担法律责任以及应当承担何种法律责任的制度。

一、法律职业责任追究的机构

　　对法律职业人员责任的追究要通过专门的机构和法定的程序进行。这种专门机构如法官道德惩戒委员会、检察官惩戒委员会、律师惩戒委员会等。类似的委员会有的设在法院，有的设在其他司法机构或准司法机构内部，但是惩戒委员会的组成主要是法律界人士，也有吸收非法律界人士参加的，而且法律界人士的组

成不是单一的。

以美国为例。为了从组织上保证对法官纪律的执行，各州和联邦都设有法官行为调查委员会或者类似的专门负责调查、处理法官行为不端和违法违纪事件的组织。在各州，委员会一般由 5~13 名法官、律师和一般公民组成。委员会还有自己的律师、秘书和调查人员。委员会可以从各个方面听取对法官的指控，有权在调查核实后作出各种制裁。制裁的方式包括警告、公开警告、短期停职直至撤销法官资格。被制裁的法官如不服，可以向州的最高法院上诉或者由特殊法院受理这类案件。对联邦最高法院法官的制裁则由国会的一个委员会管理。每个巡回上诉法院都由一个委员会负责处理法官行为不端和违法违纪事件。上诉法院的首席法官可以决定指控是否有根据，以确定是否处理。被指控的法官对作出的决定不服，可以上诉到联邦司法会议。委员会可以对被指控的法官给予警戒或者停止工作，但不能剥夺其法官资格，除非经过宪法规定的弹劾程序。根据《美国宪法》第二条第四款的规定，联邦法官只能由于重罪和轻罪（High Crimesand Misdemeanors）而受到弹劾，对联邦法官的弹劾与对总统和副总统的弹劾程序是一样的。弹劾分两步：第一步，由众议院提出建议并认定罪名；第二步，由参议院在最高法院首席大法官主持下进行审讯。

目前，我国法官、检察官的惩戒，包括对律师和公证员的惩戒机构仍然局限在各自的系统内部。对法官、检察官和律师等法律职业人员的惩戒都是由所在系统的纪律监督机构来行使，体现的是一种内部监督。由于对法官、检察官、律师等法律职业人员的惩戒涉及的问题比较复杂，也比较专业，有的还牵涉到法院、检察院的国家赔偿问题，涉及部门和行业的具体利益问题，现行的机构设置难以担负起对法律职业道德的贯彻与实施的有效的监督制约作用。在实践中，这也是造成法官、检察官职业道德整顿一直疲软的重要因素。因此建立具有广泛代表性，而又相对超脱和公正的职业责任惩戒系统，使对于法律职业责任的追究成为司法工作中的一项重要的制度十分必要的。建立完善的科学的法律职业责追究机制也应该是我国司法改革的重要内容。

二、法律职业责任追究的程序

法律职业人员的责任的追究只能由法定的机关按照法律的规定和法定的程序，依据法律规定的具体责任构成追究其相应的法定责任。对法律职业人员的责任追究必须通过严格的程序行使，这既是保证责任追究的公正性和必要性的要求，也是维护法律职业人员正当权利的要求。联合国《关于检察官作用基本准则》规定："对检察官涉嫌已超乎专业标准幅度的方式行事的控告应按照适当的程序迅速而公平地加以处理。"《关于律师作用的基本准则》规定："对在职律师的所提出的指控和控诉按适当的程序迅速、公正地加以处理。律师应有受公正审讯

的权利，包括有权得到其本人选定的一名律师的协助。""针对律师提出的纪律诉讼应提交由法律界建立的公正无私的纪律委员会处理或提交一个独立的法定机构或法院处理，并应接受独立的司法审查。""所有的纪律诉讼都应按照职业行为守则和其他公认的准则和律师职业道德规范并参照本基本原则进行判决。"

以美国对法官的惩戒程序为例。

在美国，任何人无权干预司法委员会或司法会议对法官投诉的处理程序。根据美国法典二十八编第三百七十二条第三款关于司法纪律的规定，处理投诉案件一般包括初核、立案、调查处理、复审等程序。

初核程序的启动是由于投诉主体的投诉。任何人均可对法官有损于司法公正与效率的行为向巡回区上诉法院的书记官长进行投诉。书记官长收到投诉书后，及时将投诉书转呈巡回区法院的首席法官。首席法官接受投诉书后，必须迅速加以审查，如果发现投诉内容只是直接陈述关于判决和程序裁定的对错，或者是对法官有损司法公正与效率的投诉毫无根据，或者只是一些除此之外的无关紧要的问题，则可以书面命令形式作出驳回投诉的决定；如果发现已经采取了纠正措施，则可结束该项投诉的处理程序。

立案程序。首席法官认为投诉书中的事实和指控有必要做进一步调查的，则应及时任命相同人数的巡回区法院法官和本巡回区内的地区法官加上他自己组成一个特别委员会正式立案调查。

调查程序。一是特别委员会的调查。委员会根据需要进行一定范围的调查，并迅速写成综合性的书面报告提交本巡回区的司法委员会。报告应包括两部分：一部分是经过调查的事实，另一部分是该特别委员会建议巡回区司法委员会采取的必要的和适当的措施。二是司法委员会的补充调查。在收到特别委员会的报告后，司法委员会可以进行必要的补充调查，并在补充调查的基础上，采取如下措施。

1. 指导被投诉法官所在法院的首席法官对其采取适当的措施：包括：①证明被投诉法官已丧失工作能力；②征询被投诉法官的意见是否自愿退休；③命令在一定时间内暂不分配案件给被投诉法官；④通过不公开的信函形式训斥或惩戒被投诉法官；⑤以公开通报的形式训斥或惩戒被投诉法官。由司法委员会、司法会议或常设委员会发布的采取措施的书面命令，应通过巡回区上诉法院书记官长办公室向公众公开。此外，司法委员会还可以依自由裁量权将投诉书、处理程序记录以及委员会提出的采取适当措施的建议，一并呈交美国司法会议。

2. 及时向美国司法会议作出说明：根据投诉书和调查情况，或根据委员会所掌握的情况，司法委员会认定被投诉法官确有被弹劾的一种或多种理由，或被投诉法官的行为无法使司法委员会作出结论时，都应及时向美国司法会议作出说明，并连同投诉书和处理程序记录一并呈交司法会议。

3. 美国司法会议的补充调查。美国司法会议收到呈送的材料后，以多数票决定适当的措施。如果司法会议同意巡回区司法委员会关于构成弹劾理由的意见，或自己认为构成弹劾理由，则应加以说明，并将该意见和处理记录呈交众议院，由众议院考虑采取必要的措施。

复审程序。对首席法官发布的命令不服的投诉人、被投诉法官双方，都可以申请司法委员会复审。对司法委员会采取的措施不服的，可以申请美国司法会议复审。司法会议或常设委员会可以同意投诉人、被投诉法官的申请。除有明确规定的以外，所有命令和决定，包括拒绝复审申请的决定，都是最终的和结论性的，不得通过上诉或其他途径对其进行司法性复审。

在处理投诉程序特别是在调查过程中，司法委员会和特别委员会拥有法定的完整的发布传票权。美国司法会议或由美国首席大法官依法定程序设立的常设委员会拥有完整的发布传票权。对进行调查的有关资料、文件、处理均得到保管，任何人在任何活动中均不得泄露，但有两种情况除外：①巡回区司法委员会、美国司法会议、参议院或众议院通过决议披露的，被确信对于进行的弹劾调查或审理是必需的材料；②经过被投诉法官书面允许，或者经巡回区法院首席法官、美国首席大法官、常设委员会的主席书面批准的材料。

司法委员会和美国司法会议还通过了保护被投诉法官和投诉人的权利的规定。书记官长在将收到的投诉书及时呈交首席法官的同时，也会将投诉书副本送交被投诉的法官本人；进行调查时会事先在适当的时候以适当的方式书面通知被投诉法官；在以后进行的立案、调查、复审的每一阶段，都会及时将采取的措施书面通知被投诉法官和投诉人；被投诉法官可以获得机会出席或由他的代表出席调查小组的处理程序，出示言词证据和书面证据，要求证人出庭或提供文件，诘问证人，进行口头或书面辩论；如果调查小组认为投诉人可以提供重要情况，投诉人则可以获得出席处理程序的机会。

被投诉法官的权利在受到保护的同时，也受到一定的限制。例如，被投诉法官不得参加特别委员会的调查工作，不得参加司法委员会和司法会议，也不得参加常设委员会，直到所有程序终结为止。

对法律职业人员的惩戒程序在不同的法律职业中有不同的规定，其中对于律师违反律师法的处罚适用的是行政处罚，由于适用《行政处罚法》，相对来说程序比较清晰。而法官、检察官，惩戒程序缺乏具体明确的规定。虽然《法官法》《检察官法》规定，对法官、检察官的惩戒依照法律规定的程序进行，但是《法官法》和《检察官法》等相关法律并没有明确的规定。目前对法官、检察官的惩戒基本上由设在法院、检察院内部纪检监察机按照内部办案的程序进行调查并作出处理。只有对法官、检察官免职时，需要人大常委会作出免职的决定。同时目前的相关制度也缺乏对被惩戒的法官、检察官获得申诉和复核的法定程序，不利于法

律职业人员的权利的保护。因此，我国关于法官等法律职业人员的惩戒程序还需要结合科学的惩戒机构的设置和通过立法等手段进一步加以完善。

本章思考题

1. 简述建立完善的法律职业责任制度的重要意义。
2. 简述法律职业责任的构成。
3. 简述完善我国法律职业责任追究机制。

第十章　场景再现及其实施

第一节　场景再现教学方法概述

一、场景再现的教学目的

场景再现，是一种由学生创造并扮演法律职业活动中的各种角色，由教师和学生共同设计各种角色的活动和情节，在课堂上模拟法律职业活动，并在教师的启发和引导下思考和解决问题的教学方法。通过场景再现以及学生对场景活动的感受可以加深对于法律职业以及对法律职业道德的理解。因为场景是同学参与亲自再现的，而且，因为不同的同学在再现场景时根据自己的想象和自己的性格，所再现的场景不会完全相同，从而更能够真实地再现法律实践中的情况，使同学感受道德问题的复杂性和对人性的挑战，感受法律职业道德规范意义和价值。

二、场景再现的教学组织形式

(一)场景再现的场地

场景再现的场地没有特殊的要求，既不需要舞台，也不需要法律诊所的办公室，完全可以在教室的课堂上进行。根据再现的主题，可以将讲台作为模拟场地，也可以将课桌进行简单布置，空出一块地方。总之，场地的大小不是主要的，班级规模也不是主要的，只要能够使每一个学生都有机会参与到场景再现活动中来，都可以利用角色的扮演活动进行体验和讨论，因此，场景再现的主题和角色、情节设计以及再现活动的组织是很重要的，对于法律职业道德课的教学，最主要的问题是模拟的场景是否能够反映法律职业的现实问题和道德困境。

(二)场景再现的时间安排

场景再现活动是教学活动的一个组成部分，因此，活动时间应该安排在计划课时之内。可以根据课时进度安排在课时中期或者课程将近结束的时候，这样，一方面学生可以调动已经学习的法律职业道德知识进行思考，另一方面，学生对任课教师的思维模式已经比较熟悉，师生之间已经有一定的默契，有利于教学活

动的组织和顺利开展。

具体到某一次场景再现的模拟活动时间，则可长可短，可以进行简短的讨论，也可以进行深入的讨论；场景内容可以是某个情节的模拟，也可以是某项活的模拟。对于比较复杂的场景再现活动，也可以事先把模拟活动的题目作为课下作业布置下去，或者要求学生事先做必要的准备，上模拟课时选择部分学生进行角色扮演，这样效率较高，效果也更好。

(三)教学资源的利用

在场景模拟的教学中，遇到的主要问题可能是模拟什么情节，即"剧本"的来源，还有扮演者的来源。其实，在场景再现教学活动中，学生本身是教学的资源。只有充分地挖掘学生的资源，充分地调动学生参与的积极性，才能够达到律职业道德教育的身心体验之目的。具体实施方法，教师可以自己作为场景活中的某个角色扮演给学生看，也可以完全让学生自己扮演角色，引导学生对场中的问题进行深入思考，避免直接作出"是"或."否"或者"对"和"错"的回答。再现的场景甚至可以是学生在假期实习中遇到的道德问题，通过场景再现将一个人的问题变成大家的问题，将一个人的思考变成大家的思考，既解决了场景再现的"剧本"——内容来源问题，也现实地帮助同学解决了他们的道德困惑。从教育经济学的角度讲，也是对资源的有效利用。在模拟过程中，可以让学生对主题内容基本相同的情况一遍遍地模拟，当然，每一遍都会与上一次有所不同，让其他同学在下面观察，并对场景再现中所反映的法律职业道德问题进评价。教师可以和学生一道对再现的场景中学生的表现进行研究，并可以提出进一步的问题，甚至可以让接下来的同学按照所提出的问题进行再次模拟，并让同学们再次感受和进行评价。

在模拟场景的过程中，教师可以提出一系列的问题，让不同的同学反复变化地进行演示，学生就象观看短片一样，可以一边看，一边讨论。与看短片不同的是，扮演的同学更投入，更能够产生身心体验，观看的同学因为看到的是自己的同学，扮演角色的同学和观察评价的同学的知识、阅历基本一样，他们对事情的反映也基本处于同一水准，这样，无论是扮演角色的同学，还是观察评价的同学都能够产生比观看教学片更深切的感受。当然，在模拟和讨论的过程中，教师可以向学生讲授一些解决道德困境的技巧。

通过上述介绍，我们看到教师可以非常灵活地运用场景再现的教学方法，达到法律职业道德的教学目的。场景再现活动在具体进行时可能会有很多细节的变化，选择具体的实施方法也会受很多及时性因素的影响，比如学生是否有时会进行模拟活动的准备、学生对将要模拟的活动所涉及的法律职业伦理的认识等，但是，这些都不影响场景再现作为一种教学方法在法律职业道德教育中的独特

作用。

三、场景再现教学实施的步骤和方法

1. 任课教师制订场景再现计划。教师应该结合教学内容和教学进度，对场再现的主题内容和主要情节，以及模拟活动的时间和组织进行精心设计，事先计划。计划内容包括学生通过模拟活动的学习目标；模拟的具体内容和方法；角色扮演的书面资料；角色的分配方案；如何对扮演者和观察者进行指导；对一些关键问题的准备；测评是否达到教学目的的方法和手段等。需要注意的是，虽然计划是精心作出的，但是实施过程要让学生感到是他们自己的创造，这样他们才能越来越感受其身心体验。

场景再现的主题内容应该是在法律职业活动中比较常见的现象和比较不容易处理的问题。这样能够引起学生的兴趣，学生会感到这些问题一定是自己从事法律职业工作后不可避免的情形，从而愿意认真思考和想办法解决。教师要知道，一次场景再现活动可能会涉及多个教学目的，但是，为了深入地探讨某些主题，教师应该对可能偏离的问题有一个预计，并要保证学生不被一些情节分散精力。有些情节也许是学生比较感兴趣的，但是，如果与教学目的无关，也要及时进行干预。

2. 在场景再现开始前进行角色分类和分工。角色的设计对于场景模拟活动的效果有着很重要的作用，特定的角色决定了特定的人物关系必须适用特定的职业道德规范，所以，对角色进行分类和分工是很重要的。进行角色分类的目的是使全班每一个同学都有事可干，使每一个学生都进入自己的角色进行积极的思考。模拟场景中人物关系越复杂，涉及的法律职业道德内容越多，学生思考的范围越广泛和越深入，因此，在角色比较多的情况下，进行角色分类是顺利进行场景模拟活动的必要手段。进行角色分工是告知学生所扮演的每一个角色可能遇到的情况和可能出现的心理状态，当然，在进行这种分工时只是提示性的，比如你是一个当事人，看到法官和对方当事人在一起，你会怎么想？怎样做？看到他们大街上，会怎么想？怎样做？看到他们在酒店里，会怎么想？会怎样做？所有问题都具有现实性。在组织工作方面，要使每一次场景再现活动能够使尽可能多的同学参与到其中。这就需要在场景模拟活动开始前，对全班学生进行角色分工，不能使任何一个学生脱离场景之外。这一点对于场景再现活动的效果至关重要。

3. 进行场景模拟，要对扮演者和观察者进行指导。在确定了角色种类和具体分工以后，教师只需要告诉学生再现的场景的主题内容，而不必像剧目演出那样向学生提供舞台剧本。这样，模拟扮演者的扮演就具有自发性，这的确是场景再现教学方法的独特之处，但是，正因为如此，在学生扮演的过程中也可能会出现偏离主题的情况，教师就应该进行必要的干预。在场景模拟过程中，教师也是一个观察者，但是，教师可以在教室中不断走动，发现并激发学生积极进行角色创造和情节再造，使一个看似简单的问题变得不简单，以使学生通过场景再现活动更深层地思考教师设定的问题。在这个过程中，教师就像一个导演，虽然置身事外，却依然可以控制整个模拟活动的进程，与导演不同的是，学生在再现过程中有更大的自主性，没有剧本，可以自己决定事情发展的轨迹，教师只是试图使问题变得复杂化，变得更加地接近现实而已，与现实不同的只是把现实中多个空间和时间的事情集中在一个时空而已。

4. 对场景活动进行讨论和评价。每次场景再现活动都要保证有充裕的时间进讨论。为了使讨论进行得比较充分，在开始进行模拟活动时，告诉学生模拟时和讨论时间的大致分配，并且要对观察者提出观察的具体要求，如观察什么问题，思考什么问题，如何表达自己的观察和思考以及如何介入到扮演学生的模拟活动中等。在讨论完具体问题之后，为了下次场景模拟活动能够更有成效地进，可以给出 5 分钟时间让学生对本次场景再现活动进行评价，包括对场景再现的主题以及学生表演、讨论情况的评价。主要是让学生自己进行评价，教师如果参与评价也只是进行启发性评价。

第二节　场景再现及其分析演示

本节主要是根据上节内容对场景再现的具体操作方法进行演示和示范。
主题的内容是法官的执业外行为约束。

一、场景——某大学法学院校友联谊会

当然，为了进行法官的执业外行为约束的教学，也可以设计其他的场景。

二、教学目的

了解法官职务外约束的道德规范和该方面道德规范的精神价值，学习处理法官交友方面道德问题的处理技巧。

思考的问题：法学院的校友会有什么人参加？会发生什么事情？每个人因不同对待校友会以及对待校友的态度和行为应否有所不同？法律职业道德规范在这方面有没有具体的规定？如果没有具体规定，各个法律职业角色应该怎样做，才符合法律职业的精神和理念？

三、背景

根据法学院学生毕业后的就业流向，参加法学院校友会的人的社会身份主要是法官、检察官、律师、政府官员，也有企业界人士等社会各界人士。也许这个

企业界人士可能正是某个案件的当事人，而法官也可能正是这个案件的审理法官等，可以假设各种可能发生的情形，但是，有一个情节会贯彻始终，即在这次聚会中，这些不同社会角色的人士都有一个共同的背景，毕业于同一所法律院校，他们或者认识或者不认识，但是，都接到邀请参加在某酒店举行的校友会。这些人就是此次场景再现活动中可能出现的角色。通过场景再现，我们可以去想象这样的一个背景下，可能会发生什么事情，不同的人会有什么表现，这里又蕴含了多少法律职业道德的问题。

四、操作方法

1. 预备：上课前，让同学在黑板上用艺术字体书写上"某某大学法学院校友联谊会"。在上课铃响之前，已经有学生为这个题目开始兴奋了。

2. 角色安排以及主要情节：说明此次场景活动的教学目的和活动程序以及时间安排。为了使每一个同学都处于这个场景中，调动每一个同学的思维和情感，来体会法律职业的要求和法律职业约束的内心感受，可以将同学按照九宫格分组划分为九类，即九类角色，即假设在这个校友会上会有不同职业角色的校友：①接到邀请的某法官；②这个法官在做律师的同学（彼此熟悉），目前在该法院没有代理案件，也没有迹象表明马上有案件要在该法官所在的法院代理；③正在该法官处有诉讼案件代理的律师，该法官知道这件事；④正在该法官处有诉讼案件代理的律师，此律师知道，但是，该法官不一定确切知道此律师是自己办理案件的代理人，这种情况可能发生在二审案件中，如二审代理手续交给了一审法院，而该法官还没有看卷；⑤某当事人，或者就是该法官正在审理的案件的当事人，或者只是该法官任职的法院的案件的当事人（情况已有不同）；⑥此当事人的对方代理人，他（她）是高几届或低几届的校友，此当事人和对方当事人代理人以前并不认识，忽然在此次校友会上发现他或她竟然也是校友；⑦下个月可能会有一个案件到达该法官所在的法院甚至归该法官在业务庭受理的案件的代理律师；⑧其他与该法官比较熟悉的校友；⑨从没有与法官打过交道的其他社会各界人士等，还可对这些角色进行其他的划分，主要目的是让同学感受法官可能面对复杂的人际关系以及处理方法，让同学思考这样的场合下各个角色的心态以及在校友会上可能的心态和行为反映，从而学习法官执业外行为约束的职业道德要求，领会法官这一职业的精神理念。

3. 让学生分角色按照自己的设想来再现场景，并作为不同角色来分析每一个人的行为是否符合职业道德。请不同的同学扮演不同角色，让每一类角色的同学按照自己的角色谈自己的看法；也可以请不同的同学按照自己的想象重复再现同一角色，甚至也可以让同学对换角色再现。不同的同学出于对职业的不同理解和不同性格可能会有不同的表现。（具体再现过程省略）

律师可以提供其中一个假设情景并提出相关问题，如设想某法官在快下班时接到电话，邀请其参加校友会，他并不完全知道具体参加人的身份；设想律师中可能会有人正在某法院代理案件，而这个法院有自己的校友；设想某个企业界人士最近有一起诉讼正在某区法院审理，该法院有自己的校友或者该法院的上级法院有自己的校友；甚至可以设想，参加校友会的人之间在校友会召开的那一刻都不存在利害关系。……

问：（1）这个法官能否参加？

（2）如果参加，在校友会上应该怎样表现？

4. 场景再现指导：在学生再现的过程中，教师可以不断设问，如当遇到上述不同类校友时应该采取什么态度？设想这些人会不会借校友会探听法官对案件的态度？如果出现此种情况，该法官应该怎样做？……

5. 讨论：比如有一个扮演代理人的律师校友角色的学生说，当他看见该法官举着酒杯与对方当事人代理人攀谈的时候，他说他不去打断他们，也不去探听他们在讲什么，过后，在审理中提出让该法官回避？对这个情节就可以问同学们这样处理是否合适？让扮演这一方代理人的同学们评价，同时，也听听扮演该法官的同学们的意见以及其他同学的意见。……

6. 分析：通过同学发挥自己的想象力，并结合自己的社会经验，可以对校友会上发生的情况做不同的演示，处于不同角色的同学都会设身处地地思考自己应该怎样做才符合法官甚至律师的职业道德规范。不同的同学对同一情形可能会作出不同的评价；同样，同一名同学对不同的情况也会有不同的反映。教师在这个过程中，是一个画外音；在整个过程中，是一个导演，但是没有剧本，也不要求一定在课堂上有结论。

第三节　场景再现实例

为了方便进行教学训练，在此提供可以进行法律职业道德教育教学活动的场景的概括，教师和学生可以按照上述原则和方法进行场景再现教学。

一、关于法官的私人事情能否委托律师或当事人办理

某法官的车坏了，一律师提出来帮助修理。请看——

场景一：张法官上午开庭，驾车去上班，车行至法院门口时，与其他车辆相撞，巧遇去法院办事的王律师。王律师主动上前答话，并提出帮助张法官去修车，而这时已快到开庭时间了……

问：1. 张法官可否答应？

场景二：张法官与王律师早就相识，故张法官问王律师是否有时间，王律师

说上午只是来法院送个材料，没有什么事情，自己在修车厂有熟人，很方便。张法官于是同意王律师把车开去修理，但是，一再言明自己付钱甚至也可能在这时就预付了一些钱。

问：2.这样做是否合适？

场景三：中午时分，王律师将车修好开回法院，邀请张法官一同吃饭。

问：3.张法官应该怎么办？

教师引导：类似的问题可以转换成，下班的时候法官能否顺便搭乘律师或当人的汽车回家？可否因为工作忙让当事人帮忙去幼儿园或学校接送自己的孩子去幼儿园、学校或回家？为什么？

二、以下各题只给出问题，由教师和学生自己设计场景

1.张法官受朋友之托，向其他法官打探其审理的案件的情况？（选自2003年国家司法考试卷一第74题）

2.当事人向张法官打听，自己的案件什么时候能够下达判决，张法官说，案件比较复杂准备提交审判委员会讨论。（选自2003年国家司法考试卷一第74题）

3.法官在主持开庭审理某一刑事案件过程中，检察官与律师就案件的焦点问题展开激烈的辩论，法官多次制止律师的发言。律师对此提出异议，遭到法官拒绝后当即退庭。检察官对正走出法庭的律师说："你要小心点。"事后，律师担心遭报复，向当事人提出解除代理关系。（选自2003年国家司法考试卷一第76题）

思考：法律职业人员存在的不当行为有哪些？法官能否制止律师发言的行为？律师在什么情况下可以退庭？律师在什么情况下可以向当事人提出解除代理关系？检察官对律师或者法官的言行有看法，应该怎样进行法律监督？

4.法官在法庭调解过程中告诉当事人一方：如果不接受调解则肯定败诉。（选自2003年国家司法考试卷一第77题）

思考：法官在诉讼中的地位及其要求是什么？

5.某法官或检察官下班后到自己法律顾问的公司处理法律事务，这个公司不在自己任职的检察院的行政辖区内。（根据2003年国家司法考试卷一第79题改编）

6.某法官比较爱学习，经常看法律方面的报纸，仔细分析媒体上对案件事实问题发表的评论，并做笔记，在形成判决过程中将其作为参考，有一天他发现媒体对自己任职的法院的某个案件或者就是发现了对自己审理的案件的报道有明显失实之处，便在媒体上公开发表言论予以评论。（根据2003年国家司法考试卷一第80题改编）

思考：法官如何自觉避免受到媒体不当影响以及如何保持中立的地位？

7. 美国法学院的教科书《法律之门》提供了一个这样的案例——在纽约的"快乐湖"（Lake Pleasant）有这样一起案件：两名律师被指定为一个被指控谋杀罪的男人辩护，当事人告诉两名律师，他还犯有两起不为警方所知的谋杀案。两名律师依照当事人的指点，在一个废弃的矿井中发现了两具尸体，并拍了照片。直到他们的当事人在几个月后坦白了这些罪行，他们才告知警方。不仅如此，一名被害人的家长曾经向一名律师询问过有关他们失踪女儿的信息，这位律师否认掌握了任何信息。

通过场景再现教学活动再现上述场景并评价。

引注了门罗·弗里德曼（Monroe H. Freedman），一位法学院长，一名杰出的有关法律职业道德方面的学者，曾经这样评论该案：

对抗制——律师在其中发挥着作用——预见到律师会频繁接触当事人的有关信息，这些信息非常可能被认定为是犯罪的证明，甚至可能像"快乐湖"案一样，得知当事人真的犯有严重罪行。在这种情形下，如果律师被要求泄露该信息，那么，保守秘密的义务就会被毁灭，与之一起毁灭的，还有对抗制本身信。

对此意见，你赞同吗，为什么？

参 考 文 献

[1] 涂尔干.职业伦理与公民道德[M].渠东,付德根,译.上海:上海人民出版社,2001.

[2] 罗尔斯.正义论[M].何怀宏,何包钢,廖申白,译.北京:中国社会科学出版社,1998.

[3] 包尔生.伦理学体系[M].何怀宏,廖申白,译.北京:商务印书馆,1988.

[4] 范伯格.自由、权利和社会正义[M].王守昌,戴栩,译.贵阳:贵州人民出版社,1998.

[5] 斯密.道德情操论[M].蒋自强,钦北愚,译.北京:商务印书馆,1997.

[6] 张恒山.法理要论[M].北京:北京大学出版社,2002.

[7] 季卫东.法治秩序的建构[M].北京:中国政法大学出版社,1999.

[8] 陈兴良.法治的使命[M].北京:法律出版社,2003.

[9] 罗大华,何为民,解玉敏.司法心理学[M].北京:人民教育出版社,1998.

[10] 施良方.学习论[M].杭州:浙江教育出版社,2008.

[11] 戴钢书.德育环境研究[M].北京:人民出版社,2002.

[12] 孙晓楼.法律教育[M].北京:中国政法大学出版社,1997.

[13] 梅隆.诊所式法律教育[M].彭锡华,译.北京:法律出版社,2002.

[14] 杨欣欣.诊所教育与诊所式教学方法[M].北京:法律出版社,2002.

[15] 甄真.诊所教育在中国[M].北京:法律出版社,2002.

[16] 曹建明.法官职业道德教程[M].北京:法律出版社,2003.

[17] 张文显.司法改革报告:法律职业共同体研究[M].北京:法律出版社,2003.

[18] 巩献田.法律基础与思想道德修养[M].北京:高等教育出版社,2000.

[19] 张智辉,杨诚.检察官作用与准则比较研究[M].北京:中国检察出版社,2002.

[20] 赵小锁.中国法官制度框架:法官职业化建设若干问题[M].北京:人民出版社,2003.

[21] 龙宗智.检察制度教程[M].北京:法律出版社,2002.

[22] 最高人民检察院政治部组织编写.检察官道德读本[M].北京:中国检察出版社,2000.

[23] 谢佑平. 公证与律师制度[M]. 北京：中国政法大学出版社，1999.

[24] 郗丙义. 人民警察道德概论[M]. 北京：中国人民公安大学出版社，1997.

[25] 李本森. 法律职业道德概论[M]. 北京：高等教育出版社，2003.

[26] 公安部. 人民警察法教程[M]. 北京：群众出版社，1996.

[27] 公安部. 警察伦理学[M]. 北京：中国人民公安大学出版社，2003.

[28] 惠生武. 警察法论纲[M]. 北京：中国政法大学出版社，2000.

[29] 郝赤勇，周山. 警务公开与公民权利[M]. 北京：现代出版社，1999.

[30] 肖永平. 中国仲裁法教程[M]. 武汉：武汉大学出版社，1997.

[31] 黄进，徐前权，宋连斌. 仲裁法学[M]. 北京：中国政法大学出版社，1999.

[32] 文正邦. 法治政府建构论：依法行政理论与实践研究[M]. 北京：法律出版社，2001.

[33] 郑传坤，青维富. 行政执法责任制理论与实践及对策研究[M]. 北京：中国法制出版社，2003.

[34] 李培传. 行政执法监督[M]. 北京：中国法制出版社，1994.

[35] 应松年. 依法行政十讲[M]. 北京：中央文献出版社，2002.

[36] 关保英. 行政法的价值定位[M]. 北京：中国政法大学出版社，1997.

[37] 沈忠俊，解廷民，金连约，等. 司法道德新论[M]. 北京：法律出版社，1999.

[38] 王兴和，黄英强. 司法道德教程[M]. 武汉：华中理工大学出版社，1998.